UN ESTUDIO
DEL
VIAJE DE TURQUIA

MARIE-SOL ORTOLÁ

UN ESTUDIO
DEL
VIAJE DE TURQUIA
AUTOBIOGRAFIA O FICCION

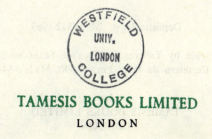

TAMESIS BOOKS LIMITED
LONDON

Colección Támesis
SERIE A - MONOGRAFIAS, LXXXVII

Depósito legal: M. 19512-1983

Printed in Spain by Talleres Gráficos de SELECCIONES GRÁFICAS
Carretera de Irún, km. 11,500. Madrid-34

for
TAMESIS BOOKS LIMITED
LONDON

Para Paqui.
Para mis padres.

INDICE

ABREVIATURAS

Acer	*Anales Cervantinos.*
BH	*Bulletin Hispanique.*
BRAE	*Boletín de la Real Academia Española.*
CHA	*Cuadernos Hispanoamericanos.*
CNRS	*Centre National de Recherches Scientifiques.*
CSIC	*Consejo Superior de Investigaciones Científicas.*
HR	*Hispanic Review.*
NA	*Nuova Antologia.*
NBAE	*Nueva Biblioteca de Autores Españoles.*
NRFH	*Nueva Revista de Filología Hispánica.*
PUP	*Princeton University Press.*
REH	*Revista de Estudios Hispánicos.*
REIsl	*Revue des Etudes Islamiques.*
RFE	*Revista de Filología Española.*
RLC	*Revue de Littérature Comparée.*
RPh	*Romance Philology.*
RUBA	*Revista de la Universidad de Buenos Aires.*
SP	*Studies in Philology.*

PREFACIO

Ya que el *Viaje de Turquía* no se ha estudiado todavía como texto literario, he pretendido desbrozar el camino comunicando al lector una serie de reflexiones que mi lectura del diálogo me ha inspirado.

Este libro es, por consiguiente, el resultado de una meditación sobre el texto como invención literaria y como entidad creadora de una teología específica. El *Viaje* ha logrado borrar la línea tenue que separa el mundo de la ficción del mundo de la realidad. Pues, a pesar de ser ficción, parece ser historia. Y es también política. En su ámbito todo cobra un significado subversivo: el plagio, la anonimia, la autobiografía, la crónica y hasta el acto mismo de dialogar. El esfuerzo de creación literaria está íntimamente ligado al concernimiento moral, político y religioso del escritor.

Espero que esta pesquisa modesta incite unos trabajos críticos que abarquen la obra como producto de creación literaria. Pues los estudios que se han propuesto hasta ahora evitan todo enfrentamiento directo con el texto *per se*. Por eso, el *Viaje de Turquía* sigue siendo un misterio. Mientras tanto, nos agitamos nerviosamente en torno suyo preguntándonos si es historia o ficción, quién es su autor y si éste ha estado en Turquía. En definitiva, no nos arriesgamos a penetrarlo.

Las investigaciones sobre este diálogo se iniciaron en Brown University bajo la dirección del profesor Alan S. Trueblood y se convirtieron en una tesis doctoral que finalicé en 1980. Además del profesor Trueblood, supervisaron mi trabajo los profesores Kossoff y Fido, de la Universidad de Brown.

Una beca que me otorgó la Universidad de Chicago en 1980 (Occasional Andrew Mellon Fellowship) y una ayuda financiera de la Universidad de Connecticut, donde enseño al presente, me permitieron continuar mis indagaciones del *Viaje*.

El profesor Bleiberg aceptó publicar el manuscrito en su editorial. Le agradezco sus consejos de maestro a lo largo de mis tanteos y su amistad y compasión en momentos de duda y vacilación.

A todos los amigos que me han ayudado, directa o indirectamente, transmito mi profundo agradecimiento.

NOTAS PRELIMINARES

INTRODUCCION

El *Viaje de Turquía*[1] se escribió en la segunda mitad del siglo XVI. No sabemos con exactitud la fecha de su composición. Es probable que se empezara a redactar en 1556. Por lo menos, eso sugiere la dedicatoria, suponiendo, como es lógico, que se añadiera una vez el manuscrito terminado. La dedicatoria lleva la fecha del primero de marzo de 1557. Marcel Bataillon y Franco Meregalli han averiguado que los acontecimientos históricos que vive el protagonista ocurrieron entre 1552 y 1556[2]. El hispanista francés opinaba además que la fecha de 1558 que aparece en las últimas páginas del texto no era prueba suficiente para afirmar que el *Viaje* se compuso entonces o en una fecha posterior. Esta parte se añadió seguramente una vez acabado el manuscrito[3]. F. García Salinero, a quien debemos una edición reciente de la obra, ofrece optativamente la fecha de 1557 o 1558[4]. Su elección considera las indicaciones de la dedicatoria y las páginas finales del texto. Es más, deja por seguro que toda la segunda parte se hizo en 1558[5]. Sin proponer fecha, basta con notar por ahora que se trata de una obra de la segunda mitad del XVI. En espíritu

[1] *Viaje de Turquía,* ed. Fernando García Salinero (Madrid: Cátedra, 1980). Me sirvo de esta edición en mi estudio del texto. Las citas que transcribo reproducen el texto tal como lo ha editado García Salinero.

[2] FRANCO MEREGALLI, «L'Italia nel "Viaje de Turquía"», *Annali de Ca' Foscari,* XIII, 2 (1974), nota 20, pp. 358-60. MARCEL BATAILLON, «Andrés Laguna, auteur de "Viaje de Turquía"», *BH,* LVIII, 2 (abril-punio 1956), pp. 21-181. El hispanista francés coloca el retorno de Pedro a España el 15 de enero de 1557. Cfr. p. 169. Bataillon basa su estudio en la edición de Serrano y Sanz.

[3] En el artículo citado en la nota precedente, Bataillon comenta: «Il est probable que cette rédaction [cfr. el ms. 3.871], qui mentionne plusieurs fois la date de 1555 et ne fait allusion à aucun fait plus récent, remonte à l'année 1556, du moins si la préface primitive datée à la fin du 1.er mars 1557, n'est pas une supercherie gratuite et à un sens... Il est probable aussi... que les dernières pages (col. 148a, Juan, "En todo..." jusqu'à 149b) on été rédigées en même temps que l'alinéa de la préface (p. 2b) imprimé après la date par Serrano y Sanz, mais qui apparaît en réalité comme une seconde rédaction des dix-sept dernières lignes datées du 1.er mars 1557. Ces morceaux nouveaux, du moins les pages 148-149, n'ont pu être rédigés qu'à partir de 1558, année mentionnée page 149a» (pp. 126-27). En la página siguiente añade: «... il n'est pas exclu que les adjonctions et modifications postérieures au 1.er mars 1557 soient posthumes, donc apocryphes» (p. 128). Sugiere también que «le vieux docteur» escribió su obra «aux Pays-Bas entre l'automne de 1555 et le début de 1557» (p. 172). Remitirse al artículo «Dr. Laguna: peregrinaciones de Pedro de Urdemalas», en *NRFH,* VII (1952), pp. 136-37.

[4] FERNANDO SALINERO, *op. cit.,* p. 17.

[5] *Ibídem,* nota 1, p. 386, y nota 33, pp. 498-99.

17

y ambiente pertenece, desde luego, a ese momento de la historia cultural y religiosa de España.

El *Viaje de Turquía* es una obra dialogada anónima, en la que tres amigos, Juan de Voto a Dios, Mátalas Callando y Pedro de Urdemalas, comparan el Occidente cristiano con el Oriente islámico.

El diálogo se inicia en medio de una conversación entre Juan de Voto a Dios y Mátalas Callando, dos personajes del mundo refranesco. El escenario es el «camino francés» que pasa por las afueras de una ciudad cuyo nombre no queda mencionado por ningún sitio en el texto[6]. Estamos en invierno u otoño[7]. Es día de fiesta y el sitio está muy poblado.

Juan de Voto a Dios es un clérigo de la orden que lleva su nombre. Ha estudiado teología en Alcalá, donde vivió unos años con Mátalas Callando y Pedro de Urdemalas. Mátalas Callando es su ayudante en el negocio de recoger limosnas para la construcción de unos hospitales que no se han acabado todavía cuando empieza el diálogo. Es también su criado y confidente. A pesar de que Juan y Mata parezcan a primera vista servir a Dios por su labor caritativa, no son sino dos haraganes que estafan a los simples. En efecto, las limosnas de los hospitales forman la renta que les permite vivir con holgura. Esta acción anti-cristiana será criticada más tarde por el otro compañero, Pedro de Urdemalas[8].

A través de una autocrítica elaborada en el cuadro amplio de una crítica de la sociedad contemporánea vista y estudiada desde el camino francés, Juan y Mata esbozan desde el principio una pintura satírica de la patria. Ellos, desde luego, participan personalmente del bosquejo. Esto se transparenta en unas riñas que descubren sus personalidades y revelan sus negocios. Para la sátira, los amigos se sirven del paisaje humano que les ofrece el camino. El diálogo se abre con un ambiente callejero y familiar en el que dos amigos insertan sus vidas en un comentario del espectáculo que se desarrolla junto a ellos, el cual consta de peregrinos de todas nacionalidades, mendigos, frailes verdaderos y falsos, aprovechadores de toda clase.

A partir de la conversación callejera se establece el ambiente festivo y

---

[6] MARCEL BATAILLON ha intentado averiguar de qué ciudad se trata. En «Le docteur Laguna, auteur du *Voyage en Turquie*» (París: Librairies des Editions Espagnoles, 1958) anota: «Jamais le chemin de Saint Jacques n'a passé par cette ville [Valladolid]. Et les rares indications topographiques contenues dans le dialogue s'accordent plutôt pour désigner Burgos» (p. 21). Más adelante añade: «Acceptons cette entorse à la cohérence: le voyageur retrouve ses amis sur le "chemin français" à l'entrée de Burgos; mais, quelques instants plus tard, leur conversation implique qu'ils soient à Valladolid ou à Madrid peut-être.» (p. 24)

Referirse también a lo que escribe García Salinero sobre el asunto en su edición: notas 34 (pp. 109-10), 35 (p. 112) y 1 (pp. 430-31). Otra referencia a la ciudad en la nota 58, p. 350.

[7] BATAILLON sitúa el diálogo en invierno. Cfr. su artículo «Andrés Laguna, auteur de *Viaje de Turquía*», p. 168.

FRANCO MEREGALLI coloca la llegada de Pedro durante el otoño de 1556. *Op. cit.*, p. 360.

[8] La crítica de Pedro toma a menudo matices luteranos o, por lo menos, heterodoxos.

estilo jocoso que dominan todo el diálogo. El humor, comicidad y risa forman el vehículo difusor del mensaje de Pedro, el tercer personaje del *Viaje*. Este antiguo compañero de fechorías de Alcalá aparece entre la multitud del camino de Santiago de hábito de fraile griego y anuncia a unos amigos atónitos que regresa de Turquía, donde ha permanecido cautivo varios años. Al filo de la conversación se presenta con un mensaje de paz y tolerancia. Advierte que los católicos se están condenando y predica la necesidad de volver a Dios. Toda esta parte inicial del diálogo trata del negocio fraudulento de Juan y Mata. Mientras Juan acepta pasivamente los tiempos en los que vive por los negocios que mantiene, Mata, si bien se aprovecha de unas circunstancias favorables, abjura de la sociedad española por promover la improbidad como precepto moral y valorar el uso de las órdenes religiosas a fines deshonestos.

Después de las presentaciones iniciales y demostraciones de afecto y alegría, los amigos resuelven reunirse en casa de Juan y Mata para que Pedro les cuente sus aventuras. Una vez la cena acabada, Pedro empieza a contar su vida desde que los turcos lo hicieron cautivo hasta que volvió a pisar el suelo español. En la plática que precede al relato de sus aventuras, el ex-cautivo afirma su función de ideólogo. Su fe, filosofía y moral se establecen firmemente. El relato de sus hazañas plasma la historia de su transformación espiritual y su cambio social. Pedro ha aprendido el oficio de médico en Turquía. Recibe el título de doctor en Bolonia. Es, desde luego, el autodidacto perfecto. El peregrino cuenta pacientemente a unos amigos curiosos y atentos su vida en las galeras, las cárceles del Gran Turco, la corte donde fue camarero y privado del Bajá Sinán, médico leal de éste y de la sultana, enemigo de los médicos con diplomas universitarios que no saben practicar la medicina, cristiano fervoroso y hombre de bien.

Impulsado por la curiosidad de sus amigos, Pedro incluye en el relato de su vida referencias sobre las costumbres de los distintos países que ha visitado, costumbres que compara, ayudado por las observaciones y preguntas de Juan y de Mata, en digresiones atinadas, con las usanzas españolas.

La narración se extiende sobre dos días: el atardecer del día del encuentro y la mañana siguiente. Se platica en casa de Juan y Mata. El primer día se consagra al personalizado relato de las aventuras del héroe por Turquía y de su viaje de regreso a la península. El segundo día se dedica directamente a la vida de los turcos.

Ignoramos la repercusión que tuvo el *Viaje de Turquía* en su época, pues no se dio a la estampa hasta 1905[9]. Los cinco manuscritos que existen se han copiado en distintas épocas[10]. Desde luego, el *Viaje* plantea

---

[9] MANUEL SERRANO Y SANZ, ed., «Viaje de Turquía», en *Autobiografías y memorias*, II (Madrid: NBAE, 1905), pp. 1-149.

[10] Remitirse a las pp. 76-77 de la edición de García Salinero y a los dos estudios de BATAILLON publicados bajo el título de: «Dr. Laguna, peregrinaciones de Pedro de Urdemalas» (cfr. nota 3 de este estudio), nota 1, p. 121, y de «Les manuscrits du *Viaje de Turquía*», en *Actele celui-de-al XII Lea Congress International de Linguisticâ si Filologie Romanicâ* (Bucarest, 1971), pp. 37-41.

una serie de problemas no siempre fáciles de resolver: anonimia, fecha y lugar de composición, difusión, fuentes, autobiografía auténtica o ficción.

Las investigaciones llevadas a cabo han explorado principalmente el enigma de la autoría y las fuentes históricas. Los críticos se han limitado a demostrar el carácter veraz del diálogo [11]. Hasta ahora han tenido muy poco éxito. Pues quieren comprobar que las palabras de la dedicatoria, donde el autor no pretende haber referido nada en su obra que no haya experimentado primero como testigo de vista o participante, son sinceras aun cuando el texto en el que se insertan es una traducción literal de una gran parte de los prólogos de Georgievitz y Menavino [12]. Por tanto, se busca tenazmente al escritor entre aquellos soldados y cautivos que lucharon contra el Turco. Serrano y Sanz afirmó que el autor, Cristóbal de Villalón, había sido indudablemente cautivo en Constantinopla. Markrich declara que el creador del *Viaje* pudiera muy bien ser un caballero de la orden de Malta. No ofrece nombres, pero dedica toda una tesis a esta indagación [13]. Fernando García Salinero, siguiendo las huellas de Markrich, sugiere que el autor es Juan de Ulloa Pereira, «caballero de la Orden de San Juan de Jerusalén, luego de Malta» [14]. Franco Meregalli también cree que se trata de un auténtico viaje a Turquía. El crítico italiano está además convencido de que el anónimo conocía muy bien las zonas griegas de influencia turca. De cualquier modo, para todos estos críticos, Pedro de Urdemalas no sería un ente de ficción, sino más bien un seudónimo detrás del que se ocultaría el ingenio para contar las experiencias propias sin despertar sospechas. Así lo imaginaba ya Serrano y Sanz, y Meregalli observa una «unità protagonista-autore», si bien sea una «unità che no esige de tornare a quello que chiamerò l'auto-biografismo ingenuo dei primi che si ocuparano dell'opera...» [15]. La mayoría de los críticos concuerdan en decir que el *Viaje* es un título más que añadir a la larga lista de crónicas escritas en la época sobre Turquía, y es valioso por ser uno de los pocos textos sobre el asunto compuestos en español [16].

[11] Remitirse a los ensayos de Ricardo Villoslada, «Cristóbal de Villalón», en *Historia general de las literaturas hispánicas*, II (Barcelona: Editorial Barna, 1951), pp. 373-83; Rudolph Schevill, «Erasmus and Spain», *HR*, VII, núm. 2 (abril 1939), pp. 93-116; J. J. Kincaid, *Cristóbal de Villalón* (New York: Twayne, 1973), y Franco Meregalli, *op. cit.*

[12] Consultar el artículo de Bataillon, «Peregrinaciones de Pedro de Urdemalas», en *Le docteur Laguna, auteur du «Voyage en Turquie»*, pp. 106 y subsiguientes. Verificar también el artículo original publicado en la *NRFH*, VI (1952), pp. 131-37, y el artículo ya citado, p. 149. Ver el artículo de Ana Corsi Prosperi, *Critica storica*, XIV, núm. 1 (1977), pp. 60-99.

[13] William L. Markrich, «The *Viaje de Turquía*: a Study of its Sources, Authorship, and Historical Background», tesis doctoral, Berkeley, 1955. Por lo que se refiere a estudios sobre este tesis, referirse a los ensayos de F. García Salinero, «El *Viaje de Turquía*: los pros y contras de la tesis Laguna», en *BRAE*, LIX (1979), pp. 493-98; «El *Viaje de Turquía* y la Orden de Malta: revisión de una interpretación de la obra y su autor», *REH*, XIV, núm. 2 (mayo 1980), pp. 19-30, y a la pesquisa de Bataillon de la *BH*, ya citado, pp. 163 y subsiguientes.

[14] Remitirse a los artículos citados en la nota anterior.

[15] Meregalli, *op. cit.*, p. 362.

[16] En la bibliografía de la monografía de Albert Mas, *Les Turcs dans la littérature espagnole du siècle d'or*, II (París: CNRS, 1967), se citan unas cuantas crónicas españolas que tratan de los turcos. Mas observa que el *Viaje de Turquía* es el tercer

Por tanto, si se lee el *Viaje* con cuidado y se compara detenidamente con los textos que ha copiado el autor para componerlo, nos damos cuenta de que no es la autenticidad histórica lo que parece buscar el autor, sino que, antes de nada, quiere difundir a través de los documentos de los que se sirve *ab initio* un mensaje de reforma. La intención del autor es, no cabe duda, distinta de la de los otros autores que escribían sobre el mundo islámico [17].

Aun cuando la crítica admira la voluntad creadora inherente al *Viaje,* no admite fácilmente que el diálogo pueda ser una obra de ficción disfrazada de documento autobiográfico. Es cierto que el escritor pensó que, para poder hacer de Turquía un modelo de virtud, tenía que convencer de que decía la verdad. Bataillon ha sido el único estudioso que instara a los críticos a que se percataran del aspecto novelesco del diálogo. A través de una colación del *Viaje* con textos que circulaban libre y profusamente en la época, mostró que el autor se había apropiado descaradamente pasajes enteros escritos por otros. Ana Corsi Prosperi y Albert Mas confirman las averiguaciones de Bataillon y ofrecen unas conclusiones analíticas de sus cotejos de las distintas fuentes con el *Viaje,* a mi ver, totalmente convincentes. Mas [18] y Corsi Prosperi [19] estudian los cambios, exclusiones y combinaciones en función del mensaje ideológico que el autor del *Viaje* quiere divulgar. Al comparar un pasaje de Menavino con su adaptación en el *Viaje,* Corsi Prosperi observa que el autor cambia ligeramente el texto italiano añadiéndole una expresión adverbial que connota una voluntad ideológica propia. Pues al lado de «infideli» se ha apuntado «a su manera de hablar». La crítica italiana subraya que esta modificación es «necessaria nel contesto di un'opera in cui i Turchi servono da specchio per i cristiani e in cui quindi le consetudini, i termini stessi sono rapportati al loro contesto e, di conseguenza, relativizzati» [20]. Mas muestra también cómo el autor reduce y hasta falsifica sus fuentes abreviando por razones específicas suyas los textos de los que se sirve. El hispanista francés comunica varios casos de adulteración, que indicarían que el anónimo no

libro español sobre el tema (p. 125). También se habla de los turcos en el libro de Francisco Tamara, *Costumbres de todas las gentes* (Juan Millís, 1553).

[17] Una colación del *Viaje* con los textos de Menavino y Georgievits conlleva las observaciones siguientes: «... La plupart des récits sur la Turquie font mention des conversions à l'Islam... Guillaume Postel explique et son témoignage est confirmé par de nombreux auteurs que les Juifs ne peuvent pas devenir Musulmans sans être au préalable passés par le Christianisme... *Le Voyage en Turquie* n'en parle pas. Le silence de Pedro de Urdemalas peut paraître surprenant, car il accorde aux Juifs de Constantinople... un rôle important...

De la même façon, Pedro de Urdemalas évite de donner certaines informations sur les Musulmans. On les colportait en Espagne par haine de l'Islam... Pedro de Urdemalas essaie de rétablir la vérité lorsqu'elles [les historiettes malveillantes] sont très connues en Espagne, mais il en trouve, dans les ouvrages dont ils s'inspire, quelques unes qui proviennent plus directement de la Turquie, il les supprime afin de ne pas contribuer personnellement à leur diffusion dans son pays» (pp. 144-45). Mas propone una serie de ejemplos que corroboran su análisis, pp. 145 y subsiguientes. Consultar también el artículo de Prosperi citado anteriormente.

[18] *Op. cit.,* tomo I, pp. 101-55.

[19] *Op. cit.*

[20] *Ibídem,* p. 77.

parecía conocer la cultura turca personalmente, si bien destacan el valor ideológico de sus omisiones [21]. Mas nota que el creador del *Viaje* suprime de los textos que copia «des informations partisanes ou tendancieuses» y «manifeste ainsi un souci d'objectivité destiné à montrer les Turcs sous leur vrai jour» [22]. La hispanista italiana y el crítico francés opinan con Bataillon que la obra no es necesariamente de alquien que ha estado en Turquía. Mientras la una deduce: «possiamo affermare fin da ora che l'idea del *Viaje* come testo ingenuamente veriterio... al termine di questa ricerca, veramente insostenibile» [23], al otro le parece extraño que, al haber sido cautivo de los turcos, el autor tuviera «peu confiance en sa mémoire pour avoir pillé de la sorte tant d'autres auteurs». Pues «son ouvrage n'est en somme qu'une compilation déguisée, tout au moins dans sa partie documentaire sur la Turquie» [24].

Markrich también cotejó la dedicatoria y el diálogo con crónicas auténticas sobre Turquía. Mientras Bataillon, a través de su estudio de las fuentes de la dedicatoria, y Mas y Corsi, de sus investigaciones de la parte turca del diálogo, deducen que *Viaje de Turquía* es una novela documentada [25], Markrich se sirve de sus hallazgos para poner de manifiesto el extraordinario conocimiento que de Turquía tenía el anónimo. Para Markrich, forman una prueba indiscutible de la estancia de aquél en Turquía. Sin embargo, el erudito americano no hace otra cosa que confirmar involuntariamente el carácter poco ortodoxo de la empresa del anónimo, concordando sin saberlo con las opiniones de Bataillon, Mas y Corsi. Es más, Markrich también destaca en el *Viaje* el uso de fuentes literarias y cita los apotegmas de Erasmo y la *Silva de varia lección* de Pedro Mexía [26].

No cabe duda de que, si la literatura es importante en el hacer de nuestro diálogo, el folklore es cardinal ya que el autor se inspira en la tradición popular española: personajes folklóricos, habla popular, inserción de refranes y sabiduría del pueblo. Y es que, a pesar de Markrich, historia, literatura y folklore se combinan para hacer del *Viaje* una obra ejemplar de carácter novelesco.

El autor ha colocado el diálogo en un marco de renovación cristiana. El nuevo testamento está por todo presente. El exergo que acompaña el diálogo, «initium sapientiae timor Domini», sirve de divisa a un relato de

---

[21] Sobre las omisiones voluntarias, ver nota 17.
[22] *Op. cit.*, p. 147.
[23] PROSPERI, p. 75.
[24] MAS, p. 137.
[25] *Le docteur Laguna, auteur du «Voyage en Turquie»*, ya mencionado. Aquí BATAILLON declara que el diálogo es «un roman d'aventures d'intention documentaire» (p. 14), y en su monografía MAS observa «un souci de présentation littéraire» en el *Viaje*, diálogo que, gracias a las descripciones costumbristas, «revêt... un aspect documentaire rare en son temps» (p. 112). Con razón anota que «ce qui distingue le *Voyage en Turquie*, c'est l'emploi d'un style inhabitual dans les ouvrages documentaires de l'époque». Mas se refiere al lenguaje popular y conversacional que caracteriza el estilo del texto (p. 119).
[26] BATAILLON, *Le docteur Laguna*, p. 71, y GARCÍA SALINERO, ed., *Viaje de Turquía*, p. 39. Bataillon nota además que el autor se sirve de «chascarrillos (ou historiettes) traditionnels pour les convertir en moments d'une existence individuelle, pour les intégrer dans une "autobiographie"». (p. 132)

toma de conciencia espiritual y transformación por la fe en Dios. Juan cierra el diálogo con un sermón cuyas palabras conclusivas son una declaración de fe y sumisión a Dios: «... ni criatura podrá apartar del amor que tengo a Dios» [27].

El cotejo de lo turco con lo español realza las cualidades morales de los enemigos de la fe. Sirve, al mismo tiempo, de punto de arranque a una crítica de la hipocresía de los católicos. Todo el comentario se encaja en el acto de fe de Pedro, que aparece en el texto con una vocación de profeta. La crítica social y religiosa forma parte de la historia de una vida que el autor ha encerrado en el marco de una alegoría clásica: el descenso al infierno. Percibido de este modo, el texto se presenta como una novela ejemplar y filosófica, cuyo héroe es un cristiano recuperado que se dedica a narrar cuidadosamente y con orden el proceso de su renovación. En su historia teje la historia política, religiosa y cultural de los turcos entre quienes se ha efectuado el cambio, y de los españoles, con quienes vivía en la ceguedad más absoluta antes de la toma de conciencia y del viaje a ultratumba. Destaca sutilmente las debilidades de la cristiandad y la falta de honestidad de los católicos mediante esas confrontaciones audaces de individuos y culturas distintas.

Ahora bien, para un proyecto de crítica tan profundo e intenso como el del *Viaje,* era necesario imponer como irrefutable la honradez del autor-protagonista. Se insiste en ella desde la dedicatoria y el protagonista la impone tan pronto como empieza a relatar su aventura. Es significativo, por tanto, que antes de narrar su historia Pedro sondee los conocimientos, integridad y fuerza de fe de sus antiguos camaradas, y oponga luego su virtud y su fe a la suya.

Dentro de este molde cristiano, el *Viaje* deja de ser historia y se convierte en ficción. Bataillon observó acertadamente que «la principale sauvegarde pour le roman autobiographique de Pedro, la grande excuse de son franc-parler en matière de religion, c'est que le héros a été, dans toute la force du terme un héros de la foi, presque un martyr du christianisme» [28]. El diálogo forma parte de una estructura novelesca cuya coherencia se debe al intento del autor de reedificar paso a paso tres biografías enlazándolas y comparándolas unas con otras con el fin de destacar la que tiene que servir de ejemplo.

En busca de un autor

En los últimos años, el *Viaje de Turquía* ha suscitado un interés creciente. El misterio de la anonimia invita a nuevas especulaciones e indagaciones más profundas.

---

[27] García Salinero, en la nota 3 de su edición, p. 99, apunta que el diálogo comienza de la misma manera que los diálogos de Vives, y en la nota 45 escribe: «El manuscrito termina con palabras de Dios; si se recuerda que comienza con el *Initium sapientiae timor Domini,* es claro que el autor trató de imitar a Luis Vives en sus diálogos.» (p. 504)

[28] Bataillon, «Andrés Laguna, auteur du *Viaje de Turquía*», en *BH,* p. 146.

En 1905, Manuel Serrano y Sanz editó, comentó y publicó por primera vez el manuscrito del *Viaje*. Lo insertó en su libro de autobiografías incluido en la colección de la nueva biblioteca de autores españoles y atribuyó la obra a Villalón después de una comparación del *Viaje* con *El Crotalón*, también anónimo. Ambos textos, afirmaba el erudito español, son de una misma pluma [29]. Estilo y filosofía se asemejan. Pues contienen el mismo espíritu erasmista y en ellos se sienten las huellas de un «doctísimo helenista y entusiasta imitador de los clásicos griegos y latinos» [30]. Tampoco deja de señalar Serrano y Sanz que ciertas aventuras mencionadas de paso en *El Crotalón* se desarrollan plenamente en el *Viaje*. Serrano y Sanz sugiere como prueba infalible de que el autor del *Viaje* es C. Villalón el hecho de que el *Viaje* relata las aventuras verdaderas del autor, quien estuvo brevemente en Turquía en la misma época que el protagonista, Pedro. Avisa al lector que los nombres de los interlocutores sirven para encubrir a personajes históricos [31]. Afirma también que el manuscrito original es el borrador del autor [32].

Ahora bien, Serrano vislumbra un obstáculo a su proposición: el texto podría ser «una especie de novela dialogada sin fundamento alguno con la realidad». A esto, advierte, «se opone lo que su autor dice en la dedicatoria» [33]. Para él la dedicatoria establece de manera convincente la sinceridad del escritor. Según él, el *Viaje* es un reportaje de primera mano sobre la vida y las costumbres de los turcos. En resumidas cuentas, no se trata de una novela, sino de un documento histórico. Serrano y Sanz, desde luego, desconocía las fuentes italianas que favorecieron la composición del *Viaje*.

En su edición del *Viaje de Turquía*, Antonio G. Solalinde manifiesta sus dudas sobre las aseveraciones de Serrano y Sanz basándose en la «profunda insensibilidad» del autor del *Viaje* «ante las bellezas artísticas que por fuerza contempló en Santa Sofía de Constantinopla y en los monumentos griegos e italianos» [34], insensibilidad extraña a Villalón. Solalinde plantea nuevamente el problema de la autoría sin olvidarse de señalar una vez más el carácter verídico de lo narrado. No sugiere autor.

En 1937, Marcel Bataillon dedica unas páginas al *Viaje de Turquía* en su libro *Erasmo y España* [35]. Pone en duda el método crítico sobre el

[29] SERRANO Y SANZ, p. cx. Más adelante señala: «Las ideas que en ambos libros se exponen son idénticas y las tendencias iguales, lo cual acusa una misma paternidad» (p. cxi). También p. cxiv. A. PORTUONDO expone el mismo juicio en su tesis doctoral sobre el *Viaje*: «En ninguno de los tres manuscritos de esta obra que hemos estudiado aparece el nombre de Cristóbal de Villalón; sin embargo, el estilo, las citas, la gracia y las animosidades de la obra identifican claramente al autor, amén de la belleza y agilidad del diálogo» (p. xxvi). «*Viaje de Turquía* de Cristóbal Villalón: edición y estudio», Tesis The Catholic University of America 1975.

[30] SERRANO Y SANZ, p. cxiv. En contra de este parecer, remitirse al estudio de LUIS y JUAN GIL, «Ficción y realidad en el *Viaje de Turquía*», RFE, XLV (1962), pp. 89-162.

[31] *Ibídem*, nota 1, p. 5.

[32] *Ibídem*, p. cxxii.

[33] *Ibídem*, p. cxv.

[34] *Viaje de Turquía* (Madrid: Espasa-Calpe, 1965), p. 10.

[35] *Erasmo y España*, trad. Antonio Alatorre, 2.ª ed. rev. (México: Fondo de Cultura Económica, 1966).

que Serrano y Sanz se apoya y propone que el manuscrito «original» no es el borrador del autor[36]. Le niega al mismo tiempo la autoría a Cristóbal de Villalón y presenta a Andrés Laguna como creador de la obra. Califica entonces al *Viaje* de novela de aventuras, basándose en el hecho de que el médico segoviano no había estado nunca en Turquía.

En sus continuas investigaciones sobre el *Viaje* y el doctor Laguna, Bataillon intentó demostrar lo más científicamente posible que Laguna era el autor del diálogo. Se dio cuenta de que la materia sobre los turcos no era original. Comprobó también que la dedicatoria era una transcripción casi literal del prólogo que Georgievitz antepuso a su historia de cautivo y que Lodovico Domenichi tradujo al italiano. Bataillon notó que en el texto mismo el autor había hecho buen uso de las obras de Spandugino, Menavino, Bassano, las cartas de Busbecq y la historia de Roca y que transcribió literalmente una carta del embajador veneciano en Turquía, Trevisano[37]. Gracias a estos hallazgos, el hispanista francés pudo afirmar que el conocimiento del escritor, por lo que se refiere a la parte sobre Turquía, era libresco. Esto significaba que el anónimo no necesitaba haber estado en Turquía ni Grecia para componer su obra. Para Bataillon se trataba de una mistificación pura y simple. Declaró: «la seconde conception [el *Viaje* como novela] à laquelle nous restons fidèle pour notre part, suppose seulement que l'auteur de la mystification soit: 1.º un humoriste à froid; 2.º un homme qui avait un très vif intérêt pour les nouvelles de Constantinople; qui avait le moyen d'en être informé, et qui se mettait plus ou moins "dans la peau" du personnage auquel il fait raconter cette passionnante histoire»[38].

Para dejar averiguada la atribución a Laguna, Bataillon investigó el procedimiento estilístico del doctor. Estudió las anécdotas de los escritos de Laguna con los del *Viaje* y verificó también que el mismo Laguna, pretendiendo escribir una auténtica crónica sobre los turcos, se había apropiado el libro de Paolo Giovio y lo había transcrito al latín[39]. Descubrió que el humanismo del médico segoviano no se había conseguido enteramente por la lectura directa de los textos originales, sino mediante silvas contemporáneas, antologías del tipo de las *Lectiones antiquae*, de Lodovico Celio Rodigino, y del *Officina*, de Ravisius Textor[40]. Refuerza su tesis proclamando que el *Viaje* contiene unos detalles biográficos que coinciden con ciertos hechos de la vida de Laguna: su larga estancia en Italia, su conocimiento de Venecia y Roma, su doctorado en Bolonia (todos elementos de los que Meregalli se sirve para refutar la tesis Laguna).

---

[36] «Andrés Laguna»: «... nous avions soutenu que rien ne le désignait [el manuscrito] comme un *borrador,* que, de toute évidence, il s'agit d'une mise à net, ... et que ce caractère est confirmé par l'existence d'un index alphabétique copieux: on ne met pas d'index à un brouillon.» (p. 125)

[37] *Ibídem*, p. 179. En la edición de García Salinero, p. 462.

[38] «Andrés Laguna», pp. 130-31.

[39] «Sur l'humanisme du docteur Laguna», *RPh*, XVII (1963-64), pp. 209 y subsiguientes.

[40] Remitirse al artículo de Corsi Prosperi, pp. 87-88, y Bataillon, nota 39, p. 224.

En 1974, Franco Meregalli escribió un primer artículo sobre el *Viaje* en el que revisa metódicamente las conclusiones de Serrano y Sanz y Bataillon matizando las inconsistencias [41]. En primera instancia, Meregalli reprocha el método crítico por el que Serrano y Sanz llega a deducir que se trata de una auténtica biografía. Luego destaca la importancia fundamental de las averiguaciones de Bataillon, aun cuando no concuerda con sus conclusiones, porque permiten estudiar de una manera más científica los manuscritos del *Viaje*. Al contrario de los demás críticos, Meregalli no intenta hallarle autor al diálogo, pues afirma que no se puede deducir nada sobre la paternidad de la obra mientras no se haya sacado en claro los problemas que plantean las partes inéditas o desaparecidas del diálogo, una de ellas siendo el *Turcarum origo* adjunto al Ms. 3.871. Por eso, según él, «urgente... es aclarar las relaciones entre la enorme laguna del manuscrito 3.871 y la inédita *Turcarum origo*. ¿Pertenece ésta o no al *Viaje de Turquía*? ¿Es o no es, en todo o en parte, el texto de lo que venía entre las páginas 182 y 218...»[42]. No se sabe porqué el *T. O.* se entresacó del diálogo. Su cotejo con el *Viaje* le hace inclinarse hacia la necesidad de fundirlos. Siguiendo las investigaciones de Bataillon, Meregalli observa que el texto inédito es una traducción «al pie de la letra en su parte histórica» del libro *Dell'origine de principe turchi e de costumi di quella natione,* de Theodoro Spandugino. Por lo cual señala: «por fin tenemos un caso en que podemos establecer con absoluta exactitud cómo el autor del *Viaje* utiliza una fuente, con qué espíritu la resume, la comenta, la integra», y más adelante añade: «Es una investigación que promete decirnos mucho del espíritu de Pedro de Urdemalas»[43].

Al confrontar el manuscrito 3.871 con el de la biblioteca municipal de Toledo, Meregalli consigue establecer también el texto inicial de la segunda parte del diálogo, que empieza por una descripción de la circuncisión. Avisa que este principio «es natural, tratándose de iniciar una conversación sobre la religión (y las costumbres) de ellos [los Turcos], como pone de relieve Pedro: «Comenzaré por la circuncisión, que es el primer acto della»[44]. Todavía falta por descubrir la materia discutida entre las páginas 212 y 217 y anotada cuidadosamente en la tabla del manuscrito 3.871. Esta, en parte, trata de la lectura nefasta de los libros de caballería. Meregalli piensa que las dos páginas se dedicaron enteramente a la discusión de estos libros. Este hecho le hace concluir que el texto dialogado no puede ser una mera «novela de viajes». Escribe: «Nótese que en la tabla no encontramos cita alguna de la página 215: esto significa, creo, que también esta página, como la anterior, se dedicaba a la polémica contra los libros de caballerías, típico de un erasmista, con una insisten-

---

[41] FRANCO MEREGALLI, «Partes inéditas y partes perdidas del *Viaje de Turquía*», *BRAE,* LIV, núm. 202 (mayo-agosto 1974), pp. 193-202.

[42] *Ibídem,* p. 196. Este acontecimiento literario, que Meregalli limita al *Turcarum origo,* ocurre por todo el diálogo. Basta con compulsar los textos críticos mencionados a lo largo de este estudio para averiguar este hecho.

[43] *Ibídem,* p. 198.

[44] *Ibídem,* p. 199.

cia, dicho de paso, que resultaría extraña si el libro fuese una novela de viajes»[45].

No se puede dejar de ver el interés que tiene este estudio de Meregalli para futuras investigaciones de orden textual. No obstante, sus conclusiones de que el *Viaje* no es una «novela» o autobiografía novelada no convencen del todo. Como casi todos los estudiosos del diálogo, Meregalli está demasiado persuadido de que se trata de una autobiografía auténtica.

En otro artículo dedicado al papel de Italia en el *Viaje*, Meregalli pone en tela de juicio la atribución de la obra a Laguna. Según él, ésta «si sostiene anchora, grazie al meritato prestigio del grande ispanista francese, benché in realtá non uno solo di coloro che hanno affrontato la questione l'abbia accettata»[46]. Cita a continuación una lista de estudiosos que concluyen sus investigaciones con un rechazo de la tesis Laguna[47]. Con todo, Meregalli concuerda con R. Schevill en que la comprobación de la paternidad Laguna se podrá verificar solamente mediante «un' analisi lessicale, morfologica, sintattica, stilistica che ponga a confronto el *Viaje* con opere sicuramente di Laguna»[48]. Meregalli apoya su parecer en las incongruencias que nota en el método analítico de Bataillon, quien sostiene, por una parte, el autobiografismo de la parte italiana del *Viaje*, y, por otra, rehúsa el del viaje por Turquía y Grecia[49].

Meregalli quiere demostrar que el autor del *Viaje* no conoce Italia tan bien como Bataillon lo pretende. El anónimo, por ejemplo, comete varios errores sobre Venecia, lo cual probaría que no había estado allí nunca.

---

[45] *Ibídem*, p. 200.

[46] «L'Italia nel *Viaje de Turquía*», p. 351.

[47] *Ibídem*, pp. 351-52, nota 4.

[48] *Ibídem*, p. 352. También R. SCHEVILL, «Erasmus and Spain», pp. 108-09. BATAILLON compara el estilo del diálogo con el de Laguna en *Le docteur Laguna*, ya citado, y en su *Lección Marañon* (Madrid, 1970).

[49] Juan y Luis Gil han señalado que el viaje de Pedro por Grecia dista de ser auténtico. Los profesores españoles apoyan sus conclusiones sobre varias crónicas de la época, tales como las de Spon, Clavijo, Belon. Observan errores geográficos en el recorrido de Pedro por el mar Egeo. Juan y Luis Gil anotan vacilaciones en los distintos manuscritos del *Viaje* por lo que se refiere a la grafía de Sidero Capsa. Unas veces se escribe así, y otras, Sidero Capsia. Un nombre vale para la ciudad y el otro para la moneda que se estampa ahí. Sea el amanuense, sea el autor, confundió ambos significados.

En cuanto a la geografía, Pedro toma Esciato por Taso. Pues la descripción que el personaje hace de Esciato corresponde a la que Belon y Contreras ofrecen sobre Taso (p. 122). Pedro pretende ir a Milos desde Samos, con dirección a Delos. Si miramos un mapa, nos percatamos de que, para pasar por Samos, tiene que viajar en dirección opuesta a la suya. También afirma erróneamente que, para ir a Paros y Naxos, desde Siros, debe pasar por Citera. Los dos catedráticos mencionan también que Pedro mezcla el Cabo Malea o Cabo Angelo con el Puerto Coalla «en las proximidades del cabo Matapán y poner [Pedro] lindamente allí —¡en la punta más meridional de la Morea!— a los albaneses cazando codornices...» (p. 125).

El lector debería remitirse también al ensayo de M. DAMONTE, «Osservazioni sul *Viaje de Turquía*: riferimenti a Genova e alla Sicilia», *RLC*, 45 (1973), pp. 572-81. El crítico italiano estudia los errores y aciertos del autor sobre parte de su viaje por Italia. Desde luego, los fallos geográficos y las confusiones lingüísticas tienden a destacar el carácter más bien ficticio del diálogo. Pues el autor no parece preocuparse particularmente por la exactitud mientras que lo que cuenta tenga un aire de verdad.

Según el hispanista italiano, la Venecia del *Viaje* no se describe desde dentro, sino desde «una prospettiva constantinopolitana e... una prospettiva genovese» [50]. Por lo contrario, el escritor parece conocer bien Quío, a pesar de que cometa uno que otro descuido; parece también conocer Nápoles, según el estudioso Italiano. Meregalli, desde luego, se pregunta con razón porqué, si el anónimo quería borrar todas las huellas que permitieran descubrirlo, así como lo admite Bataillon, insertó en la autobiografía de su protagonista rasgos esenciales que revelasen su identidad. Meregalli piensa en el oficio que ejerce Pedro y en la facultad de medicina de donde se doctoró. No era común recibir un diploma de Bolonia y Laguna era uno de los pocos españoles que lo obtuviera. Este punto le sirve a Meregalli para destacar la ineficacia crítica de Bataillon y rehusar su atribución. Pues explica: «Ciò che Bataillon non aveva interesse a vedere e che, a quanto mi risulta, nessuno gli ha obiettato è che, se Laguna aveva tanto bisogno di mimetizzarsi, non si vede perché mai egli si sia rivelato (così era parso a Bataillon) dicendo che il suo personaggio era stato fatto dottore a Bologna, come lui» [51]. Meregalli desmonta el aparato crítico de Bataillon, por lo que se refiere a su tesis Laguna. Concluye que «... l'argomento del nuovo Bataillon funziona contra la sua antica attribuzione; propio il fatto che l'autore dice che Pedro fu fatto dottore a Bologna dovrebbe contribuire a convincerci che egli *non* era Laguna» [52].

Meregalli sostiene que existen otros elementos en contra de la tesis de Bataillon. Nota el espíritu juvenil del *Viaje*. Pues el protagonista habla como estudiante y no como hombre maduro. El hispanista funda su observación sobre la declaración algo polémica de Pedro, médico por Bolonia: «L'affermazzione di Pedro può comprendersi dal punto di vista del giovane intelligente e un poco millantatore quale egli sempre si rivela...» [53]. Laguna era ya un anciano cuando se compuso el *Viaje,* por tanto, no puede ser suya esa creación dialogada. Tampoco del doctor segoviano sería la crítica contra el papa Julio III, quien fue su protector y paciente [54].

Es evidente que, para Meregalli, un anciano no podría contar una historia de juventud o crear un personaje juvenil capaz de relatar la etapa novicia de su formación profesional. Porque si bien tenemos la impresión de que el Pedro que viaja a Constantinopla es un estudiante pícaro e informal, el hombre que regresa de Turquía ha crecido moralmente y se ha estabilizado hasta el punto de entender la importancia de tener un oficio. Pedro vuelve de Turquía maduro y el autor narra el proceso de maduración mostrando cómo su héroe toma conciencia de lo nefasto de su desenvoltura de estudiante travieso y desea establecerse. Con Pedro vivimos, pues, esa época de reconocimiento de la realidad

---

[50] «L'Italia nel *Viaje de Turquía*», p. 356.
[51] *Ibídem*, p. 453. Reduce la atribución de Bataillon a dos argumentos: «uno è l'analogia di tono da lui relevata tra l'opera ed una lettera di Andrés Laguna». (p. 352).
[52] *Ibídem,* p. 354.
[53] *Ibídem*, p. 355.
[54] *Ibídem.*

circundante y de las responsabilidades que tal descubrimiento implica. Es cierto, Pedro es un héroe joven. ¿Por qué no podría ser su autor un señor mayor?

Uno tiene la impresión de que la refutación de Meregalli se apoya más sobre una convicción o intuición que sobre una prueba verdaderamente científica. Acusa a Bataillon de forzar sus conclusiones. Lo mismo se pudiera decir de su raciocinio, por el que pretende convencernos de que el *Viaje* es una autobiografía auténtica que no pudo haber sido escrita por Laguna.

Meregalli observa aquí también lo ardua que resulta ser la investigación de la autoría. Opta por aconsejar el abandono de tal indagación mientras no se haya pesquisado más a fondo sobre el texto mismo: «E meglio studiare l'opera così come è, per chiarirne la natura» [55].

Las investigaciones de Meregalli son radicales para el estudio que me propongo hacer, ya que demuestran, en mi opinión y a pesar de Meregalli, el cariz ficticio del *Viaje*. Acusan de una forma magistral el gusto —ya registrado por Bataillon— del autor por la superchería. De hecho, debe tenerse en cuenta el valor alegórico o parabólico de la obra, desde el cual opera el autor. No cabe duda de que el *Viaje* no es una simple novela de viajes, pero novela o, mejor dicho, diálogo novelado es, sin embargo. El autor incorpora fuentes ajenas, las plagia, o transforma por razones que muy poco tienen que ver con atenerse a la verdad histórica propiamente dicha. No le importan, creo yo, los acontecimientos o hechos históricos *per se*. Se interesa más bien en el mundo de las ideas y construye, a través de su diálogo, una especie de utopía, un *pays de cocagne* fundado en la perfección de la organización político-religiosa y del hombre. El anónimo está produciendo muy conscientemente una obra que participa sin duda alguna en la creación de una *littérature engagée* en el siglo XVI. Las fuentes le sirven para divulgar una moral y una filosofía propia y crear una estructura literaria que sabe combinar la novela con el ensayo, cuya función es concretamente ideológica. El *Viaje* contiene una fuerte orientación satírica cuyo origen se remonta a Luciano y a la sátira menipea.

De todas maneras, de las investigaciones que se han hecho sobre las fuentes del *Viaje de Turquía* y los conocimientos del autor sobre Turquía, Grecia o Italia se puede deducir lo siguiente: al autor no le importaba la exactitud geográfica o histórica *per se*. Los detalles de esa índole se mencionan cuando se le pregunta al héroe aclaraciones. Lo que el autor quiere, no obstante, es establecer su autoridad de hombre sabio para poder difundir su mensaje de orden ideológico. Para conseguir esto tiene que convencer. Y convence envolviendo su obra en un velo de veracidad. Desde luego, su insistencia en su testimonio de testigo de vista cimenta el pacto de veracidad con el lector.

El anónimo, sea quien sea, compone una obra de ficción, cuyo realismo ha sabido divertir la atención del lector erudito. No rechazo la posibilidad de que se sirviera de la experiencia propia para su invención. Ningún escritor puede, al fin y a la postre, escapar de sí mismo. El autor es, según

---

[55] *Ibídem*, p. 361.

las palabras de Corsi, «un individuo esperto di uomini e di cose, sí, ma anche e soprattudo di libri, che maneggia con estrema abilità, in lavoro a tavolino il cui disultato è un paziente *collage* di dati e informazione... sui Turchi», y probablemente sobre todos los demás países [56].

En 1980, Fernando García Salinero publicaba una nueva edición del *Viaje de Turquía*. En la introducción pasa revista a los estudios de sus predecesores. Acepta «provisionalmente el carácter de autobiografía novelesca y dialogada» del *Viaje* [57]. En un artículo dedicado a nuestro diálogo va hasta decir que se trata de «una pieza literaria, combinación habilísima de autobiografía, reportaje, sátira y ficción» [58]. Rechaza categóricamente «la tesis autobiográfica» de Serrano y Sanz, pero duda de la aseveración de Bataillon según la que el «narrador no haya estado en Turquía» [59]. Como la mayoría de los estudiosos del *Viaje,* García Salinero no puede escaparse del derrotero trazado por Serrano y Sanz y busca al autor entre los ex-residentes de Turquía.

En su edición García Salinero algo dice del estilo del *Viaje* y menciona una que otra peculiaridad lingüística y sintáctica. Su estudio viene a completar al respecto los de Bataillon, Albert Mas y Ana Corsi Prosperi, por sucinto que sea.

García Salinero ha sido el primer crítico en añadir el texto sobre la circuncisión a la segunda parte del *Viaje,* texto del que habla Meregalli en el artículo citado en este apartado. Pero sin ningún criterio crítico aceptable decide prescindir de lo que llama «la farragosa y nada original *Turcarum origo*» [60]. Una lástima, a mi modo de ver, puesto que contiene el mismo espíritu de creación que animó al autor en lo demás del diálogo. Esta parte, como observó Meregalli, contiene materia digna de atención. En realidad, un estudio del *Turcarum origo* debería poder establecer con toda seguridad si el *Viaje* es una autobiografía auténtica.

Como vemos, no se ha resuelto mucho todavía sobre el misterioso *Viaje de Turquía* y su creador. El autor permanece un enigma a pesar de los esfuerzos de los críticos por descubrirlo. Es definitivamente posible que un escrutinio de la biblioteca del Conde de Condomar, donde se encontraron dos de los manuscritos, resolviera el problema de la autoría. Por lo menos así lo creyó Bataillon. Sobre el asunto García Salinero indica que «no deja de ser significativo que entre los títulos reseñados en el catálogo de la Biblioteca de Palacio figuren la obra de Menavino, dos de Laguna (*Catilinarias* y el *Dioscórides,* ed. 1570), la historia de Vicente Rocca, dos de Villalón (*Cambios y contrataciones* y el *Scholastico*), la historia de los turcos de Sansovino, las peregrinaciones (sic) de N. de Nicolai, el origen de los turcos de Spandugino; más otras de C. Vegelio, P. Vertelio y un anónimo *Viaje de Turquía* (f. 39r), al lado de otro titulado *Apotegmas y proverbios glosados,* «manuscrito» (f. 23*a*). Con esto queda abierto un postillo a la probabilidad de que un habilidoso «componedor» tejiese con

[56] PROSPERI, p. 75.
[57] *Viaje de Turquía*, p. 29.
[58] «El *Viaje de Turquía:* los pros y los contras de la tesis Laguna», p. 464.
[59] *Viaje de Turquía*, p. 36.
[60] *Ibídem*, p. 75.

retazos de tantas obras sobre Turquía y los turcos un sustancioso viaje imaginario. Y en este caso cobra relieve la hipótesis de Bataillon[61]. García Salinero no indica si investigó con cuidado los textos de la Biblioteca del Conde y si es resultado de esta indagación su nueva atribución.

En este estudio no pienso dedicarme a la busca de un autor o confirmar una hipótesis ya propuesta, sino más bien estudiar el *Viaje* como creación literaria. Esto me llevará entre tanto a investigar el papel y uso de algunas fuentes puramente literarias: Luciano, el *Lazarillo de Tormes*, y analizar el estilo dialógico del anónimo, estilo que se logra en un juego de ilusionista entre la verdad y la mentira, la apariencia y la realidad, superchería visionaria que sólo volveremos a encontrar en Cervantes.

---

[61] *Ibídem*, pp. 483-84.

AUTOBIOGRAFIA VS. FICCION

Uno de los problemas que ha ocupado a los críticos del *Viaje de Turquía*, como ya hemos ido mencionando anteriormente, ha sido cómo clasificar la obra. Los críticos se han dividido en dos campos. Los unos hacen del *Viaje* un documento histórico, lo cual implica que la autobiografía narrada por Pedro es totalmente auténtica: el anónimo vivió los acontecimientos que se discuten en el diálogo. Los otros ven el *Viaje* como una ficción y la autobiografía de Pedro como una creación novelesca. ¿Qué elementos proporciona el diálogo para aceptar a una u otra opinión? ¿Cómo averiguar que las noticias que el protagonista del relato da de su vida corresponden a datos tomados de la vida del autor? No conocemos al autor. Las posibilidades ofrecidas hasta ahora convencen a unos pocos e inquietan a la mayoría. Si el autor permanece desconocido, ¿cómo afirmar, pues, que el texto es una autobiografía? Las colaciones vida-texto llevadas a cabo hasta ahora para descubrir al anónimo no han dado resultado. Es más, sabemos con toda seguridad que gran parte de la información cronística no es original. Es también de notar que los posibles elementos autobiográficos que contiene el texto se entretejen en un andamiaje folklórico y literario responsable, en parte, de la dificultad con la que chocan los investigadores en su busca de un autor y una clasificación de género. El héroe, Pedro de Urdemalas, personaje folklórico, se arraiga profundamente en la tradición popular y novelesca. Es hijo de Maricastaña y sobrina de Celestina. Mata lo presenta con más tino al hacerlo primo de barbero, hijo de partera y sobrino de boticario. Del padre nunca se habla, haciendo de Pedro un huérfano al modo de Lazarillo. Se ofrece, en cambio, una genealogía de mujeres de origen popular y literario.

En la identificación de la obra como historia y autobiografía debe considerarse, no cabe duda, el enorme conocimiento que el autor, alias Pedro de Urdemalas, tiene del Mediterráneo. En favor de la tesis histórica debe mencionarse la insistencia del autor en la dedicatoria en su testimonio de testigo de vista. Una vez más, esto es válido si admitimos que la dedicatoria propia no es una superchería. No obstante, todos los estudiosos del *Viaje* han aclarado el misterio de estas primeras páginas, fabricadas mediante un *collage* de textos sobre Turquía. Entonces, la legalidad del punto de vista del autor está constituida por una mentira o, mejor dicho, un juego de apariencias. El autor parece querernos decir de entrada que lo aparentemente verdadero no es siempre verdad. En la dedicatoria le ofrece al lector jugar con él.

A la luz de las informaciones que tenemos sobre la dedicatoria, propongo que el *Viaje* se trata, en su parte narrativa, de una ficción, o sea, el autor amalgama una serie de textos foráneos para construir una «historia auténtica» cuya meta es abrir los ojos de los católicos sobre la verdadera realidad contemporánea. El autor desenmascara su mundo a través de una yuxtaposición de géneros. Pues combina el diálogo y la autobiografía para destacar mejor sus intenciones que calificaré de ideológicas. El *Viaje es* una interpretación literaria original de los informes escritos y quizá orales de cautivos verdaderos. Para armonizar el material elegido, el anónimo crea un personaje identificable solamente en los dominios del folklore, personaje que le permite además defender sus ideas sobre el catolicismo, la pedagogía y otros temas de índole social y política. Claro, el diálogo podría interpretarse como una parodia de esa literatura sensacionalista, tan en voga en la época con la que el escritor produce su obra, literatura propagandista cuyo propósito consistía en desacreditar la cultura islámica sin conocerla o intentar entenderla. El creador del *Viaje* busca poner las cosas en una perspectiva realista y propone que es necesario reevaluar posturas e ideas si se quiere edificar una sociedad cristiana potente. Desde luego, ¿no es el humanismo de Pedro similar al de Don Quijote? Pues ambos personajes inician una cruzada individual contra una sociedad que vive sobre ideas preconcebidas. La autobiografía se encierra en los límites de un diálogo que analiza los problemas de corrupción individual (autobiografía) y universal. La autobiografía se extiende hacia la construcción de una biografía de la sociedad cristiana y española hecha por tres personajes. *Viaje de Turquía* define la especificidad de un grupo humano a través de un comentario sobre su vida interior y exterior.

La autobiografía pertenece al mundo del diálogo. Pues en la dedicatoria el autor procura establecer un pacto entre su lector y su obra, especie de contrato a través del que el lector acepta no poner en duda la palabra del escritor. Este pacto se reanuda en el diálogo propio al nivel de los personajes. Pedro promete no contar sino la verdad, mientras tanto Juan y Mata tienen que asegurarle de su confianza. Es evidente de que existen dos contratos diferentes con destinarios distintos. En la dedicatoria, el autor se dirige a un personaje experto en viajes y cosas extrañas, o sea, que aquí el autor y el lector hablan desde un mismo registro cultural y vital. En el diálogo, por lo contrario, el personaje de Pedro se cerciora de la ignorancia de sus oyentes antes de contarles su historia. Entonces, en la dedicatoria, el autor escoge al príncipe Felipe porque sabe que tiene experiencia en las cosas extranjeras; mientras que, en el diálogo, elige a unos personajes inexpertos en el mundo. Y es que tradicionalmente la función del diálogo es principalmente didáctica. Y Pedro enseña a sus amigos. Les hace descubrir mundos ajenos que les permitan ensanchar sus horizontes. En este nivel, Juan y Mata son, de cierto modo, estereotipos que encuadran perfectamente con la intención didáctica anunciada en el prefacio y aceptan la verdad de Pedro como tal en la mayoría de los casos. No poseen la fuerza argumentativa que el conocimiento o la experiencia proporcionan. Juan y Mata son personajes débiles en este sentido. Además, la sinceridad de Pedro está reforzada por el cambio que ha sufrido mientras estaba fuera

3+

de la patria. El mejoramiento moral sostiene la validez del argumento de Pedro: su historia (dentro del contexto novelesco) es verídica.

El autor crea, por consiguiente, unas situaciones particulares que destacan el mensaje de Pedro, el protagonista. Claro, pensamos en el terreno dialógico: tipo de personajes, su formación intelectual, experiencia vital, interacciones de ideas. Esta fabricación forma una invención en la que unos interlocutores existen, discurren, dudan y reflexionan con el intento de construir la historia contemporánea de su mundo. Esta construcción guía la pluma del anónimo. Tenemos aquí, hasta cierto punto, un esbozo primitivo de *Los episodios nacionales,* de Pérez Galdós. España y el mundo cristiano se hilvanan, explorando las contingencias individuales. Se observa a los hombres para edificar su historia. De ahí el papel primordial del diálogo y de ahí también el valor del *Viaje* como invención literaria.

Ahora bien, ¿en qué consiste una autobiografía? Se trata de una narración hecha por un autor sobre sí mismo y relatada por un «yo». P. Lejeune la define de esta forma: «récit rétrospectif en prose qu'une personne réelle fait de sa propre existence, lorsqu'elle met l'accent sur sa vie individuelle, en particulier l'histoire de sa personnalité»[1]. Esta definición debe considerarse en relación con lo que Zumthor dice de la autobiografía medieval, lo cual funciona para la autobiografía renacentista. Indica que «"histoire" et "fiction" ne s'opposent pas dans l'intention du conteur médiéval aussi nettement qu'elles le firent en d'autres temps»[2]. Esto implicaría que historia y ficción se podrían tejer indiscriminatoriamente. Este punto sería particularmente cierto si aceptásemos la hipótesis de Zumthor de que esas autobiografías son esencialmente morales y didácticas. T. C. Price Zimmermann postula que la autobiografía del Renacimiento se trataría de una «transmogrification of the medieval practice of confession»[3] conseguida a través de unos «new modes of self-awareness revealed by the classical revival»[4]. La creación de la autobiografía dependería, por consiguiente,

---

[1] PHILIPPE LEJEUNE, *Le pacte autobiographique* (París: Ed. du Seuil), p. 14.

[2] P. ZUMTHOR, «Autobiographie au Moyen Age», en *Langue, texte, enigme* (París: Ed. du Seuil, 1975), p. 165. En el «Apólogo de la ociosidad y el trabajo», de LUIS MEXÍA, glosado por Francisco Cervantes de Salazar en sus *Obras* (Alcalá: Joan de Brocar, 1546), se observa, a través del comentario que Mexía hace del *Asno de oro,* de APULEYO, que se confunden o combinan dos funciones literarias distintas, la del narrador, por una parte, y la del escritor, por otra, para destacar el valor ficticio de la aventura: «Lucio Apuleyo, noble philosopho... fingió que yéndose él a la provincia de Thessalia, desseoso de la mágica, ... llegó a la ciudad de Hippata...» Entonces, es Lucio, el hombre de carne y hueso, quien ejecuta el viaje que Mexía supone ficticio. Lucio, personaje de la narración autobiográfica, y Lucio, escritor-productor de esta «ficción», son una misma persona. Esta interrelación entre autobiografía y ficción se especifica por el uso de la palabra «ficción», cuando Mexía declara: «Esta ficción tiene gran sentencia...» (fol. xii). Este concepto viene a concordar con lo que Zumthor averigua por lo que se refiere a la Edad Media. Debe también subrayarse que, para Mexía, la relación autor-narrador crea una obra ejemplar. El *Asno de oro* no se trataría de un relato sobre una auténtica experiencia espiritualista.

[3] «Confession and Autobiography in the Early Renaissance», en *Renaissance Studies in Honor of H. Baron* (Illinois: Northern Illinois University Press, 1971), p. 121.

[4] *Ibídem,* p. 127.

de unos factores culturales, y hasta ideológicos, que mueven la pluma del escritor. Dentro de este contexto debemos citar la opinión de Starobinsky, para quien la autobiografía puede ser una narración-confesión. El «escritor» escribe su vida porque tiene una razón válida. Hablando de las *confessiones* de San Agustín comenta:

> Il n'y aurait pas eu de motif suffisant pour une autobiographie, s'il n'était pas intervenu, dans l'existence antérieure, une modification, une transformation radicale: conversion, entrée dans une nouvelle vie, operation de la Grâce. Si le changement n'avait pas affecté l'existence du narrateur, il lui aurait suffi de se peindre lui-même une fois pour toutes, et la seule matière changeante apte à faire l'objet d'un récit, se serait réduite à la série des événements extérieurs: nous serions alors en présence des conditions de ce que Benveniste nomme histoire, et la persistance même d'un narrateur à la première personne n'eût guère été requise. En revanche la transformation intérieure de l'individu —et le caractère exemplaire de cette transformation— offre matière à un discours narratif ayant le *je* pour sujet et pour «objet»[5].

Observa que esta autobiografía tiene dos destinatarios: Dios y los hombres. Esta «double destination du discours... rend la vérité discursive et la discursivité véridique»[6]. La importancia, pues, de la autobiografía de Pedro reside precisamente en la reconstrucción por la palabra de una transformación radical de su vida. Lo mismo, no cabe duda, debería decirse de la autobiografía de Lázaro de Tormes o de Lucio en el *Asno de oro*. Todo esto implicaría que existe poca o ninguna diferencia entre la autobiografía ficticia y la que produce un ser verdadero sobre sí mismo. Todas recrean el pasado con el intento de completar, identificar la persona presente. Estas narraciones estudian los cambios que ha sufrido la personalidad y los acontecimientos circunstanciales que han generado la transformación. Sin embargo, Lejeune distingue entre ficción y autobiografía auténtica. Según él, hay autobiografía siempre que el relato se trate de una «historia» personal escrita por un ser real identificable directamente. Admite, no obstante, que la interpretación de la vida propia puede llevarse a cabo desde tres puntos de vista distintos, mientras que concuerden con la persona que da su nombre a la autobiografía que escribe. Estos son el «yo», «tú» o «él». Lejeune declara que «l'autobiographie (récit racontant la vie de l'auteur) suppose qu'il y ait *identité de nom* entre l'auteur (tel qu'il figure, par son nom, sur la couverture), le narrateur du récit et le personnage dont on parle»[7]. Lejeune presenta el caso del seudónimo afirmando que consiste en un «nom d'auteur» que no hay que confundir con «le nom attribué à une personne fictive à *l'intérieur du livre* (même si cette personne a statut de narrateur et assume la totalité de l'énonciation du texte); car cette personne est elle même désignée comme fictive par le simple fait qu'elle soit incapable d'être *l'auteur de livre*»[8]. Entonces, si el

---

[5] JEAN STAROBYNSKY, «le style autobiographique», en *Poétique*, 1 (1970), p. 261.
[6] *Ibídem*, p. 259.
[7] P. LEJEUNE, pp. 23-4.
[8] *Ibídem*, p. 24.

nombre del personaje no coincide con el del autor, ya no se puede hablar de identificación biográfica. El escritor crea un personaje que ya no es él mismo. Penetramos en el dominio de la novela autobiográfica. Esta, continúa Lejeune, «englobe aussi bien des récits personnels (identité du narrateur et du personnage) que des récits "impersonnels" (personnages désignés à la troisième personne); il [le récit] se définit au niveau de son contenu» [9].

Dentro de este contexto crítico es difícil admitir que *Viaje* sea una autobiográfica pura y simple. Los personajes no son verdaderos. El autor construye la supuesta autobiografía a base de textos ajenos. Se inspira en Bassano, Menavino, Spandugino, Georgievits para contar su «historia verdadera». La autobiografía se intercala en un diálogo, inventando así, dentro de la ficción misma, otros destinatarios concretos y evidentes. La autobiografía no consiste en un monólogo dirigido hacia destinatarios implícitos, sino que se edifica en el terreno dialógico. Se crea, gracias a este hecho literario, una dialéctica discursiva que acaba por imponer el discurso autobiográfico como verídico. El diálogo se establece en un ámbito personalizado o individualizado constituido por las interacciones de los personajes.

No sabiendo en absoluto quién es el autor del *Viaje,* es evidente que todo juicio es mera conjetura. El autor provee demasiados indicios que contrarrestan una interpretación puramente verídica del relato de Pedro en primera persona. La elección de los personajes, la función del folklore en la edificación de las personalidades, el esfuerzo de hacer del relato de Pedro algo más que una crónica sirven para refutar la tesis de una autobiografía pura y simple. El *Viaje* estriba en una alegoría que ilumina los pasos sucesivos que anda el ente de ficción —Pedro de Urdemalas— en su esfuerzo de alcanzar a Dios.

Con todo, el relato de la experiencia pasada se rellena de un significado nuevo, que la dedicatoria no sugiere en ningún momento. Este reside en la confirmación de la espiritualidad del héroe-narrador. Dentro de este cuadro de cambio espiritual hay que colocar el comentario de las condiciones y costumbres de los turcos y griegos. La experiencia vital individual, al vincularse al relato de la historia «social» de otras naciones, permite llevar a cabo una evaluación del destino político y religioso de la patria. Entonces lo que Pedro narra son varias existencias, varias transformaciones que se encaran con diversas existencias (las de Juan, Mata, los personajes estereotipados del camino francés, los españoles en su conjunto) y una entidad colectiva (España).

El *Viaje* no es plenamente un texto de historia; no es una crónica común y corriente. Pues si el diálogo hace historia, se trata de la historia del pensamiento religioso, político de la España del siglo XVI. El *Viaje* es también, de cierto modo, un tratado de teología y filosofía. A fines morales y recapitulativos se nos describe la historia de un cristiano recuperado, unos monjes griegos, los turcos, unos españoles corruptos con deseo de mejorarse. La veracidad del elemento histórico se apoya sobre la in-

[9] *Ibídem,* p. 25.

mersión del personaje en la historia de los tiempos. Lo ficticio toma así el cariz de lo verídico. Lo esencial ha sido producir un sistema lingüístico específico que nos convenciera del carácter veraz de la autobiografía. Desde luego, la legitimación de la obra como autobiografía queda suspensa por el cotejo de ésta con las crónicas que se han plagiado. En este sentido, el *Viaje* se inserta en una tradición de escritores-falsificadores que se remonta a la Edad Media. Pienso en la historia de Dares, sobre la que W. Nelson escribe:

> In a letter purporting to be addressed to the historian Sallust, a writer using the name of the historian Cornelius Nepos declares that he has found the document in Athens, in Dares' own hand, and has translated it in Latin. He remarks on the evident superiority in truthfulness of this report by an eyewitness over the account of Homer, who, by his own admission, lived many years after the battle. Furthermore, Dares writes of no paplable absurdities such as gods joining with men in battlefield melees [10].

El siglo XVI exhibe su falsificación histórica con *El libro del Emperador Marco Aurelio,* de Antonio de Guevara. ¿Historias?, ¿autobiografías? o ¿recursos literarios para crear ficciones y dar libre curso a la fantasía?

---

[10] *Fact or Fiction: the Dilemma of the Renaissance Story Teller* (Cambridge, Mass.: Harvard University Press, 1973), p. 16.

LA ANONIMIA COMO RECURSO ESTILISTICO

La anonimia del *Viaje* debe considerarse como parte imprescindible del mecanismo novelesco, dialógico e ideológico que anima el funcionamiento del texto [1]. Esta se impone rotundamente en la dedicatoria, donde el autor se esconde detrás de los escritos de historiadores, cronistas, cautivos, embajadores. Detrás de su máscara literaria el autor puede disfrazar su propósito.

Al escribir el *Viaje,* el anónimo comete un acto subversivo que se guarda de especificar en la dedicatoria. Adopta una postura «política» anticonformista dentro de una estructura apta a la polémica: el diálogo. Al permanecer sin nombre, el autor puede denunciar, dentro de un mundo de convenciones literarias, y desde fuera, las instituciones de su país. Pues una marginalización voluntaria le permite distanciarse del objeto criticado. El *Viaje* ataca desde el principio todo lo insustancial. Por eso, las fórmulas refranescas que destacan una realidad congojosa y tiránica son puestas en tela de juicio. Proverbios como «pobreza no es vileza», «haz bien y no cates a quien» o la observancia religiosa del «qué dirán» sirven de apoyo a una discusión filosófico-ética sobre las deficiencias morales y religiosas de una sociedad contemporánea que quiere resolver los problemas del hombre con fórmulas fáciles. De hecho, de la conversación entre los amigos se dibuja un mundo cristiano carente de un sentimiento ético de la vida. Por tanto, esta crítica, al ser anónima, es de todos los que quieren meditar sobre España y el catolicismo. Juan, Mata y Pedro representan las distintas opiniones de los españoles de la época. El dinamismo crítico está constituido por una ironía funcional. Mata y Juan quieren servirse de la información sobre Turquía, que Pedro les comunica, para seguir ganándose la vida sin trabajar. Esto se hace con el consentimiento tácito del nuevo cristiano, Pedro de Urdemalas. Es importante notar, sin embargo, que existe una diferencia radical entre la información que Juan posee una vez que Pedro ha acabado su comentario y la que poseía antes del relato de éste. El mensaje del recién llegado es uno de entendimiento, caridad, y es

---

[1] La anonimia hace del héroe el creador de la obra e intensifica la impresión de autobiografía absoluta. No cabe duda de que, en este sentido, el *Viaje* se parece al *Lazarillo de Tormes.* Se puede hablar de una yuxtaposición autor-protagonista que perpetúa el mito de la mistificación. Al fin y a la postre, los críticos del *Lazarillo* pensaron, durante tiempo, que la obrita radicaba en un acontecimiento autobiográfico. Un análisis de los elementos folklóricos y las fuentes literarias ayudaron a derrocar tal idea. Cabe hacer lo mismo con *Viaje de Turquía.* Espero que logre demostrar algo de esto en esta monografía.

este mensaje el que Juan divulgará a sus feligreses después de su contacto con Pedro. Esta verdad no concuerda con la verdad ordinaria, oficial, sino que está mitigada con un sentido profundamente ético de la vida. En la visión que Pedro presenta de los pueblos que ha visitado centellea un espíritu de tolerancia poco común en la literatura turca de la época. Este espíritu tiene que influir la rendición de la historia por Juan. Desde luego, Pedro, a lo largo del diálogo, consigue cambiar su modo de pensar. En mi opinión, el propósito verdadero del diálogo consiste en cambiar las disposiciones críticas del lector y oyente al mostrarles la realidad desde otra óptica, desde un ángulo distinto del usual y excitar su curiosidad. Pues existen otros mundos, otras maneras de actuar, vivir, pensar, entender al ser humano, que no son españolas. El *Viaje de Turquía* es provocativo y subversivo en este sentido. Ya que se trata de poner en duda una actitud crítica, era esencial que el anónimo permaneciera anónimo y que jugara con la información subjetiva, unidimensional de los demás, transformándola en una herramienta útil para una crítica profunda de la sociedad católica.

Esta ironía sirve de un truco novelesco evidente. La postura de Juan y Mata le quita al diálogo su carácter estrictamente didáctico. El autor no nos quiere dar una lección en el sentido literal de la palabra, y la ejemplaridad del relato es parecida a la del *Colloquio de los perros* y el *Casamiento engañoso*. Se funda en el juego novelesco entre realidad y apariencia. Es este juego de ilusionista que conviene estudiar aquí.

En su dedicatoria, el autor combina los prólogos ya mencionados al principio [2]. Emplea las introducciones para delinear su voluntad de comentarista. De ellas también toma las fórmulas retóricas corrientes, tal como la *captatio benevolentiae* o la dedicación al príncipe, y elimina la repetición y amontonamiento de detalles. Entreteje los diferentes textos para destacar su mensaje aparente, hablar de la crueldad de los turcos y la miseria de los cristianos cautivos, su sinceridad de testigo de vista y el destinatario de la obra. Se arroga con la mayor desfachatez del mundo el papel de cautivo y crítico erudito del mundo turco, función que desempeña con brillo su héroe, Pedro de Urdemalas. No obstante, el autor inserta en la materia ajena comentarios propios, indicios sutiles e implícitos de lo que contiene verdaderamente el diálogo. Estos son de dos clases: el mensaje ideológico puesto entre paréntesis y el elemento literario comprendido en su deseo de pintar al vivo en una estructura dialógica. Por lo que se refiere a lo literario, el autor propone un estilo y una estructura. Lo ideológico lo imparte la motivación política, ética y religiosa que dirige la pluma del escritor. Esta, no obstante, parece no concordar con el mensaje difundido por el personaje dentro del diálogo. En el prólogo, a primera vista, el autor pretende escribir con la intención de desenmascarar la mala voluntad del enemigo. Para eso, le basta copiar lo que ya se había dicho y escrito sobre el asunto. Al mismo tiempo, en sus comentarios entre paréntesis, pone en evidencia la fragilidad moral y po-

---

[2] Remitirse a los estudios de Marcel Bataillon, Ana Corsi Prosperi y Albert Mas que he citado en la introducción.

lítica de España o del mundo católico. Pues mientras presenta su propósito de hablar de los turcos, menciona solapadamente a los enemigos de dentro de casa:

> ... sabiendo que el mayor contrario y capital enemigo que para cumplir su deseo Vuestra Magestad tiene (dexados aparte los ladrones de casa y perros del ortolano) es el Gran Turco, he querido pintar al bibo en este comentario a manera de diálogo a Vuestra Magestad el poder, vida, origen y costumbres de su enemigo, y la vida que los tristes cautibos pasan, para que conforme a ello siga su buen propósito. (pp. 88-9) [3]

De esta forma el propósito verdadero queda disfrazado, y el autor da la impresión de no querer hablar de otra cosa más que de Turquía, tal como hicieron Menavino y otros. La voluntad ideológica verdadera se oculta en una aparente impersonalización del sistema lingüístico y retórico utilizado. La dedicatoria choca por su convencionalismo. El neutralismo lingüístico contrasta con el dinamismo dialógico inherente a la tensión polémica que sustenta el interés en el diálogo. Esta tensión, sin embargo, se anuncia borrosamente en la dedicatoria, donde el autor insiste en ser el único que conoce a Turquía. Afirma no temer confrontar su palabra con la de todos los que han escrito sobre el tema. De ahí el énfasis en su postura de testigo de vista. Hasta en el *Turcarum origo,* donde el autor copia literalmente a Spandugino, le hace decir a su personaje: «No puede ser menos sino que sobre el origen, vida y costumbre de los turcos aya varias opiniones, pues quieren los que en su vida salieron de Valladolid, o Toledo y Madrid, escribir las mentiras que los que porque les den limosnas fingen venyr de aquellas partes, ny espante dezir que son mentiras porque de quatro chronicas o cinco que he visto ninguno escribe verdad, y a mi me quiebra las alas para dezirla...» [4].

Al autor le salva su seguridad arrogante lograda gracias al gusto por la lectura y a una experiencia indiscutible alcanzada a través de sus viajes. Por un conocimiento vasto adquirido de formas diversas, puede hablar hasta de cosas que no sabe. Por lo menos esto se sugiere cuando también en el texto dice Pedro a Juan y a Mata: «Andad vos como yo por el mundo y sabréislo. Dábale a todo respuestas comunes... ¿parésceos que me podía eximir? y aun os prometo que quedó bien satisfecho» (p. 292). Desde luego, así como el autor consigue convencernos, mediante una dedicatoria plagiada, de que ha estado en Turquía, Pedro convence a sus amigos de que su viaje es auténtico.

La dedicatoria destaca los elementos siguientes sobre los que funciona y se desenvuelve al diálogo:

1. Se señala la naturaleza esencialmente curiosa del hombre. El autor, con palabras ajenas, aconseja que la inclinación natural por leer

---

[3] Albert Mas escribe: «L'auteur... a créé... un climat anti-turc, dans sa dédicace à Philippe II, mais il l'abandonne brusquement pour passer sans transition à la réalité espagnole...» (p. 127). Más adelante se exclama: «Quel abîme entre le ton de l'épître dédicatoire et le reste du livre» (p. 130). Cfr. GARCÍA SALINERO, p. 88, nota 4.

[4] *Viaje de Turquía,* ms. 3.871.

libros de ficción se vierta en la lectura de libros útiles. Subraya la importancia del saber y anima a los curiosos a que viajen[5].

2. Se fija este interés con una referencia literaria: el *Ulises* de Homero, y sirve de modelo moderno un héroe de carne y hueso, el príncipe Felipe, a quien va dirigido el diálogo[6].

3. El ansia por aprender provoca la creación de un libro sobre los turcos, tema sobre el que muchos escriben sin saber nada. Su libro se distingue del de los demás en que dice la verdad. El diálogo, estructura que propone para divulgar esa verdad, se compone de dos partes: las costumbres de los turcos (que en el diálogo se ofrece el segundo día de conversación) y las miserias de los cristianos cautivos, que, en el diálogo, se convierte en un relato autobiográfico.

4. El autor insiste en el punto de vista. Opone el tema del testigo de vista al del testigo de oídas, con el cual respalda todo el relato de Pedro. De esta suerte, crea un juego dialéctico que, aunque aquí promete mantenerse en el terreno turco, se extenderá hacia los problemas religiosos y políticos que sufre España. De ahí las dos perspectivas que se enfrentan en el diálogo: Juan contra Pedro.

5. Motivación psicológica: referencia literaria a Virgilio que infunde la necesidad de contar los sufrimientos humanos (información ajena). El tema del héroe se transparenta a través del valor épico de lo que se va a relatar.

6. Motivación psicológica con referencia humana paralela a la lite-

---

[5] Lema específicamente renacentista. Tal vez por ello se desarrollen con tanto énfasis las novelas de viaje. Por lo que se refiere al provecho que proporciona el viajar, véanse los *Essais,* de MICHEL DE MONTAIGNE.

[6] FRANCISCO TAMARA, *Costumbres de todas las gentes* (Medina del Campo: Juan Millis, 1553), incita al viaje a través del recuerdo de los antiguos viajeros. En el prólogo leemos: «... Y no solamente aquellos filósofos memorables que con desseo de saber corrían por todo el mundo, assí como Homero, Platón, Pitágoras, y casi todos los otros antiguos: mas también los príncipes y legisladores, assí como Minos, Salón, Licurgo, y otros muchos. Y no se tenía por suficiente para la administración de las cosas, el Príncipe, o varón excelente, que primero no uviesse corrido casi todo el mundo y visto las cosas del. Y de aquí es, que aquellos antiguos y excelentes poetas para formar a un hombre heroyco y adornado de todas virtudes, le hazen que corra por todo el mundo, y lo vea todo. Y aun no se contentando con esto, fingen que baxa y desciende al infierno, y que vee y conoce las cosas que allí ay. Assí lo hizo aquel excelente poeta Homero con Ulyxes, del qual dize en la proposición de su obra:

O musa tú di, y canta narrando,
De aquel varon, que siendo salido
De Troya, por mares y tierras vagando,
Pueblos diversos y costumbres vido.

Y nuestro Poeta Virgilio haze casi lo mismo con su Eneas, del qual dize luego al principio de su *Eneyda*:

Yo canto las armas y fuerte varón
Que siendo de Troya su reyno expelido
Por mares y tierras siete años corrido,
A Italia al fin vino, con fuerte tesón. (fol. 4)

raria. Aquí el autor, en las palabras exactas de Georgievits, confirma sus intenciones. Estas servirán a ordenar el relato del primer día: cautividad, servidumbre, huida.

7. En su disculpa inserta el valor de su narración. Se presenta como testigo de vista una vez más y opone su conocimiento al de los otros cautivos. Refuerza su postura con una cita sacada del Evangelio (intención ideológico-ético-religiosa). El personaje de Pedro se dibuja en su misión de emisario de la verdad en esta recopilación de las intenciones del autor.

8. Explica la causa de su conocimiento: introducción del *curriculum vitae.*

9. Introduce el tema turco. Ataca el arbitrismo. Estos puntos se cubrirán en la conversación del segundo día.

10. Consejo político al rey: las guerras civiles son destructoras. Este consejo acompaña la profecía por la que la cristiandad dominará el mundo islámico. De este modo opone lo turco a lo católico.

11. Interpretación de la profecía e importancia de ésta desde el punto de vista psicológico: la profecía tiene un origen cristiano. La referencia bíblica insinúa la victoria cristiana.

12. Fuerza de la nación española, hipótesis de un triunfo militar cristiano, lo cual sugiere una incitación a la cruzada que acabará el cautiverio de los cristianos. Todos estos puntos hallan su fuente en Georgievits.

13. Ofrecimiento del libro al príncipe.

La dedicatoria juega el papel del proemio, según lo define Ruch en un ensayo sobre la obra de Varrón: Esta tiene por función de «marquer la part prise par le destinataire au choix du sujet et de la forme qui lui est appliquée; l'idéal, c'est que la personnalité du destinataire soit en liaison intime avec le sujet traité» [7]. En ella se justifica el tema, el destinatario y la forma dialogada. Es evidente que el autor del *Viaje* obedece en este punto a la tradición clásica. Por eso, para exponer el tema de su libro y dirigirse a un destinatario específico, no precisaba esfuerzos creadores. Obedece simplemente moldes y copia, por tanto, lo que no necesita crear. Se entiende, pues, que la dedicatoria retrate el ambiente bélico y exaltado que caracteriza las obras en las que se inspiró el anónimo, ambiente que no corresponde al del diálogo que crea. En la dedicatoria el autor presenta un cuadro convencional de unos turcos que los cristianos destruirán por la guerra. Ahora bien, el diálogo empieza y la exaltación de la dedicatoria se apacigua y desorienta. El lector penetra en un mundo inesperado que representa la cristiandad desde su camino santo. El escritor, a través de sus personajes, pinta sin pasión, pero con humor, una España caída en manos del diablo. Cuando se introduce a los turcos, es para pintarlos con las cualidades de que carece el católico español. El mensaje implícito del

---

[7] MICHEL RUCH, *Le préambule dans les oeuvres philosophiques de Cicéron* (París: Ed. Ophrys, 1958), p. 338.

diálogo es que, para llevar a bien la cruzada anunciada en el prólogo, el español debe volver al cristianismo verdadero del Evangelio [8].

El texto del prólogo se construye a base de estereotipaciones y tipificaciones conceptuales: los buenos y pobres cristianos contra los turcos perversos, el verdadero testigo de vista contra el testigo de oídas. Esta dicotomía cortante se hace compleja y sutil en el diálogo de forma que los cristianos que nos reproducen los personajes no son todos buenos; la España católica no es siempre cristiana y los turcos poseen virtudes que el español común desconoce. Además, el testigo de oídas (Juan) se convierte audazmente en un testigo de vista reformado gracias a la información que le proporciona Pedro de Urdemalas. El juego con la verdad que procede de la dedicatoria se continúa en el diálogo a otros fines: discurrir para incitar una meditación sobre el papel de una España cristiana en el contexto internacional.

La dedicatoria es una especie de esbozo formal del diálogo, detrás de la cual la voluntad creadora del autor se esconde. Este esbozo se basa en el mecanismo resumido aquí: Pedro estimula la curiosidad de sus amigos (curiosidad que instila el autor desde la dedicatoria en sus lectores para que lean su versión de la historia de los turcos); les descubre la razón de su larga ausencia (que corresponde al anuncio del autor de su estancia en Turquía, lo cual le da el derecho de hablar a sabiendas de los turcos); Juan cae en su trampa de falso peregrino de Jerusalén por no saber geografía (así como el lector cae en la trampa del autor, que le hace creer que ha sido cautivo de los turcos a través de sus plagios); Pedro cuenta su historia en el contexto de una historia de cautiverio. Finalmente, todos los personajes platican sobre una Turquía modelo. Entonces tocan lo español con bastante detalle.

Ahora bien, el autor dedica dos tercios del libro a la narración de la vida de su protagonista: sucesos personales, aventuras, sufrimientos, cambios, como si este aspecto fuera el que importara. Lo turco está mitigado en la vivencia individual. La experiencia turca toma el cariz de novela costumbrista y cae en el dominio de una autobiografía que creemos ficticia.

---

[8] Los heterodoxos se servían a veces de los turcos como paradigmas de fe. En cuanto a la postura de Lutero para con los turcos, remitirse al libro de KENNETH M. SETTON, *Europe and the Levant in the Middle Ages and the Renaissance* (London: Variorum Reprints, 1974). Desde luego, Lutero los presenta unas veces como modelo que los cristianos deben seguir y otras veces como castigo de Dios. Referirse a sus cartas: «Briefwechsel», en *Werke* (Weimar: Hermann Bölhaus Nachfolger, 1930), I, 125.

Sobre las posturas de los humanistas sobre los turcos, ver la monografía de ROBERT SCHWOEBEL, *The Shadow of the Crescent: The Renaissance Image of the Turk* (New York: St. Martin's Press, 1967). Por lo que se refiere al *Viaje*, ALBERT MAS observa: «L'auteur... pense que l'Espagne doit commencer par faire son *mea culpa*, qu'elle doit vouloir sa propre réforme intérieure. Elle pourrait ensuite affronter les Turcs à armes égales...» (p. 131). La misma idea desarrolla Lutero cuando escribe: «... clerus in avaritiae, ambitionis et luxuriae profundo submersus est et miserrima fit ubique facies ecclesiae... Deus (quantum video) contra nos pugnat. Hic primum esset expugnandus lachrymis, puris orationibus, sancta vita et fide pura. Sed de hoc alias.» «Briefwechsel», I, p. 282.

El autor expresa sin artificio alguno su proyecto artístico: «he querido pintar al bibo en este comentario a manera de diálogo a vuestra Magestad el poder, vida, origen y costumbres de su enemigo, y la vida que los tristes cautivos pasan». Hay que retener aquí tres expresiones funcionales: «al bibo», «comentario», «diálogo». Señalemos que ninguno de los textos sobre los turcos que utilizó el anónimo se escribió en esta forma. Es más, el elemento personal, el «yo» cuando aparece como en la historia de Menavino, está completamente supeditado al comentario histórico-costumbrista. En el *Viaje* lo que capta el interés y la atención del lector, antes que nada, son los pormenores del derrotero vital del héroe yuxtapuestos a una representación grotesca del mundo católico (principio del diálogo). Esos hacen creíble su estancia en Turquía. Su «yo» se impone con tanta audacia que los detalles costumbristas y las explicaciones lingüísticas desempeñan simplemente el papel de notas al pie de la página y permiten explicar lo exótico de la experiencia del personaje.

El diálogo implica una interacción lingüística, psíquica e ideológica entre los personajes, lo cual repercute en la relación entre mensaje dialógico intencional y mensaje recibido o captado por el lector. Su comunicación se mantiene a través de la tensión emocional que el relato de Pedro crea. La interacción dialógica requiere la existencia de otros «yos» que van a comunicar en el mismo nivel humano que el protagonista, recibir su mensaje y responder apropiadamente. De ahí que se enfrenten varias vivencias desde su yo. El valor de este elemento lo insinúa Albert Mas con estas palabras: «L'impression de recherche littéraire, donnée par le récit autobiographique coupé d'anecdotes familières ou érudites, est accentuée par l'emploi du dialogue. L'auteur trahit de la sorte son double souci littéraire et satirique» [9].

Es más, este diálogo abarca dimensiones políticas que se consideran y aprecian desde esos «yos» de los personajes, o sea, desde experiencias sentidas directamente por los interlocutores. En el diálogo nadie habla de lo que no sabe gracias a la presión impuesta por Pedro sobre Juan al principio del diálogo. Vemos así, desde dentro, todo el mundo del Mediterráneo.

En *Viaje,* diálogo y estilo conversacional, del que deriva, sirven no sólo para imprimir un sello de incontrovertible veracidad, sino que también granjean al autor otra condición necesaria a sus fines, a saber, la de poder comentar y reflexionar sobre los problemas contemporáneos desde su conocimiento de países y hombres y mediante la creación de voces variadas, una de las cuales traza su derrotero de cautivo cristiano. Estos «comentarios», tan necesarios al propósito fundamental de la obra, los cuales brotan de la conversación sobre tres vidas, participan de la veracidad de ella. Así, el comentario forma parte del mundo popular del «dime y direte» de los amigos. El comentario de las cosas vistas fuera de España forma parte integral de la experiencia vivida de Pedro y queda supeditada a ella. Por eso la información sobre Turquía específicamente se ofrece el segundo día, después de que el protagonista haya relatado su historia per-

[9] MAS, *op. cit.,* p. 118.

sonal. Las opniones del autor se expresan a través de esta narración de la vida de su protagonista.

Además, los comentarios, para tener impacto, tienen que ser «naturales». Por eso el autor anuncia su intención de «pintar al bibo» la vida de los turcos y cautivos: «para lo qual ninguna cosa me ha dado tanto ánimo como ver que muchos han tomado el trabajo d'escribirlo, y son como los pinctores que pinctan a los ángeles con plumas, y a Dios con barba larga... y al diablo con pies de cabra» (p. 89). El anónimo asocia lo pictórico con la representación escrita. «Pintar al bibo» significa reproducir la verdad verosímilmente. De ahí el uso del diálogo, estructura literaria que permite recrear la experiencia que el autor pretende haber vivido en un cuadro conversacional verosímil.

El sustantivo pintura atañe a lo visual; se fija en los elementos dibujo y color. Al transponer la imagen al campo de la escritura o discurso hablado, nos damos cuenta de que el autor quiere sugerir un mundo imaginativo capaz de evocar lo más fielmente posible la experiencia vivida por un personaje totalmente ficticio y sacado del bagage folklórico español. Este concepto de evocación está sellado por la expresión «al bivo». Quiere dar vida, alma a su escritura para que tenga fuerza persuasoria su palabra.

El autor del *Viaje* piensa lograr esta captación total de la vida mediante el diálogo, estructura literaria muy en voga en el siglo XVI [10]. Speroni, en su *Apologia dei Dialogi,* escribe que, por su índole, el diálogo es una pintura, como la poesía «di cui è specie il dialogo» [11]. Se trata además de una «dipintura parlante» [12].

Speroni se esfuerza por demostrar el valor artístico y poético del diálogo. Afirma que posee cualidades de la comedia y es poesía sin verso y pintura [13]. Deleita y enseña. Es, sin embargo, superior a la comedia porque es la forma literaria que Platón escogió para discurrir filosóficamente [14]. Para Speroni, el diálogo se toma a cargo el bienestar del intelecto al dar coherencia literaria al mundo complejo y desordenado de las ideas. Da forma a nuestro mundo interior mediante su captación de él por la palabra.

En el *Viaje* este pintar al vivo del que habla el autor no será solamente un pintar del mundo exterior; pues se trata de usar el diálogo para evocar el mundo secreto de los personajes, éste que toca a su interioridad: sus dudas, ansias, sufrimientos, placeres, vacilaciones. De ahí que el comentario no represente solamente realidades exteriores como son las costumbres de pueblos extranjeros, sino que contenga una dimensión nueva que el personaje, por su personalidad misma, crea, la cual se rela-

[10] LUIS ANDRÉS MURILLO, «Diálogo y dialéctica en el siglo dieciséis», *RUBA* (enero-marzo 1959), declara que «entre 1525 y el fin de la centuria apareció toda una literatura de diálogos filosóficos, artísticos y de pasatiempo. El número de diálogos escritos durante esta época se acerca a un millar». (p. 58)

[11] SPERONI, SPERONE, «Apologia dei Dialogi», en *Opere* (Venezzia: s.l., 1822), p. 267.

[12] *Ibídem,* p. 277.

[13] Pp. 268 y subsiguientes.

[14] Pp. 267-8, 278 y 280.

ciona con la revelación de los cambios interiores que sufre como protagonista. Esta relación es el punto de arranque de una meditación sobre la doctrina cristiana y el mundo moderno. *Viaje,* en este aspecto, debe vincularse a la tradición iniciada en el mundo cristiano por San Agustín. Pues sigue, en sus líneas generales, las huellas de *Confessiones* [15].

En fin de cuenta, el lector y los interlocutores tienen la sensación de volver a vivir la experiencia de Pedro. El autor evoca un mundo hecho de sugerencias, que, por el vigor de la expresión literaria, van a grabarse en la memoria de quien lee o escucha. Pues el escritor pretende relatar una historia verdadera. Por tanto, para crear ese efecto de lo verdadero, nos presenta su narración de tal forma que no se pueda poner en duda su palabra, y hace de su diálogo una pintura «al bibo».

En resumidas cuentas, el autor del *Viaje* impone en la dedicatoria una especie de preceptiva que rige la composición de su supuesto comentario sobre los turcos. Afirma como necesidad narrativa el punto de vista de la primera persona, por ser el único que pueda referir la experiencia individual. El «yo» se reconstruye dentro de un engranaje dialógico. Usa la pluma ajena para fijar su testimonio de testigo de vista, haciendo de la narración de Pedro algo más que un simple documento histórico o una mera autobiografía, y de la confrontación dialogada algo más que un diálogo común y corriente. De ahí que la intención primordial del autor no sea informarnos sobre Turquía. La literatura sobre el tema era más que abundante y de acceso fácil. A mi ver, la dedicatoria asienta firmemente la voluntad política del escritor a la vez que afirma la anonimia como una especie de atalaya desde la que el autor observa sin ser notado. A este fin pone a contribución, de una manera eficaz e inteligente, el mundo expuesto en las obras que emplea. Con su ayuda hace resaltar las im-

---

[15] Conviene leer la interesante monografía de MARZIANO GUGLIELMINETTI, *Memoria e scrittura: l'autobiografia da Dante a Cellini* (Torino: Einaudi, 1977), por lo que se refiere a la relación memoria-autobiografía. Esta relación entre relatar y recordar la menciona Mata cuando advierte: «... y haréis para vos un probecho, que reduçiréis a la memoria todas las cosas particulares» (p. 127). El acto autobiográfico es un acto introspectivo. El autor o narrador busca conocerse o reconocerse a través de la memorización de los actos vitales esenciales. Guglielminetti presenta el caso San Agustín con estas palabras: «... [San Agustín] pone a fondamento del discorso la conoscenza di Dio. Essa soltanto può garantirgli la conoscenza di sé, ma ad un patto: che egli, scrivendo, si affidi tutto al potere rievocatore e costruttore della memoria, l'unico capace di sottrarre l'uomo alla forza di attrazione della vita materiale» (p. 6). Sigue explicando que «la funzione della memoria è del tutto vicaria rispetto a quella preliminare e coartante del giudizio etico ed ascetico. All'autobiografo non è piú richiesto alcun intervento a posteriori, per spiegare quale luogo essa memoria occupi nell'edificazione di un discorso in prima persona che non voglia prescindere dall'esistenza di un passato, o di un visuto che dir si boglia. Ecco perché, sia detto per inciso, la riscoperta delle *Confessiones,* come modello assoluto di esame interiore...» (p. 7). El crítico italiano investiga el poder evocador de la memoria y su función en la edificación del yo a través de la escritura autobiográfica.

En el *Viaje,* el estímulo evocador se amplifica mediante el diálogo, el cual acucia la memoria del autobiógrafo. Aunque en el dominio de lo ficticio, hay también en nuestro texto un intento de examen interior del héroe. En parte, es esto lo que hay que «reducir a la memoria». También se trata de un examen interior la exposición de Juan sobre sus dudas y deseos de cambio.

propiedades de su mundo y dibuja un personaje literario con una conciencia profunda de sí mismo y la sociedad católica de su tiempo. Aquí
reside la originalidad del *Viaje*. La reflexión sobre el ser humano y la
descripción de los acontecimientos que han conducido al persona hacia
una meditación de la existencia forman la parte esencial del diálogo. Pedro no es un objeto dependiente de un dinamismo exterior, sino un sujeto
en pleno conocimiento y control de su individualidad. Pedro no es nunca
esclavo de las condiciones impuestas desde fuera sobre él. Su sobreviven-
cia es verdaderamente una vivencia merced a su experiencia espiritual.
Esto se estudiará en este libro, cuando se compare el diálogo con otra
autobiografía, la de Lázaro de Tormes.

CAPÍTULO I

LOS PERSONAJES

El autor del *Viaje de Turquía* ha montado a sus personajes sobre una armazón folklórica y libresca. Su raíz popular los engarza íntimamente en lo español, y la tradición literaria de la que derivan los coloca en un ámbito más amplio. Conviene estudiar cómo lo folklórico y lo libresco se combinan para crear unos personajes que, al ser vehículos ideológicos, son representantes fieles de toda una época. Mostraré también que, por encima de lo popular y gracias a su asimilación en la tradición literaria, emergen criaturas originales que encierran, en su individualidad, la clave a una comprensión total del pensamiento humanista de reforma que atisba en el *Viaje*.

El primer personaje del diálogo es Juan de Voto a Dios. En su plasmación entran los siguientes componentes:

1. Ingrediente mítico-literario

a) *El judío errante castigado por Dios.* Nunca cobra la paz interior y debe vagabundear por la tierra hasta el final de los siglos. Este detalle apunta a la probreza espiritual de nuestro personaje. Una parte del diálogo está dedicada al fracaso de Juan como cristiano. No consigue acercarse a Dios. Pedro le tendrá que enseñar el camino de la virtud. Esto corresponde a la primera etapa de su vida antes de la llegada de Pedro.

b) *Juan el Evangelista favorecido por la bondad divina.* Es el representante de Dios sobre la tierra. Encarna la riqueza espiritual a través de su unión con Dios. Su presencia facilita una posibilidad de reforma para nuestro personaje.

Estos dos seres míticos, que forman el personaje de Juan de Voto a Dios, representan dos momentos precisos de la historia de Juan, y sugieren la validez de la doctrina del libre albedrío. El judío simboliza al hombre antes de la llegada del Mesías, y el evangelista figura el cambio y reconciliación del personaje con Dios una vez la llegada del Redentor.

2. *Ingrediente folklórico*

a) Juan Tonto-Juan Listo: es un personaje tramposo y bobo a la vez: estereotipo del burlador burlado.

b) Representación popular del fraile: egoísta, aprovechador, estafador y mentiroso.

3. *Ingrediente contemporáneo y literario*

a) Juan de Dios, el Santo.
b) El peregrino falso.

Marcel Bataillon ha dedicado unos cuantos estudios al origen de este personaje. El crítico lo relaciona con la tradición popular del Judío errante: «Juan de Voto a Dios es el judío errante de España: un judío errante a quien no se toma por lo trágico, ni siquiera en serio. Aparece con los rasgos de un clérigo hipócrita, que explota la devoción de los simples, hablándoles de los santos lugares en que nunca ha estado, y que cosecha dinero so pretexto de fundar hospitales»[1]. En la tradición popular su nombre es Juan Buttadio o Juan de Esperaendios. El maestro Correas escribe:

> Tiene el vulgo una hablilla de uno ke llaman Xuan de Espera en Dios, i dizen los muchachos ke era zapatero ke oiendo el rruido kuando llevaban a krucifikar a Nuestro Señor, salió a la puerta kon horma y box en la mano i dixo: «allá irás», dando un golpe; i ke Nuestro Señor rrespondió: «Io iré i tú kedarás para sienpre xamás», i ke ansí kedó inmortal, i se rremozeze i se apareze, komo invisible, kuando él kiere, i ke le dio grazia sienpre ke echase mano a la bolsa hallase zinko blankas[2].

Según señala Luis Montoto, encontramos a este personaje a menudo en la literatura, en forma de refranes[3]. Bajo el nombre de Juan de Voto a Dios aparece en el *Crotalón,* en una de las encarnaciones del Gallo: «Este fingen los zarlos supersticiosos bagabundos que era un çapatero que estaba en la calle de amargadura en Hierusalen, y que al tiempo que passavan a Cristo preso por aquellas calles salió dando golpes con una horma sobre el tablero diziendo, vaya, vaya el hijo de María, y que Cristo le avía respondido: yo yré y tu quedarás para siempre jamás para dar testimonio de mí...»[4].

En estudios más recientes, Bataillon lo enlaza también con la tradición mítico-popular del Evangelista Juan, a quien el pueblo llama Juan Devoto a Dios. El erudito francés escribe: «On peut le rattacher à Juan Devoto a Dios, au pieux vagabond immortel dont Alejo Venegas assimilait la

---

[1] *Erasmo y España,* trad. Antonio Alatorre (México: Fondo Cultura Económica, 1966), p. 671.
[2] *Vocabulario de refranes y frases proverbiales y otras fórmulas comunes a la lengua española* (Bordeaux: Institut D'Etudes Ibériques et Ibéroaméricaines, 1967), p. 674.
[3] *Personajes, personas y personillas que corren por las tierras de ambas Castillas* (Sevilla, 1921), p. 31.
[4] MONTOTO también lo menciona en la misma obra, p. 59.

légende à celle de Jean l'Evangéliste, disciple bien-aimé du Christ, immortalisé non par châtiment, mais par faveur insigne»[5]. Covarrubias indica: «El maestro Alonso de Venegas, hablando de este Juan de Espera en Dios o Juan de Voto a Dios, dice, puede tener este fundamento, que el modo de hablar se entiende, Juan de Voto a Dios, y que sea S. Juan Evangelista, y que haya tomado ocasión de lo que nuestro Redentor respondió a San Pedro, preguntándole que había de ser S. Juan, y el Señor respondió: "Sic eum volo manere donec veniam, quiad ad te? Tu me sequere"»[6].

Bataillon asimila también a nuestro personaje con la leyenda del devoto fraile Juan de Dios, quien recogía limosnas para construir hospitales en beneficio de los pobres: «Il est tentant de supposer que le Saint des pauvres a été surnommé un temps Juan Devotoadios, ou Juan de Esperaendios, et que ses premiers protecteurs lui ont conseillé de simplifier ce nom en Juan de Dios pour éviter des confusions d'idées fâcheuses...»[7].

El hispanista francés, pues, advierte en la caracterización de nuestro personaje un cariz mítico —el evangelista Juan y el judío errante— y una asimilación con lo contemporáneo —el santo Juan de Dios de la Orden de los frailes mendicantes. Podemos efectivamente notar una correlación entre Juan del *Viaje* y estos personajes merced a las alusiones de Mátalas Callando, su compañero de negocios. Una referencia al judío errante es la siguiente: «A sólo vos es posible tal remedio, que como sois de la compañía de Juan de Voto á Dios no pueden faltar, por más que se dé, las cinco blancas en la bolsa...»[8]. También el hecho de que Juan pretenda hacer el peregrinaje a Jerusalén a menudo puede identificarlo como judío errante.

El vínculo con Juan de Dios existe en la tarea que ambos Juanes han emprendido. Pues Juan de Dios y nuestro Juan construyen hospitales para los pobres. Bataillon asemeja la palabra «compañía» que Mata emplea para indicar la orden religiosa a la que pertenece Juan, a la «naissante congrégation de Saint Jean de Dieu», el que gritaba por las calles de noche: «¿Quién hace bien para sí mismo, hermanos?»[9].

La conexión entre Juan Evangelista y Juan de Voto a Dios se halla en los siguientes comentarios de Mátalas Callando: «creo que pensáis que por ser de la casa de Juan de Voto a Dios sois libre de hazer bien, cómo quien tiene ya ganado lo que spera...» (p. 101); «Que piensan, que por ser su vezino ya se le tienen ganado por amigo como vos, que por tener el nombre que tenéis, os paresce no es menester creer en Dios ni hazer cosa que lo parezca» (p. 104). Claro, todas estas identificaciones apuntan

---

[5] *Le docteur Laguna, auteur du «Voyage en Turquie»* (París: Librairies des Editions Espagnoles, 1958), p. 31.

[6] MONTOTO, p. 59.

[7] *Le docteur Laguna*, p. 36.

[8] El paralelismo contrastivo entre Juan y Pedro se observa hasta en este detalle. El ex-cautivo menciona que, después de salvarle la vida a un Genovés «que tenía dineros», nunca le faltó nada: «... quiso Dios que sanó y diome tres reales, con los quales fui más rico que el rey; porque la bolsa de Dios es tan cumplida, que desde aquel día hasta el que esto hablamos nunca me faltó blanca.» (p. 159)

[9] *Le docteur Laguna*, p. 32.

a la hipocresía de Juan. Este se sirve de su nombre, así como lo indica Mata, para abusar al pueblo. Mata coloca a Juan en una tradición a consecuencias de la cual su deshonestidad y falta de convicción religiosa se destacarán magistralmente en las diversas conversaciones con Pedro sobre el tema de la fe. Juan encarna una España que se ha alejado de la doctrina de Cristo [10]. Pedro, en el diálogo, le ofrece la posibilidad de salvación a través del relato de su vida. Juan, efectivamente, cambiará poco a poco, hasta reintegrar su papel de evangelista en el sermón que pronuncia al final de la obra.

Mencionar estas raíces no es suficiente, sin embargo, para explicar a nuestro personaje, forjado dentro de una multitud de moldes. Pues éstas sólo dan cuenta del aspecto de su persona relacionado con el sufijo «Voto a Dios», el cual determina su función religiosa. El dialogante se emparenta también con el personaje de las consejas y chascarrillos que lleva su nombre. Por el nombre de Juan el autor inserta a su creación en el folklore español. La tradición oral da el nombre de Juan a una variedad asombrosa de seres, unos listos y otros ingenuos [11]. El maestro Correas señala que el vulgo tiene a Juan «por bonazo, bobo y deskuidado», unas veces [12]. Esto se refleja en el refrán «Xuan de buen alma» [13]. Otras, lo pinta como un tramposo: «Xuan Miguel no tiene kolmena y vende miel» [14], o «Bien te conozco Xuan de Horozco» [15], un equivalente del «te conozco bacalao aunque vienes disfrazado», o «Xuan ke no viene, trampas tiene» [16]. Montoto registra también el nombre de Juan junto con el de Pedro en el modismo: «A Juan y a Pedro» [17].

En los cuentos modernos recogidos por Aurelio Espinosa existe un personaje a quien llaman «Juanito Malastrampas», que vive de sus picardías. Cuando aparece con Pedro, este último desempeña el papel de listo y Juan el de bobo. Mientras Juan no alcanza nunca su meta, Pedro logra adelantarse a sus amos y derrotarlos en las pruebas que le imponen, gracias

---

[10] MARCEL CASTER, *Lucien et la pensée religieuse de son temps* (París: Les Belles Lettres, 1937), p. 149. Cabe notar el parecido entre el método dialógico de Luciano y el del anónimo. Pues para poder demostrar la ineficacia de la existencia de los dioses, Zeus tiene que presentar el primero su punto de vista. El crítico observa que en *Zeus castigado* Luciano «fait admettre par Zeus lui-même, dès le début, la réalité du destin distinct des Dieux. Exploitée avec rigueur, cette donnée initiale détruit la Providence et tout de qui s'y rattache». En el *Viaje* se le fuerza a Juan a que se identifique de forma que se vislumbre la falta de viabilidad de su mundo. Se destruye así, desde el principio, el edificio cristiano sobre el que vive la sociedad católica de la época.

[11] Montoto registra el refrán «Dos Juanes y un Pedro hacen un asno entero» con la explicación: «... no sabemos cuántos Juanes son necesarios, si dos o si tres, para, amén de Pedro, hacer el asno. Bueno que la masa de tonto se haga de Juan Zane, que esto quiere decir simple o bobo; pero ¿a qué el componente Pedro? Este nombre, en la paremiología española, no representa al bobo o simple, como aquel otro» (p. 74). Montoto dedica casi sesenta páginas a los Juanes (pp. 19-76).

[12] *Vocabulario de refranes*, p. 41.

[13] *Ibídem*, p. 304.

[14] *Ibídem*.

[15] *Ibídem*, p. 356.

[16] *Ibídem*, p. 304.

[17] P. 64.

a su bellaquería. Pedro es un personaje enérgico y pleno de astucias. Juan, al contrario, es callado y desempeña el papel de vencido [18]. En cualquier contexto, Juan es víctima de una candidez relativa, producto de una falta de experiencia en la vida. En nuestro diálogo, Mata destaca a menudo este aspecto de su personalidad. Un ejemplo chistoso es el de la tela de araña (p. 177).

En los cuentos también se enfrentan dos personajes que tienen un mismo nombre, Juan Listo y Juan Bobo. Juan Listo es entonces un Pedro de Urdemalas. Nunca se deja vencer y sus astucias prevalecen en el mundo entero. Este lado de su persona se manifiesta en el oficio del clérigo que asume en el diálogo y que mantiene sin dificultad, sin embargo, hasta la llegada de Pedro. Después, el papel de listo lo desempeña Pedro, tal como ocurre en el cuento popular.

La tradición popular, que se remonta a la Edad Media, ha convertido al clérigo en personaje folklórico. Lo encontramos asimilado a la figura del diablo. Montoto registra un modismo que identifica al diablo con el predicador: «Dícese de la persona que, naturalmente inclinada al mal, aconseja practicar el bien por motivos independientes de su voluntad y superior a éstos» [19]. Como el diablo, el fraile es listo. Sabe urdir y tejer para salvarse de situaciones difíciles [20]. La actitud popular para con los clérigos en general se refleja en una multitud de refranes. He aquí unos cuantos de los que recogió Correas: «Fraile franziskano, el papo abierto o el sako cerrado», o «Fraile ke su rregla guarda, toma de todos y no da nada» [21], o «Klérigos, frailes, pegas y graxas, do al diablo tales kuatro alhaxas», o «Klérigos, frailes i pardales, son malas aves», o «Klérigo, fraile o xudío, no le tengas por amigo» [22]. Todos estos refranes explican claramente la manera de ser de nuestro personaje. Pues éste recoge tanto como puede sin nunca dar nada. Juan se sirve de una serie de fórmulas, como el «Dios te ayude», para no tener que dar: «Me acuerdo haberos visto dar tres vezes limosna; sino al uno: ¿por qué no sirves un amo?; al otro: gran necesidad tenía Santiago de ti; al otro: en el ospital te darán de cenar; y a bueltas desto, mil consejos airadamente porque piensen que con buen zelo se les dize» (p. 100). Mata lo acusa de hipócrita por no practicar lo que predica. Pues cuando le pregunta que qué hacer con tanto mendigo, Juan contesta: «Darles limosna y callar» [23].

---

[18] AURELIO M. ESPINOSA, *Cuentos populares españoles* (Madrid: CSIC, 1946), I, pp. 407-37.

[19] P. 240.

[20] También Pedro es fraile. Por lo menos lleva el disfraz de fraile, lo cual le autoriza poseer las cualidades que caracterizan su función. Por ser fraile, Pedro sabe urdir y tejer mejor que el diablo.

[21] *Vocabulario de refranes*, p. 341.

[22] *Ibídem*, p. 453.

[23] El mismo rasgo se descubre en la conversación entre Pedro y Juan durante el relato de la huida. Para salvarse la vida, Pedro acepta confesar a los feligreses griegos. Juan le reprehende: «¡Buena conçiençia era esa! Mejor fuera descubriros que cometer tal error» (p. 300). La réplica de Mata: «Ruin sea yo si no creo que lo hiziera mejor que vos», contiene implicaciones luteranas. Pues Lutero creía que la fe y obediencia en los mandamientos evangélicos bastaban para dar a un cristiano el derecho a

Juan es también un peregrino de Jerusalén. El autor coloca de esta forma a su personaje en la tradición literaria y la realidad de la época. Lo hace peregrino falso. En la actualidad, estos personajes se servían de una colección importante de reliquias, que pretendían traer del Santo Sepulcro, para engañar a la gente y sacarles dinero [24]. Mata revela a su amigo Pedro que ellos también tienen un relicario:

MATA: ¿Y qué habíamos de hazer de todo nuestro relicario?
PEDRO: ¿Quál?
MATA: El que nos da de comer principalmente: ¿luego nunca le habéis visto? Pues en verdad no nos falta reliquia que no tengamos en un cofrecito de marfil...» (p. 124).

La mentira del personaje resalta en el diálogo que se entabla entre él y Pedro sobre su supuesto viaje a Jerusalén. Pedro, merced a su cuestionario cuidadosamente realizado, destruye la verdad de Juan, verdad oficial que todos aprueban por no conocer otra, y se impone, contra Juan, como el único conocedor del Oriente islámico. Contrasta su conocimiento de la tierra santa con la ignorancia por fin descubierta de un miembro influyente de la sociedad católica. Juan pretende haberse servido de un libro sobre aquellos lugares para divulgar su historia falsa. Apunta así que la mentira es universal. El teólogo no hace sino lo que todos practican:

JUAN: El remedio es lo más dificultoso de todo para no ser tomado en mentira del haber estado en aquellas partes. Un libro que hizo un fraile del camino de Hierusalén y las cosas que vio, me ha engañado, que con su peregrinaje ganaba como con cabeza de lobo.
PEDRO: ¡Mas de las cosas que no vio! ¡tan grande modorro era ese como los otros que hablan lo que no saben, y tantas mentiras dice en su libro! (p. 125)
JUAN: Toda la corte se traía tras sí quando predicaba la Quaresma cosas de la passión. Luego señalaba cada cosa que decía: fue Christo a orar en el Huerto, que será como de aquí a tal torre, y... (p. 126) [25]

Cabe señalar que el hecho de hacer de Juan un peregrino es radical desde el punto de vista de la estrategia dialógica. El autor adopta el modelo lucianesco, que consiste en enfrentar dos ideas o dos mundos constituidos sobre una base *a priori* idéntica con el propósito de destituir una verdad e implantar otra que se acerque más al credo filosófico del autor. Nos encontramos aquí con un método retórico particular por el que no se trata de convencer al oponente, sino simplemente demostrar que sus valores son falsos y, de esta forma, arrasarlo para que no pueda oponer resistencia

realizar los ritos eclesiásticos. Desde luego, Pedro ha descubierto el temor a Dios y sabe lo que significa amar o tener fe, primer principio para la reconciliación.
[24] ERASMO también hace del peregrino un personaje de sus Coloquios. Cfr. «Coloquios», en *Orígenes de la novela,* ed. Marcelino Menéndez y Pelayo, t. IV (Madrid: NBAE, 1915), pp. 149-249.
[25] Uno de esos libros sobre la tierra santa se lo debemos a un fraile franciscano precisamente, a quien Juan hubiese podido oír muy bien. Se trata de ANTONIO DE ARANDA, *Verdadera información de la tierra santa* (Toledo: Juan Ferrer, 1550).

durante la plática [26]. En el *Viaje,* la enfrentación del peregrino falso con el verdadero es un ejemplo clave. Finalmente, la verdad de Pedro es la única posible. Por tanto, la historia de las aventuras de Pedro es primordial.

Gran parte del diálogo, desde luego, gira en torno al derrumbamiento de los valores que Juan representa. La destrucción se lleva a cabo poco a poco y de un modo consistente. Mostraré el proceso dialógico en el capítulo dedicado al estudio de la forma dialogada.

Una vez descubierta su hipocresía, Juan expone con toda sinceridad sus problemas de conciencia. Este súbito desnudarse lo hace muy humano y destruye, de cierto modo, la imagen de un personaje unidimensional que Mata ha estado dibujando con su participación benévola. Su carácter humano se delinea claramente durante la conversación que él y Pedro mantienen sobre lo que debería hacer para convertirse al cristianismo de Pedro:

JUAN: Hablemos en mi remedio, que es lo que importa. ¿Qué haré? ¿cómo bolveré atrás? ¿cómo me desmentiré a mí mesmo en la plaza? Pues qué ¿dexaré mi horden por hazerme teatino ni fraire? ... (p. 126)

Muy pocas veces aparece el personaje tan claramente retratado como en estas páginas, donde se presenta al lector desde su intimidad. En otro sitio, lo oímos decir:

Presupuesta la estrecha amistad y unidad de corazones, responderé en dos palabras a todo eso, como las diría al propio confesor. No ha pocos días y años que yo he estado para hazer todo esto [poner su atención en salvar su alma y olvidarse de las cosas de este mundo], y paresçe que Dios me ha tocado mil vezes convidándome a ello; pero un solo inconviniente ha vastado para estorbármelo hasta hoy, y es que como yo he vibido en honra, como sabéis, teniendo tan familiar entrada en todas las casas de illustres y ricos, con qué vergüenza podré agora yo dezir públicamente que es todo burla quanto he dicho, pues aun al confesor tiene hombre empacho descubrirse? pues si me huyo ¿a dónde me cale parar? y ¿qué dirán de mí? ¿quién no querrá antes mill infiernos? (p. 124)

En el rápido intercambio de la introducción se descubre la falta de contacto de Juan con el mundo exterior. Por ser clérigo, nada profano le interesa. Mata lo informa de lo que ocurre en el mundo. Por eso le dice Juan a Pedro, a propósito de la corrupción de los oficiales españoles: «... Está Mátalas Callando acostumbrado de las mentiras de los oficiales de por acá que de día nos traen todo el año...» (p. 187). Juan mantiene contacto con la realidad a través de los otros. Vive en un universo protegido, fuera de toda responsabilidad aparente. Juan es un producto típico del mundo en el que vive. Por eso no lo vemos abrir su conciencia hasta la llegada de Pedro. Prevalece la visión que él mismo y Mata proyectan de

---

[26] Marcel Caster escribe: «Quand Lucien écrit contre la Providence, ce n'est pas tant pour prouver une thèse que pour discréditer le thèse adverse. Il cherche à réfuter l'adversaire, non pas pour le persuader —cela lui est bien égal; et il le suppose assez borné pour ne jamais changer d'avis... mais pour le rendre ridicule.» (pp. 173-174)

un personaje hipócrita a quien solamente le interesa vivir bien. En Juan se refleja el estado de cosas de la época, tal como lo ve el autor.

No cabe duda de que la verdad de Juan es siempre la que produce una ganancia sustantiva. Por eso es conformista y pasivo. Oculta su yo detrás del yo impreciso de los demás, y sus únicas autoridades son los demás: «Opinión es de algunos theólogos que son obligados a restitución de todo lo que demandan más para el substentamiento de aquel día, so pena de malos Xprianos», le dice a Mata en las primeras páginas. En las conversaciones sobre la corrupción e injusticia su postura es una de absoluta neutralidad. No quiere que se descubran sus sentimientos personales porque tiene que asegurarse de su bienestar económico. A menudo se ofende, por tanto, cuando se critica el modo español de practicar la religión (p. 265). Se enoja contra Mata cuando éste desvela el negocio poco reluciente que ejerce (p. 116).

El objetivismo y neutralidad de Juan ayudan a aumentar el impacto de la crítica social de Mata, la cual tiene varias orientaciones:

1. Acusar la irresponsabilidad y corrupción de los que mandan, lema que Pedro clarifica y concreta en sus discursos comparativos.
2. Mostrar los errores en que incurre la Iglesia.
3. Atacar a Juan como teólogo. Lo incluye entre los estafadores e hipócritas. Denuncia su falta de conciencia religiosa y su inmoralidad (p. 286).

Con todo, mientras Mata observa críticamente la sociedad en la que vive, Juan evita comprometerse para no tener que renunciar a su estilo de vida. De ahí su vínculo con el fraile típico de quien se burla audazmente el pueblo. Realidad, folklore y literatura se yuxtaponen diestramente en la personalidad del teólogo. Sus soluciones a los problemas de la época se resumen con fórmulas todas hechas. Cabe citar su opinión sobre las romerías, a las que defiende contra el parecer de Pedro: «No tenéis razón de condenar las romerías, que son sanctas y buenas, y de Christo leemos que aparesçió en ese ábito a Lucas y Cleophás...» (p. 120); lo mismo pasa con la religión y el uso del rosario, marca que, para los hombres como Juan, distingue al buen cristiano del malo. Se exclama con asombro al hecho de que, durante su viaje, Pedro no se haya servido de su rosario: «Pues ¡qué erejía es esa! ¿ansí pagabais a Dios de las mercedes que cada hora os hazía?» (p. 265). La discusión sobre la validez de pasar el rosario se convierte en una disputa de orden religioso en la que el único defensor del dogma católico vigente es Juan.

Nuestro personaje es supersticioso, como lo muestra la plática sobre las cintas de preñez, que Juan compara con el cordón que le dieron a Pedro en Roma:

JUAN: Pues para eso acá tenemos una çinta de Sant Juan de Ortega.
PEDRO: ¿Y paren las mugeres con ella?
JUAN: Muchas he visto que han parido.
MATA: Y yo muy muchas que han ido allá y nunca paren.
JUAN: Será por la poca deboçión que lleban esas tales... (p. 350)

La conversación sigue a base de réplicas alertas; tienen el efecto de acentuar la hipocresía de Juan, que se lo cree todo más bien por negocio que por convicción. Su aparente candor es algo calculado; casi debería llamarse desapego o despreocupación por todo lo que no lo concierne directamente. De esta forma puede seguir con su ocupación sin mala conciencia. Para lograrlo, sin embargo, tiene que defender las normas que rigen la sociedad. Por eso, cuando su mundo peligra de desintegrarse, lucha con la misma arma que la de su adversario, la de testigo de vista que maneja sin ningún éxito: «También es recio caso que me queráis contradecir lo que yo mesmo me he visto...» [27] (p. 477) le declara a Pedro en la charla sobre las supersticiones. Esta misma técnica emplea Pedro cuando, unas páginas más adelante, subraya la veracidad de su decir con estas palabras: «No penséis que hablo en esto de oídas, que más de quatro negocios destos averigüé yo...» La postura de testigo de vista, no obstante, cuando es el arma de la legalidad, en el contexto del diálogo, carece de significado. Por eso, como en las consejas, Pedro triunfa de su doble. El mundo de Juan se desploma a medida que el de Pedro se yergue.

Juan tiene opiniones preconcebidas que siguen al pie de la letra las oficiales impuestas por el vulgo: «... Acá bámonos con el hilo de la jente, teniendo por bueno y aprobado aquello que todos han tenido» (p. 146). Se entablan una serie de polémicas en el diálogo en las que se refleja este punto de vista. Por ejemplo, en la conversación sobre las costumbres de los sacerdotes en el vestir. Los clérigos españoles, afirma Juan, son honestos porque no se dejan crecer la barba. Una vez más, el aspecto exterior predomina en la postura religiosa de Juan. Lo mismo se destaca en la discusión sobre cómo decir misa. Mientras Juan apoya la creencia común, Pedro ofrece una doctrina antiortodoxa:

JUAN: Algunos de los que han pasado allá han traído esa costumbre de dezir la misa rezada a bozes, y todo se lo reprehenden porque dizen que no se usa.

PEDRO: ¿Qué se me da a mí de los usos, si lo que hago es bien hecho? En verdad que lo de dezir alto la misa que es una muy buena cosa; porque el precepto no manda ver misa sino oírla, y es muy bien que aunque haya mucha gente todos participen igualmente. (p. 168)

El cristianismo de Juan es de segunda mano. Obedece a los teólogos y no se refiere directamente a la biblia, tal como lo querían los reformistas discípulos de Erasmo o hasta de Lutero y seguidores de Melanchthon.

En todas las disciplinas sobre teología, Juan se deja coger a su propia trampa al morder el anzuelo que Pedro le echa. Los ataques dirigidos contra los miembros de la iglesia se concretan por la persona del teólogo, que lucha contra la postura del ex cautivo.

A lo largo del diálogo Juan se interesa cada vez más en la represen-

---

[27] Juan se sirve de su testimonio de primera mano en la discusión sobre el efecto del oro en los seres humanos. Es evidente que se enfrenta con un perito de la medicina: «Juan: Dezid quanto quisiéredes, que yo la he visto hechar en mediçinas y usarla a médicos tan buenos como vos debéis de ser y mejores, y las loan mucho» (p. 478). La discusión sigue en la p. 479.

tación del mundo según Pedro. Entonces, ya no quiere saber la verdad por razones meramente económicas. Al contacto de Pedro, Juan se transforma. Este es el valor esencial de la autobiografía, como ya veremos, y por eso precede la crónica. Una vez que Pedro ha terminado de narrar su peripecia, puede nuestro «converso» decir: «Agora me paresçe que le [a Pedro] haría en [sic] creer, si quisiese, que he andado todo lo que él, quanto más a otro» (p. 379). La misma idea la hallamos una vez que Pedro ha terminado de hablar de su viaje a Roma: «Con sólo eso basto a çerrar las bocas de quantos de Roma me quisieren preguntar.» (p. 349)

En cada vértice de la creación del personaje se unen dos realidades diametralmente opuestas. Juan es a la vez malo y bueno, hipócrita y honesto, tonto y sagaz. Este contraste, al nivel de cada plano de la creación del personaje, es esencial en cuanto a su caracterización. Historia, actualidad, folklore y mito se enlazan para inventar un ser complejo, representante angustiado de una España decadente y hombre que, al saberse víctima del engranaje socio-económico-religioso de su época, busca modos de liberarse y cambiar. Juan es un personaje multifacético que retrata, por un lado, la realidad española de una manera humorística, y encarna, por otro, las preocupaciones de un católico que quiere salvarse.

El segundo personaje es Mátalas Callando, el criado, confidente y compañero de negocios de Juan. Su origen es también folklórico. El autor lo ha compuesto en los moldes siguientes:

1. Folklórico: personaje de refrán; es agudo y fanfarrón.
2. Literario: es un discípulo de Menipo y los cínicos en general. Posee también algunos rasgos picarescos.
3. Componente contemporáneo: hombre de su tiempo y crítico lúcido de su época.

Muy poco se sabe de Mátalas Callando como personaje, pues no figura en obras literarias como tal, que yo sepa. Existe, desde luego, una alusión al nombre en los *Sueños,* de Quevedo: «quedó a su lado un hombre triste, entre calavera y mala nueva: ¿Quién eres —le dije—, tan aciago, que como dicen, para martes sobras? —Yo soy —dijo— Mátalascallando, y nadie sabe por qué me llaman así, y es bellaquería, que quien mata es a puro hablar, y esos son Mátalashablando»[28].

Mata es un personaje de refrán principalmente. El maestro Correas menciona los siguientes proverbios donde aparece: «Mátalas kallando i tómalas a tiento; o, i pálpalas a tiento; o a ziegas. —Dízese del ke kon sosiego y sekreto haze sus kosas kautamente.» «Mátalas al buelo —dízese de un gran mentiroso»[29]. Luis Montoto registra el modismo, «ser un má-

[28] *Los sueños,* I (Madrid: Espasa-Calpe, 1972), p. 290. También aparece una referencia a Mátalas Callando en los *Diálogos de la agricultura cristiana,* de JUAN DE PINEDA, según señala JULIO CARO BAROJA en *Las formas complejas de la vida religiosa* (Madrid: Akal, 1978): «El padre Pineda (¿1521-99?) habla, así, con bastante poco respeto de los empleados de la Inquisición, a los que llama "los matalascallando" o los "Matalascallando del Castillo", es decir, Triana...» (p. 179)
[29] *Vocabulario de refranes,* p. 546.

talas callando», que se aplica al hipócrita [30]. Bataillon relaciona al personaje, seguramente por su carácter en el diálogo, con la expresión «matarlas en el aire». Escribe: «Mátalas Callando es una figura menos conocida; su nombre evoca la expresión "matarlas en el aire" aplicada, según Covarrubias, al hombre muy agudo y cortesano; lleva consigo el matiz de socarronería. El autor del *Viaje de Turquía* lo pintó como un alegre camarada, franco, cínico, asociado a Juan, cuyas ganancias comparte al mismo tiempo que se burla de su hipocresía» [31].

El personaje del *Viaje* pertenece a la familia popular de los Sanchos y puede asociarse con el refrán, «Al buen callar llaman Sancho» [32]. En las consejas, el personaje de Sancho está formado a base de la polaridad tonto-listo, socarrón-palurdo. Su tontería brota de su falta de educación. El Sancho de las consejas es, por tanto, tonto porque no tiene letras. Su conocimiento del mundo es empírico. Es también cauteloso, astuto e incrédulo. El refrán mencionado apunta hacia estas características. El autor del *Viaje*, al llamar a uno de sus personajes «Mátalas Callando», ha querido, creo yo, reducir toda ambigüedad posible en cuanto a su persona. Es socarrón, mofador, sabio e incrédulo. Su incredulidad, transportada en el campo de la filosofía, lo vincula con los cínicos, quienes asimilaban la credulidad —deformación mental— con el amor a la mentira. Mátalas Callando no sabe mentir.

Su personalidad se despunta desde el principio del diálogo en sus conversaciones o riñas con Juan. Lo socarrón o burlón radica en su deseo de quererlo aclarar todo. No teme acusar a Juan, por ejemplo, para que éste revele su ser profundo. Gracias a Mata sabemos en seguida quién es cada cual. Pues en la plática de los hospitales anuncia con toda naturalidad las fuentes financieras de Juan, como también incita la confrontación entre Juan y Pedro cuando lo de las peregrinaciones a Jerusalén.

Otra de sus características es ponerlo todo en tela de juicio. No acepta ningún hecho *a priori*. Siempre opone alguno que otro argumento que suscita dudas sobre la información divulgada. De esta forma, el locutor tiene que aclarar su explicación demostrando que no miente. Este hecho es importante, como ya veremos, al nivel del diálogo. Pues Mata juega el papel del que no sabe y quiere aprender. Mucha de la información accesoria la obtenemos gracias a su naturaleza preguntona. Un ejemplo lo tenemos en la anécdota de las velas, cuya llama duró, según señala Pedro, «quince horas en tres noches» (p. 161). Al no ser esto aceptado, Pedro tiene que elaborar su contestación.

Mata, fiel a sí mismo, desempeña el papel de comprometedor de la palabra ajena. Por eso Juan declara: «Al menos es cierto que aunque Dios la [la naturaleza] criara perfecta, en vuestra boca no le tiene de faltar un "sino" como es de costumbre.» (p. 100)

[30] *Op. cit.*, p. 181.
[31] *Erasmo y España*, p. 671.
[32] Conviene señalar que este refrán existía antes en la forma: «Al buen callar llaman Santo», de lo cual se infiere que la interpretación de astucia no es exclusiva en cuanto al refrán mismo. Esta manera de ver, no obstante, cuadra muy bien con el carácter de Mata.

Esta propensión de Mata a comprometer y criticar persistentemente el juicio ajeno se ejemplifica en las citas que siguen. Pedro les cuenta la aventura de la construcción del palacio del Bajá. Mata duda de la información que Pedro da sobre la organización del trabajo, por no coincidir con los métodos españoles: «Dos dedos de testimonio querría, porque de papel aun paresçe imposible» (p. 186). Sobre la duración de la construcción del palacio, que fue de seis meses, replica Mata: «si os sabe mal el iros a la mano, dad cómo sin que os lo pidan; porque a *prima façie* no se puede hazer sin negromancia». (p. 179)

Mata es alegre. Su alegría y socarronería se reflejan en su modo de tajar una conversación demasiado seria y larga. Así ocurre cuando los tres discurren sobre la estancia gustosa de los cristianos guardianes de los cautivos. Mata interrumpe: «¿Hai putas en Constantinopla?» En otro sitio, Mata le explica a Juan porqué Pedro sabe tanto de hierbas medicinales: «Todo aquello... no podía dexar de saber siendo hijo de partera, primo de barbero y sobrino de boticario» (p. 177). Lo mismo sucede cuando Mata comenta la enseñanza del latín en España, lo cual le hace decir a Pedro: «Malditos seáis si no me habéis hecho echar tantas lágrimas de risa como esta tarde de pesar con vuestros corchetes» (pp. 360-361). En el comentario sobre los turcos, Mata corta la plática sobre el paraíso en el Corán así: «¿Y si comen y beben, no cagarán el Paraíso?» (p. 394). La cita siguiente ilustra concretamente su gusto por el sarcasmo.

A través de la imagen del árbol, Mata subraya la hipocresía de Juan y sus comparsas: «Verdaderamente, como soi corto de bista, aquel árbol grueso y sin ramas questá en medio del camino todas las vezes que paso junto a él, pensando que me pide, le digo: "Dios te ayude"»[33]. Claro, refuerza la metáfora del árbol y el miope la oración que le precede: «Digo que es gran trabajo que por todo el camino a cada paso no abéis de hablar otra palabra sino "Dios te ayude"» (p. 100). La primera cita sirve de oración calificativa y explicativa de ésta. Nótese aquí el conjunto de vocablos: «gran trabajo», «por todo el camino», «a cada paso», «no abéis de hablar otra cosa sino». La ironía se transparenta en esta acumulación de expresiones superlativas al estilo de Juan. Por extensión, el árbol encarna la falta de amor de los peregrinos panzudos que se ganan la vida mendigando. El retrato del árbol gordo y sin ramas simboliza lo estéril. Lo de «sin ramas» sería, por consiguiente, por no dar.

Mata juega al ingenuo, como lo demuestra la pregunta que le hace a Pedro sobre el Papa cuando éste habla de Roma:

MATA: ¿Vistes al Papa?
PEDRO: Sí, y a los cardenales.
MATA: ¿Cómo es el papa?
PEDRO: Es de hechura de una cebolla, y los pies como cántaro. (p. 342)

---

[33] La asociación árbol-hombre ya se encuentra en el Evangelio. Cfr. *San Marcos,* VIII, 23-24-25: «Entonces, tomando la mano del ciego, le sacó fuera de la aldea; y escupiendo en sus ojos, y poniéndole las manos encima, le preguntó si veía algo. Y él, mirando, dijo: "Veo los hombres, pues veo que andan como árboles." Luego le puso otra vez las manos sobre sus ojos y le hizo que mirase; y fue restablecido, y vió de lejos y claramente á todos.» En el *Viaje,* tanto Juan como Mata son «ciegos». Pedro les abrirá los ojos.

Por el oficio que ejerce junto con Juan demuestra ser tan aprovechador como el amigo. Su deshonestidad es, como él indica, una necesidad de los tiempos. Vive de los demás porque sólo así se sobrevive en una sociedad que respeta la mentira y corrupción. Importa, pues, «aforrarse la volsa», y es con naturalidad con que le dice a Pedro cuando pregunta sobre el progreso de los hospitales que Juan iba construyendo: «Y también es tanto el gasto que tenemos Juan y yo, que quasi todo lo que nos dan nos comemos y aun no nos basta» (p. 113), frase que corrobora el aserto siguiente: «Gracias a Dios y a quien nos lo da, bien abundante tenemos la casa, que antes nos sobre que falte», o aun, «Algunas veces estamos delgados de limosnas, pero como se confiesan muchos con el señor Juan y comunican casos de conciencia, danle muchas cosas que restituya, de las quales algunas se quedan en casa por ser muerta la persona a quien se ha de dar o por no la hallar.» (p. 116)

Es franco en cuanto que presenta su deshonestidad al mundo con la misma sinceridad y desvergüenza con la que habla de la de Juan. No cabe duda de que, a lo largo del diálogo, busca descubrir la mentira de Pedro sin éxito [34]. El mismo explica este rasgo de su persona al declarar: «... Por eso me quieren todos mal, porque digo las verdades: estamos en una era que en diçiendo uno una cosa bien dicha o una verdad, luego le diçen satírico, que es maldiçiente, que es mal christiano; si diçe que quiere más oír una misa reçada que cantada, por no parlar en la iglesia, todo el mundo a una voz le tiene por ereje...» (p. 347). Reprende a Juan de este modo: «El caso es que la verdad es hija de Dios, y yo soy libre, y nadie me ha de coser la boca, que no la dexaré de deçir donde quiera y en todo tiempo, aunque amargue por Dios agora que acuerda con algo a cabo de mill años...» (p. 117)

Su filosofía consiste en buscar y mirar la verdad de cara. Por eso hace de la alegría y risa los fundamentos de su filosofía, los cuales derivan de su incredulidad. La risa es la respuesta del filósofo a un mundo indigno. Marcel Caster, en su estudio de la sátira lucianesca, observa, hablando del filósofo Demócrites: «Le rire de Démocrite est un rire d'incrédulité et de négation. C'est en riant que l'homme d'esprit se venge de la sottise environnante, et, peut-être, limite ses effets contagieux» [35].

---

[34] Mata reitera a lo largo de la charla su acto de fe. Cree en Pedro a pesar suyo. Asimila fe con conocimiento: «No es menos que desmentir a un hombre no creer lo que dice que él mismo vio, y si hasta aquí no he creído algunas de las cosas ha sido por lo que nos habéis motejado con razón de nunca haber salido de comer bollos; y al prinçipio paresçen dificultosas las cosas no vistas, mas yo me sujeto a la razón.» (p. 327)

[35] *Op. cit.*, p. 96. También MIGUEL DE UNAMUNO escribió sobre la función filosófica de la risa en *Por tierras de Portugal y España* (Madrid: Espasa-Calpe, 1960). Cita pasajes de una carta que recibió del portugués Manuel Larangeira: «"Y para distraerme, en estas largas noches de fines de noviembre, tomo una novela del portugués, de Camilo, *A mulher fatal*. En la 'introducción' discurre amargamente sobre la risa y dice, entre otras cosas, que raciocinar es reír y que el colmo de la sabiduría humana es ver los reversos de las tragedias sociales, pues allí está por fuerza la comedia. Y distingue luego la risa del animal filósofo de la carcajada y plebeya del bípedo implume sin arte de filosofía alguna. La carcajada plebeya es el *espasmo cínico*, la risa *sardónica*, el reír de los que comieron el famoso remínculo de Cerdeña..." Cita

Con este espíritu Mata introduce el relato autobiográfico de Pedro. Responde a la noticia de los sufrimientos del amigo con una carcajada que explica así: «al fin todos lloraremos de lástima y para rechazar las lágrimas lo hago» (p. 139). Su cinismo y franqueza son el resultado de su manera cómica de ver e interpretar la realidad. Es libre y deriva su libertad de su cinismo. En el diálogo, Mata es un personaje menipeo al mismo título que Pedro de Urdemalas, el tercer comparsa.

Menipo es un personaje clave de los diálogos de Luciano de Samosata. Menipo es un filósofo cínico que busca la verdad absoluta en distintas esferas del universo. De regreso a la tierra cuenta a su interlocutor curioso lo que ha visto en sus viajes por el orbe. Su visión de la realidad ha cambiado. Vuelve con una postura filosófica nueva. Ha aprendido que la mejor manera de encararse con una sociedad disoluta es la risa. Critica el mundo de los hombres desde el vértice de la risa respondiendo, como en «Menippo en los abismos», a una evaluación general de la sociedad hecha por el amigo con quien discurre. Menipo explica su mundo desde una perspectiva que ha logrado durante la jornada por ultratumba. Anuncia el castigo que espera a los hombres indignos:

> PHILÓNIDES: Ninguna cosa ay de nuevo, ni se haze otro de lo que solía. Los hombres así como primero viven de rapiña, perjuran, dan y toman á logro, cogen usuras, y roban a otros, como lo tenían de costumbres.
>
> MENIPPO: O miserables y desventurados. Pues no saben las cosas que estos días pasados se an determinado en los infiernos tocante a nuestras cosas, principalmente el caso desastrado que les ha caído por suerte a estos ricos, del qual por el Gran Cerbero te juro, que aunque quieran no puedan escapar.
>
> PHILÓNIDES: ... pues ya sabes que soy tu amigo no me encubras nada de lo que dizes ordenado...
>
> MENIPPO: ... por amor de ti quiero me atrever a dezirte alguna cosa. Hágote saver que está por decreto inviolable determinado que estos ricos que tienen muchos dineros y mucho oro más escondido y ençerrado que solía estar Danaes en su torre [36].

Presenta luego un mundo de valores invertidos, donde se practica una justicia diferente de la humana. Ahí el rico se convierte en pobre. El ladrón recibe castigo. El hipócrita es humillado. El cinismo, la burla, la risa y franqueza forman parte de la realidad que Menipo crea en los diálogos lucianescos a través de la pintura de un infierno que ajusticia a los falsos [37]. Menipo da a conocer la existencia humana del otro lado de la realidad, destacando los sucesos más impresionantes, así como las transformaciones radicales que sufren los hombres. Entonces Menipo ȳ, en nuestro

---

luego a los grandes reídores, desde Demócrites y Aristófanes hasta Byron y Heine, y añade que es preciso haber llorado para inmortalizar la risa en el libro, en la estrofa, en la sentencia o en la palabra. Habrá, pues, que decir también, agregó: "Sivi me videre dolendum esse tibi primum."» (pp. 84-5)

[36] *Diálogos de Luciano no menos ingeniosos que provechosos* (León: Sebastián Brypho, 1550), fols. ciiii-cv.

[37] De LUCIANO también son los diálogos intitulados: «Peregrino», «El banquete», «Zeus trágico» y «Menipo volador».

diálogo, Mata introducen una realidad inaudita, tal como aparece por debajo de la luna [38]. Ambos personajes observan su sociedad desde un espacio objetivo desde el cual pueden contemplar las diversas facetas. El camino francés desempeña el papel del infierno y este mundo es el que Mata se propone retratar durante su paseo.

Desde el principio del diálogo se establece una verdad que duda de la verdad misma. Mata rechaza la visión conformista y unilateral que defiende Juan y establece una perspectiva crítica desde la que analizar los problemas contemporáneos. Prepara así el terreno al desmoronamiento de una religión sin principios cristianos auténticos, destrucción que Pedro llevará a cabo en el comentario. La polaridad que define la filosofía de Mata depende del axioma que admite como verdadero el hecho de que no existe una verdad absoluta. Este es el significado de las palabras que Mata pronuncia tan pronto como Juan presenta el escenario del paseo: «Como todas las cosas que debaxo de la luna están tienen su haz y embes, tampoco esta puede escapar, por donde yo la tengo poco en uso.» (p. 99)

En esta cita tenemos dos imágenes, que se complementan y definen mutuamente: la imagen del envés y la de la luna. A la idea sugerida por envés, Mata yuxtapone la de «haz», cuyo sentido se opone a la representación subsiguiente. Se construye entonces una paradoja fundamentada en la sugerencia de que no existe una sola manera de mirar las cosas. Mata diversifica el cliché corriente de «haz y embés» de una forma expresiva al combinarlo con el variado «debajo de la luna». La expresión usual que corresponde al «debajo de la luna» es «debajo del cielo», o «debajo de la capa del cielo», o «debajo del sol». Esa «haz» de la que habla Mata simbólicamente es, por tanto, la de la luna. La asociación de ideas es verbal y mimética a la vez.

El uso de estas expresiones proviene de una concepción del mundo que se forja a partir del entrelazamiento de lo profano con lo sagrado, del diablo impostor con Dios. En la imagen de Mata conviven dos planos existenciales diferentes. En efecto, la palabra «haz» se refiere a las zonas celestiales y «embés» a las infernales. La luna aguanta el edificio formado por ambas visiones. La luna participa de las dos zonas e ilumina la corrupción y falsedad de la faceta profana. Su luz no permite entrever ese mundo sugerido por la palabra «embés», el cual corresponde a una percepción infernal del siglo. Gracias a su representación del camino francés y los comentarios críticos que acompañan la pintura, Mata reproduce una España que vive del vicio y la corrupción. La «luz de la luna» sirve de metáfora sugestiva de la realidad tal como la percibe Mata. En cuanto a la representación sublunar del universo en el siglo XVI elisabetano, el crítico inglés Tillyard notó:

[38] CASTER, hablando de los discípulos de Pitágoras (filósofo y matemático que el Renacimiento convierte en personaje literario: *Crotalón* y el *Diálogo de las transformaciones,* dos imitaciones de los diálogos de Luciano), declara que éstos identifican el cosmos con «la créature la plus harmonieuse. Ils se rapprochaient d'Aristote quand il le croyait éternel, et qu'il distinguait nettement le monde supralunaire, incorruptible, et le monde sublunaire, soumis aux changements que le monde supérieur provoque en lui». (p. 41)

Within this universe there was a sharp division between everything beneath the sphere of the moon and all the rest of the universe. (The adjective *sublunary* contains a lot of meaning.) It was the difference between mutability and constancy. Though the four elements were the material for the whole universe, they were differently mixed in these two regions: below the moon ill, above it perfectly. Hence the heavens were eternal, the sublunary regions subject to decay: on the medieval principle that, in Donne's words, whatever dies was not mixed equally [39].

Por lo tanto, Mata vislumbra lo terrestre desde su aspecto mudable. De ahí el boceto que sigue inmediatamente su axioma. Mata, el contrario de Pedro, que aspira a la edificación de un universo celestial asequible solamente mediante la enmienda, ofrece una visión negativa de nuestro orbe y representa la muerte espiritual del hombre. Pues retrata el vicio y la mentira a través de una serie de escenas dramáticas, caricaturizadas a la manera de Luciano [40].

Existen dos tipos de infierno en el *Viaje*. Uno es el que crea Mata y del que habla Tillyard en la cita precedente. Se trata de esa región debajo de la luna que simboliza lo mutable y perecedero. El otro es el que describe Pedro y cuyas funciones explica Mikhail Bakhtin en su *Poétique de Dostoïevsky*. En su libro, el estudioso ruso rastrea el papel del infierno desde la sátira menipea hasta la literatura que se desenvuelve en la Edad Media y el Renacimiento. El infierno, escribe, es ese mundo de abajo, libre de toda restricción social, moral o física, donde el filósofo aprende a vivir a sabiendas. Esta región, fuera de los límites de lo oficial, se caracteriza por las siguientes categorías: la risa, ambivalencia, destronamiento, entro-

---

[39] E. M. W. TILLYARD, *The Elizabethan World Picture* (New York: Macmillan, 1944), p. 35.
Es interesante observar que, en el *Viaje,* los personajes luchan para imponer un orden, una armonía «cósmica» que les permita vencer un inherente terror al caos. Al principio del diálogo, el teólogo Juan propone un semblante de orden que contrarreste el desorden auténtico del camino francés, espejo de la España contemporánea. Mata rechaza la propuesta implícita de Juan, pone en evidencia el desorden y la confusión del mundo y abre las puertas a otro orden, el orden verdadero, celeste, cristiano, el que Pedro ofrece. La realización de este orden se hace mediante el choque de este personaje con Juan y Mata. Se le compara con el diablo, el perturbador de la armonía cósmica, y los amigos huyen aterrorizados. Tillyard observa que los Isabelinos temían la llegada del caos y creían en «An ideal order animating earthly order... They were obsessed by the fear of Chaos and the fact of mutability; and the obsession was powerful in proportion as their faith in the cosmic order was strong» (p. 13). Tal vez, la resistencia irregular que Juan y Mata (pues son criaturas de su época) oponen al discurso de Pedro resulte de este terror al caos. Pedro les hace meditar en su humanidad y los fuerza a reflexionar sobre Dios. Una preocupación similar a la que Tillyard describe hallamos en España. Cabe leer el tratado de filosofía de PEDRO DE MERCADO, *Diálogos de filosofía natural y moral,* para averiguar el hecho. Según Mercado, el universo se divide en dos regiones: «Una celestial, que empieça desde el çielo de la luna hasta el último çielo, que llaman empireo los teólogos; y otra elemental, que son los elementos; y elementados compuestos dellos, que se comprehenden debaxo de la luna...» (fol. vi)

[40] CASTER, pp. 155-56. El erudito francés observa que «la critique de Lucien s'exerce de deux façons: par la discussion ou par la caricature... Se plaçant à leur point de vue, il leur démontre que cette croyance [en la Providence] est en contradiction avec un autre point de leur foi, ou bien, parlant pour son compte, il objecte l'existence du mal». (p. 148)

nización. Ahí se cosifica a la persona indigna y se engrandece a la pequeña, pero virtuosa. La deshumanización no tiene, en este caso, nada de trágico, puesto que sirve para destruir lo malo y se lleva a cabo en un contexto de comicidad absoluta. A propósito del valor regenerador del infierno, Bakhtin declara: «L'enfer rend égaux les représentants de toutes les situations terrestres; l'empereur et l'esclave, le riche et le mendiant, etc., s'y rencontrent sur un pied d'égalité et entrent en un contact familier: la mort détrône tous ceux qui étaient intronisés dans la vie. Dans la peinture de l'enfer, on utilisa souvent la logique carnavalesque du "monde à l'envers"; l'empereur devient esclave et vice versa, etc.» [41]. Estas características que Bakhtin observa sobre el infierno pueden aplicarse, proclama, a las descripciones de lo profano: «Presque toutes les scènes et les événements de la vie réelle, représentés le plus souvent de manière naturaliste, laissent entrevoir la place du carnaval avec sa logique spécifique de contacts familiers, de mésalliances, de travestissements, de mystifications, d'images antithétiques, de scandales, d'in-détronisations, etc.» [42].

Estas consideraciones de Bakhtin conciernen una concepción del mundo preferentemente positiva. Se trata de compensar la injusticia de la sociedad.

En su ambiente infernal de realidades invertidas Pedro sugiere una verdad alcanzable solamente gracias a un entendimiento perfecto de lo contemporáneo, alcanzable a su vez mediante una percepción agudamente crítica del mundo. En este sentido, Mata le prepara el sendero a Pedro. Aquél representa la realidad sublunar y Pedro buscará crear la situación ideal que permita llegar a la esfera de lo perfecto y eterno, o sea, salir del caos contemporáneo.

Menipo, desengañado, Mata se burla de sí mismo y del mundo que lo rodea. No teme, vive y triunfa con desenfado, enterado de su fuerza: ha visto claramente la realidad desde su amplitud profana y es tan fea que no merece cuidado alguno. Su yo es el yo libre del cínico que se enfrenta sin temor tanto con los vivos como con los muertos. El yo de Mata siempre hace volver a los compañeros sobre sí mismos. Su yo, que pregunta, se asombra y busca, ayuda a la difusión de la verdad nunca oída de Pedro. Por su manera interrogante y despreocupada de acercarse a los sucesos de su tiempo, el personaje abre las puertas a las ideas que Pedro aporta de Turquía.

En su universo de valores invertidos, donde la realidad se escudriña desde su envés, la verdad tiene que triunfar de la mentira. Por eso se impone la ambivalencia como categoría descriptiva y reflexiva de la realidad humana, y la risa como modo de interpretar el mundo.

El tercer personaje es Pedro de Urdemalas, quien vuelve del infierno —Turquía— de diablo disfrazado de fraile cuando sus amigos lo encuentran en el camino francés.

Pedro de Urdemalas es un personaje popular, mucho más conocido que

---

[41] BAKHTIN, MIKHAÏL, *La poétique de Dostoïevsky*, trad. Isabelle Kolitcheff (París: Seuil, 1970), p. 182.
[42] *Ibídem.*

Mátalas Callando. Cervantes lo inmortalizó en una comedia que lleva su nombre y aparece en muchos cuentos folklóricos.

Se crea al personaje a partir de los ingredientes siguientes:

1. *Folklórico*

a) Pedro de Urdemalas, el personaje de consejas, malicioso.

b) Como Juan, su personaje encierra las características populares de un fraile y el diablo.

2. *Literario/contemporáneo*

a) Cautivo: corresponde al peregrino falso Juan.

b) Personaje menipeo, símbolo de la renovación de los valores vigentes, escandaliza y sobresalta por su evolución psicológica y enmienda filosófica y religiosa.

3. *Mítico:* relación posible con el discípulo de Cristo. El apóstol evangeliza a los hombres trayéndoles la palabra de Dios.

En un trabajo sobre el personaje, Marcel Bataillon advierte acertadamente que Pedro es «le héros de consejas qui glorifient son génie malin et sagace, ses "hazañas" bermejas ou *bermejías,* étant plus souvent des mauvais tours que des traits de charité»[43]. Este rasgo de la personalidad del Pedro popular se dibuja remotamente en las burlas que el Pedro del diálogo les hace a los judíos, médicos del Bajá, o a los jenízares del Gran Turco al huir de Constantinopla. No obstante, en el *Viaje,* el propósito de las burlas cambia. Estas no son gratuitas. Por eso, una de las finalidades de los escarnios que sufren los médicos es poner de relieve lo nefasto que puede ser la medicina mal practicada. Pedro insiste en la poca cultura médica de esos doctores judíos que ejercen con títulos obtenidos por el padre o el abuelo.

Al personaje bellaco lo encontramos también en Hispanoamérica en chascarrillos y cuentos que las nanas relatan a los niños[44]. Siempre aparece como un personaje astuto y socarrón. El maestro Correas lo define «taimado, vellako i matrero»[45], y lo opone a Juan, su doble débil. Los encontramos juntos en muchas consejas en las que tienen que enfrentarse con pruebas idénticas. Pedro siempre vence y Juan toma el calificativo de bobo. En el *Viaje* también están asociados en una misma tarea y función y ambos tienen que demostrar quién es el verdadero peregrino y el auténtico cristiano. Pedro triunfa en una polémica que se persigue a lo largo del diálogo del primer día.

[43] *Le docteur Laguna,* p. 53.
[44] JOSEPH E. GILLET, *RH* (1926), LXVIII, 174-92. Remítase también al estudio de Maxime Chevalier sobre Cervantes, donde se menciona a Pedro de Urdemalas en la tradición folklórica española: «Literatura oral y ficción cervantina», *Prohemio,* V (septiembre-diciembre 1974), 161-96.
[45] *Vocabulario de refranes,* p. 41.

En la *Almoneda,* de Juan del Encina, citada por Manuel Blecua, leemos a propósito de Pedro:

> En un libro de las consejas
> de Pedro de Urdemalas,
> con sus verdades muy ralas
> e sus hazañas bermejas.

Blecua señala otra referencia a Pedro de Urdemalas, anterior a la de Juan del Encina, en el *Libro del passo honoroso, defendido por el excelente caballero Suero de Quiñones* [46].

En el *Viaje de Turquía* su origen folklórico se extiende a su familia. Su madre se llama Maricastaña, también personaje de refranes. En el diálogo la hacen de humilde condición, tal vez algo judía: es partera, oficio que también ejercía Celestina. Estos elementos lo vinculan con una tradición popular.

Las características típicas del personaje folklórico se convierten en cualidades adaptables al ámbito del diálogo, las cuales le permiten a Pedro tomar decisiones que mejoren su situación social y su credibilidad moral. Este mejoramiento se acompaña de una transformación espiritual que no se halla por ningún sitio en el cuento popular, lo cual añade una dimensión más hacia el intento de caracterizar al personaje. En la conseja el personaje actúa contra fuerzas exteriores opresoras para vengarse. Pues está en constante lucha contra el mundo que lo rodea, mundo que representa un patrón, un labrador rico o un gigante.

En el *Viaje,* sin embargo, el carácter pícaro del héroe subsiste levemente. Mata lo destaca en sus comentarios subyacentes a los relatos humorísticos de aquél. Hasta lo compara con el diablo. Este picarismo le confiere al discurso más que nada un fondo cómico. Es un recurso narrativo que se utiliza para deleitar al lector haciéndole reír en momentos de tensión dramática. Además, los relatos de Pedro destacan un sentido común y una perspicacia que le ganan la simpatía de sus amos. Por eso llega a ocupar el puesto de privado y camarero del Bajá Sinán. Esos rasgos, transformados en cualidades, le ayudan a huir de Turquía y sobrevivir toda mala fortuna. Unos cuantos ejemplos servirán para ilus-

---

[46] JOSÉ MANUEL BLECUA, «Una vieja mención de Pedro de Urdemalas», en *Anales Cervantinos* (1951), I, p. 344.
Suero de Quiñones, caballero español, tenía que combatir contra el valenciano Pero Fabla. Suero dio sus armas al compañero suyo, Diego de Bazán, quien luchó en su lugar. Pero Fabla «tovose por engañado dél, por le aver prometido de provarse con él, e como agraviado le pidió por testimonio, jurando se lo pedir en algún tiempo, e con esto fueron sacados del campo con musica. Antes de comer envió el sobredicho [sic] Rodriguez de Sayas a descir a Suero de Quiñones que ya sabía que estaba allí para se probar en la aventura, mas que quería que le fuesen dadas las armas que Diego de Bazán avía metido contra Pero Fabla. Suero de Quiñones dixo con buena gracia para contar desgraciada demanda, que sin embargo de no estar obligado a ninguna de las peticiones, las concedía graciosamente; e enviole las armas de Bazán, e fízose llevar las de Pero Fabla, las quales dió Pedro de Nava, para justarse con él, que por tales demandas le pudieron llamar Pedro de los mejoramientos, ya que non Pedro de Urdimalas; no grangeó muchas honras con tales mejoramientos».

trar este punto: Pedro acaba de contar cómo expresaba su fidelidad al Bajá y promovía su confianza. Le está aquí recetando píldoras y el Bajá le pregunta cómo tomarlas. Explica Pedro:

> «Preguntado cómo, porque no pensare que la que yo había de tomar llebaba señalada y le daba a él algún veneno, díselas todas seis en la mano y pídele una. Diómela, y traguémela delante dél. Tomólas y obró bien y hubo mejoría.
> MATA: El ardid fue por cierto como de Pedro de Urdimalas» (p. 170)

Mata compara su ardid con el del diablo después que Pedro ha explicado cómo convenció a unos indígenas que él también era de Quío: «Parésçeme que no les faltaba razón a los que deçían que teníais demonio, porque tales cosas aun el diablo no las urdiera.» (p. 292)

En otro sitio:

> PEDRO: ... siempre iba urdiendo para quando fuese menester tejer.
> JUAN: ¿Malicias?
> PEDRO: No en verdad, sino ardides que cumpliesen a la salvaçión del camino. (p. 264)

Pedro combina dos procedimientos complementarios, que son el urdir y el tejer, para explicar su propósito, es decir, ganarse la confianza de los turcos y salvarse. La palabra «urdir» corresponde a la primera etapa de la fabricación de cualquier tela. Su sentido literal es el de preparar los hilos de la urdimbre para poder luego tejer. «Tejer» significa entrelazar los hilos para formar una tela. Pedro aplica el sentido más o menos literal de los vocablos, ya que necesita prepararse el terreno, organizar su estrategia, para luego poder obtener el resultado esperado. La yuxtaposición de ambos vocablos la hace Mata en otro momento, como veremos en seguida.

Pedro explica cómo curaba a todos sus enfermos, mujeres estériles, con los dolores de la menstruación, etc.:

> MATA: ... ¿Todas las estériles se empreñaban? ¿A todas les venía su tiempo quantas tomabais entre manos? ¿A todas se les quitaba el mal de madre?
> PEDRO: No por çierto; pero algunas, con hazerles lo que por vía de medizina se sufre, alcanzaban lo que deseaban; a otras era imposible.
> MATA: Y las que no sanaban ¿n'os tomaban a cada paso en mentira? ¿Cómo os eximíais? Ahí no sólo era menester urdir, pero texer.
> PEDRO: La mejor astuçia del mundo les urdí. Hize una medizina en quantidad..., que la yel es dulze en su comparaçión...; y esto habían de tomar 19 mañanas arreo al salir el sol, ... y la que con el deseo de parir porfiaba tomaba algunos días, mas no todos. (pp. 204-206)

Con este ejemplo aparece ya claro cómo urde, anticipando los riesgos inherentes a la tarea, y teje, resolviendo los problemas mediante la astucia, la cavilación y su conocimiento de las flaquezas humanas.

Su astucia se reviste de los hábitos frailescos, de los que se aprovecha cuando no queda otro remedio:

> PEDRO: ... Yo comencé de aprovecharme del ábito que traía, que hasta allí no lo había hecho.

JUAN:	¿Cómo aprobechar? ¿No habíais sido dos meses fraire?
PEDRO:	Digo a ser importuno, y pidir por amor de Dios.
MATA:	También las mata Pedro algunas vezes callando.
JUAN:	Sí, que Hebro lleba la fama y Duero el agua. (pp. 307-8) [47]

El autor ha sumergido a su personaje en la actualidad al hacer de él un cautivo de los turcos que ha logrado escaparse. Los temas del cautivo y el peregrino son también temas literarios. Los encontramos en el canto cuarto del *Crotalón* [48], en las novelas bizantinas y, más tarde, en el *Persiles* y el *Cautivo,* de Cervantes [49]. En la época clásica, Ulises desempeña el papel del eterno peregrino y en la literatura cristiana tenemos al judío errante. Desde luego, realidad y literatura se funden en la composición de nuestro personaje. No cabe duda de que parte del relato de Pedro cae en la categoría de novela de aventuras peregrinas. El héroe padece una serie de trabajos crueles en busca de un amor que nada tiene de humano, sin embargo.

Es digna de notar también una concordancia entre nuestro personaje y Menipo y los héroes picarescos que encontramos en la comedia o en la novela picaresca. Estudiaré con más detalle la relación Pedro-Lazarillo en el capítulo sobre la autobiografía en el *Viaje.*

Menipo y Pedro han estado en el infierno, donde la verdad de la existencia humana se les ha revelado en toda su crudeza [50]. Ambos difunden su mensaje y proveen a los hombres con su filosofía teñida por una sabiduría adquirida entre las almas infernales. Menipo, sin embargo, difunde un mensage desesperanzado. Admite que no hay salvación posible para el hombre. Los dioses lo han condenado definitivamente. Por eso sugiere que, al fin y al cabo, la vida del hombre común es la menos peligrosa de todas por ser la más mediocre y ordinaria. Es Teresías, el sabio ciego, quien le declara al final de su excursión por ultratumba:

> ... la mejor y la más prudente vida de todas es la vida de los hombres idiotas, y que viven particularmente para sí solos: Por lo qual te aviso que apartándote de esta sublime especulación de cosas altas, dexes de inquirir muy

[47] Nótese la sátira contra los frailes. Sirve de acometida contra Juan.

[48] CRISTOPHORO GNOPHOSO, *El crotalón* (Madrid: Bibliófilos Españoles, 1871). El falso peregrino es aquí un falso religioso, cuyo nombre es Alejandro: «en muchas partes del mundo fingió ser prophreta, dando respuestas ambiguas y industriosas para adquirir con el vulgo crédito y moneda». (pp. 59-83)

[49] El relato de su vida pertenece, en parte, a la tradición de la novela de aventuras peregrinas. El amor que el peregrino busca se transfiere aquí a lo espiritual. En un ensayo sobre el *Persiles,* de CERVANTES, ANTONIO VILANOVA hace del peregrino el símbolo del hombre cristiano. Cfr. «El peregrino andante en el "Persiles" de Cervantes», *Boletín de la Real Academia de Buenas Letras de Barcelona,* XXII (1949), pp. 97-159. Remitirse también al estudio breve de FRANCISCO LÓPEZ ESTRADA, «Variedades de la ficción novelesca», en *Historia y crítica de la literatura española,* II (Barcelona: Editorial Crítica, 1980), p. 277.

[50] Otra correspondencia de la bajada al infierno la encontramos en el *Asno de oro,* de APULEYO. El descenso se simboliza por la transformación del héroe en asno. El ascenso de Lucio se acompaña con la vuelta a su forma humana, el regreso a la tierra y su metamorfosis espiritual: se hace sacerdote de la divinidad que le indica el camino de la virtud.

curiosamente los principios y los fines, aborresciendo estos agudos y astutos syllogismos, y teniendo por varias todas las otras semejantes disputationes inútiles, buscando solamente en toda la vida, cómo podrás tener en estado bien ordenado las cosas presentes, sin ser curioso, sin fatigarse por ninguna cosa, pasando la vida con la mayor alegría y pasatiempo que pudieres[51].

Menipo responde a esta revelación con su carcajada llena de cinismo porque sabe lo que existe del otro lado de las cosas. Ya he mostrado antes qué es esta risa, una filosofía en sí, la que impone Mátalas Callando, el cínico de nuestro diálogo, que ve los vicios de su tiempo sin poderlos arrasar.

Pedro, al contrario que Menipo, regresa del infierno con una filosofía redentora. En el infierno, Dios le ha hablado y su palabra se ha hecho fe. Es esta palabra la que Pedro quiere derramar por su mundo. La filosofía nihilista de Menipo se ha metamorfoseado en una filosofía cristiana que admite que el hombre puede salvarse por la fe. Pues al hombre le falta la fuerza de amar y Pedro vuelve a restituírsela.

En nuestro texto, Pedro penetra en el infierno tan pronto como pisa el barco que lo conduce hacia Turquía. La galera que lo conduce hacia Constantinopla simboliza la barca de Caronte y Mata hace del amigo el capellán de la barca, oficio que también desempeña Menipo en los *Diálogos de los muertos*. Pedro describe además su llegada a Constantinopla —el infierno— en términos simbólicamente significativos. La pintura que presenta corresponde al cuadro que Menipo hace del reino de los muertos. Ambos retratan un mundo de valores invertidos y asisten al desmoronamiento del sistema de valores impuestos por este mundo y a la implantación de una nueva realidad. En el *Viaje,* el mundo de los cristianos es denigrado por el vencedor, quien celebra su victoria como representante de una nueva era. En cuanto a la representación de la galera como infernal, véase el siguiente diálogo:

JUAN: ¿Parescerá al infierno una cosa tan pequeña con tanta jente? ¿Qué confusión y hedentina debe de aber? (pp. 149-150)
PEDRO: Ansí lo es verdaderamente infierno abreviado...

En otro sitio:

JUAN: ¿Pues tan infernal trabajo es remar?
PEDRO: Bien dixiste infernal porque acá no hay a que le comparar. (p. 150)

Pedro encarna el diablo vestido de fraile. De ahí la réplica de Mata a un Juan estupefacto con lo que atisba: «Hartas veces y quasi todas las que le pintan es en ese hábito, pero vivo, ésta es la primera.» (p. 106)

Consideremos un momento la figura del diablo. Este desempeña un papel significativo en las comedias y los debates de la Edad Media. El diablo es un personaje sutil, siempre dispuesto a atrapar a la gente cuando ésta se descuida. Le gusta armar cizaña y perturbar la tranquilidad y modorra de la sociedad. Este papel de perturbador, lo hace Pedro bellamente en el *Viaje de Turquía*.

---

[51] *Menipo en el abismo,* fol. cxix.

Con respecto al diablo, el maestro Correas recoge refranes como: «el diablo es el ke no kanse», «el diablo es sotil, i hila gordo», «el diablo está en kautilla, urdiendo la tela y tramando la lana; o texiendo la lana» —correspondencia notable con el papel de nuestro protagonista, quien urde y teje a cada momento para mejorar su situación o para salirse de algún dilema—, «el diablo no duerme», etc. [52]. Los proverbios citados sintetizan cierto aspecto de la personalidad de Pedro. Mencionan los métodos que emplea nuestro héroe para desenvolverse en el mundo. En esto se aparenta con los personajes picarescos. El único remedio en la miseria es urdir. Les explica a sus amigos que tan hábiles son, en realidad, los cautivos como los gitanos «porque tienen el mesmo maestro, que es la necesidad, enemiga de la virtud». (p. 192)

La imagen del diablo es fundamental por su interrelación con la postura nueva de Pedro, que propone la fundación para la edificación de un mundo libre cuyos valores son los que practican los turcos a pesar de no ser católicos. Ahí se ridiculizará a los ricos que son malos cristianos, a la iglesia hipócrita. El protagonista impone el cristianismo de Cristo y rechaza el de las instituciones oficiales.

Este concepto del diablo nos sugiere, una vez más, la imagen de Menipo [53]. El cínico, con su conocimiento infernal, bombardea a los hombres con una verdad tan insostenible como perturbadora. Menipo se ríe de la seriedad yerma y la corrupción de los humanos. La risa se convierte en un arma para enfrentarse con el siglo. Bakhtin observa que la risa, empuñada como principio filosófico, abre la perspectiva de una «true open seriousness». Según él, la imagen de Menipo riéndose debe vincularse con «the ultimate philosophical questions concerning the "regulation of life"». Por tanto, se debe insistir en «this Lucianic image of the laughing Menippus» por «the relation of laughter to the underworld and to death, to the freedom of the spirit, and to the freedom of speech» [54]. Al ser el detentor de esta filosofía en el diálogo, Mata prepara al lector para que Pedro comunique su verdad en toda libertad y franqueza. Esta imagen del infierno contiene la idea de cambio, regeneración. Se establece un universo al margen que posee todas las cualidades de las que carece la sociedad de Juan y Mata. En resumidas cuentas, los dos aspectos de la conceptualización infernal son la risa y la liberación del personaje para con el mundo en el que reside y Pedro es la configuración literaria de esta nueva realidad.

[52] *Vocabulario de refranes,* p. 94.

[53] Los fundamentos de este mundo nuevo, que Pedro está vislumbrando a través de la presentación de lo positivo de Turquía puesto en contraste con lo negativo de España, son un cristianismo que emana directamente del Evangelio, la tolerancia en materia religiosa, un conocimiento profundo por parte del príncipe del estado de cosas en España y por el mundo y de los medios para remediarlo si fuere necesario, una «modernización» de la enseñanza del griego y latín, una reforma de la manera de ser del español. Todos los males atacados en el *Viaje* atañen a las instituciones más poderosas de España: el ejército, la Iglesia; de ahí que se ataque la pedagogía, la economía, lo mismo que la organización social puesta de relieve por contraste con la organización social en Italia (el correo, el reloj).

[54] *Rabelais and His World,* trad. Helene Iswolsky (Cambridge: MIT Press, 1968), p. 70.

En el texto, Pedro desafía la opinión de sus amigos de qué es un diablo corriente apoyando su relato sobre su condición de testigo de vista y se hace el portavoz de Cristo sobre la tierra. Desempeña el papel del apóstol que trae la luz de la verdad a los hombres. Su misión evangélica se trasluce en su modo de marcar los sucesos de su vida con cláusulas del tipo «Antes lo digo para que se manifiesten las obras de Dios» (p. 139). Describe con mucho cuidado su crecimiento espiritual y los sufrimientos que padece por guardar su fe en Dios (pp. 174-188). Pedro, desde luego, obedece al pie de la letra los preceptos tales como los difunde el Evangelio. La imagen de Pedro, héroe cristiano, se dibuja en su representación del infierno, donde ha padecido por seguir la palabra divina [55].

Esta nueva dimensión del personaje nos lo hace parecer más humano. La transposición del mundo folklórico al literario queda perfectamente clara en el diálogo. Pedro interpreta su propio personaje folklórico desde la perspectiva de la razón. No actúa, sino que piensa, calcula. Por eso, el diálogo toma un derrotero particular que culmina con el sermón conclusivo de Juan:

> ... y en recompensa de la buena obra que al prinçipio me hizistes de apartarme de mi mala vida pasada, quiero, representando la venidera, que hagáis tal fin quales prinçipios abéis llebado, y todo se hará fáçilmente menospreçiando los regalos de acá que son muy benenosos y inficionan más el alma que [todas las prisiones y remos de ynfieles] ... (p. 502) [56]

Diablo y Cristo se conjugan en este personaje ambiguo. Su yo es un yo ambivalente. En su persona se yuxtaponen tanto las fuerzas del mundo sublunar como las del celestial. Su transformación espiritual se enlaza con la representación popular de su carácter propenso a la mentira y al disimulo. El héroe encauza este rasgo de su personalidad hacia la edificación de una vida cristiana. Su yo lleva los gérmenes de una regeneración propia que expone abiertamente a sus amigos. Este nuevo Pedro ha subido también el escalafón social dentro de un universo de valores opuestos a los de España. Bataillon notó el carácter innovador de la creación de este personaje, que se origina en el folklore castizo. Escribió: «Il y a là, un paradoxe audacieux et novateur, car le nom de Pedro de Urdemalas n'est plus évocateur de véracité ni de sérieux. Ce personaje est traditionnellement le héros de *consejas* qui glorifient son génie malin et sagace» [57].

Pedro presenta con toda claridad sus preocupaciones religiosas, políticas, humanas, haciéndonos penetran hasta el fondo de su alma y mostrándonos, a través del relato de su vida, cómo alcanzó a ser el filósofo de

---

[55] Después de que Pedro ha contado cómo se libró de las astucias de un espía, quien quiso comprobar la fidelidad de Pedro para con la Sultana, dicen los amigos:

JUAN: Por fe tengo que si en aquellos tiempos os moríais, que ibais al cielo, porque en todo eso no se apartaba Dios de vos.
MATA: Yo lo tengo todo por rebelaçiones.
PEDRO: Yos diré quánto, para que me ayudéis a loarle...» (p. 201)

[56] La parte puesta entre paréntesis no figura en la edición de la que me sirvo, pero se halla en la de SERRANO Y SANZ, p. 149.

[57] *Le docteur Laguna*, p. 53.

quien habla Mata con admiracón: «Mirad como viene filósofo y quan bien habla.» Más adelante insiste: «Ahora digo que no es mucho que sepa tanto Pedro de Urdimalas, pues tanto ha peregrinado. En verdad que venís tan trocado, que dubdo si sois vos. Dos horas y más ha que estamos parlando y no se os ha soltado una palabra de las que solíais, sino todo sentencias llenas de philosofía y religión y themor de Dios.» (p. 123)

Pedro sale invicto de su experiencia en Turquía. En efecto, ha logrado todo lo que se propuso durante su larga estancia en aquel país: crecimiento espiritual, mejoramiento social, desarrollo intelectual, el cual le permite apreciar su situación y entender plenamente su papel en la sociedad de la época.

El autor del diálogo, sirviéndose de unas fuentes originales, inventa personajes en los que ha concentrado toda una historia intelectual y humana. Al ser proyectado en el ámbito literario, el personaje de consejas se ve dotado de la posibilidad de enfrentarse con la realidad circundante de un modo reflexivo. En sus conversaciones destaca su ideología propia, su forma individualizada de sentir y entender el mundo en el que vive. El folklore ofrece la armazón que el autor rellena con unos datos específicos que ya no cuadran con los del personaje original. A este propósito, Maurice Molho declara: «La manipulación del folklore en un circuito que no es el suyo propio y con un programa funcional que ya no es el de los grupos subalternos e instrumentales que lo han forjado, requiere que el intelectual culto que lo capta... imponga al material desherente una significativa reedificación por la que se transparente, no del todo obliterada por la función C [culta] innovada, la memoria activa de las funciones originarias destituidas»[58].

Juan, Mata, Pedro, como personajes literarios, mantienen ciertas características que los estereotipan: bobería, sagacidad, socarronería, todas orientadas hacia fines distintos; el autor quiere divulgar una preocupación personal mediante esas realidades típicas. En el personaje folklórico que ha pasado a la categoría de ente literario convergen tres momentos que llegan a fundirse; el uno atañe al personaje popular, el otro a la actualidad y el último tiene que ver con el autor mismo: sus inquietudes de orden ético, humano, social, personal y sus intenciones literarias. Este conjunto de elementos —libresco, folklórico, mítico, contemporáneo y de vivencia—, moldeados genialmente por un autor deseoso de crear unas personalidades individualizadas, producen personajes que casi tienen vida. Todos están llenos de una experiencia amplia y profunda que se adelanta a la mera representación nominal[59].

La multiplicidad de orígenes permite fabricar un personaje literario más complejo que el de la tradición popular. Su función se diversifica y ensancha al mismo tiempo que su universo se dilata. Con referencia a lo dicho, Molho observa que la agresión de un miembro de la clase humilde contra la clase que lo explota es un aspecto fundamental del cuento. Al ver sus horizontes dilatarse y su posición social mejorarse, el personaje

---

[58] *Cervantes: raíces folklóricas* (Madrid: Gredos, 1976), p. 218.
[59] Cf. MOLHO, *op. cit.*

popular que entra en el circuito novelesco dirige sus ataques hacia otros nortes. Pues ya no se trata de agredir a un individuo culpable de todos los males que padece el héroe para vengarse en el plano individual. En el *Viaje*, desde luego, Pedro y Mata plantean problemas, atacan los aspectos negativos ya no de un ser, sino de la sociedad en su conjunto, sus leyes e instituciones con la intención de perturbar el bienestar moral y espiritual del lector cristiano. Pedro subraya detenidamente la fragilidad del edificio católico mediante su cotejo con el sistema social turco. Se critica, por tanto, un sistema, una perspectiva humana de un modo racional a través de raciocinios y juegos.

La individualidad de Mata se observa desde el principio cuando contrasta su visión perspectivista del mundo con la de Juan, unidimensional y dogmática. Mata, como ya se ha dicho, quiere quedar abierto al mundo y no deja que nadie infrinja esta libertad que se ha tomado. Su función en el diálogo consiste en decir la verdad sea como sea. La de Juan se esboza en sus confesiones. Declara tímidamente sus inquietudes, mientras que se ofende de ver su mundo derrumbarse. Pedro revela su ser profundo a lo largo de su autobiografía.

Cada personaje, forjado en moldes distintos, presenta al lector una visión de la realidad variada y muy personal. Esta corresponde a la clase de experiencia que ha padecido y al tipo de relaciones que ha tenido con los demás. Juan se muestra hipócrita porque es clérigo y confiesa a los ricos, quienes lo mantienen espléndidamente (p. 124). Mata, como criado, puede permitirse el lujo de ofender sin miedo; está al margen del sistema social de Juan, aun cuando vive de él. Pedro, por su alejamiento de varios años, su sabiduría y madurez, puede traer a los hombres una verdad radicalmente diferente. El también está todavía por fuera del sistema. Dentro de este marco, Pedro sigue su desarrollo propio cuidadosamente, deteniendo su narración en los momentos cruciales de su «hacerse». Varias veces subraya su acercamiento a la gente de bien, su desenvolvimiento moral y su solidez espiritual. Se presenta a los interlocutores y lectores en toda su complejidad. Pedro ha pensado en la vida y esa cavilación constante provoca un modo de existir que nos transmite lo más precisa y concisamente posible.

En el *Viaje de Turquía* no sólo se esfuerza el autor por elaborar la personalidad de Pedro, sino que también esculpe a los otros dos personajes con una precisión y talento de artista. Nos los pinta con sus dudas, luchas interiores, maneras distintas de enfrentarse con la realidad ambiente y con sus conciencias. Son, según las palabras de Francisco Rico sobre el hidalgo del *Lazarillo*, «individualidades dinámicas» [60]. Junto con esto observamos la pluralidad de estilo que corresponde a una pluralidad de voces. La conciencia o el ser interior se encara con la máscara, de lo cual brota un diálogo especial que forma uno de los rasgos de la novela moderna, según la definición de Maikhail Bakhtin. Un ejemplo de este matiz lo hallamos

---

[60] FRANCISCO RICO, «Introducción», en *La novela picaresca española* (Barcelona: Ed. Planeta, 1967), I, p. LI.

en el personaje de Juan. Hermano ingenuo de Pedro en el cuento popular y adversario absoluto de toda reforma, pasa a ser el discípulo de Pedro y el divulgador de la palabra del amigo. La conversación se hace lentamente y nace de un planteamiento constante de las dudas, miedos e inseguridades que el personaje expresa.

CAPÍTULO II

LA AUTOBIOGRAFIA: *EL LAZARRILO,* LUCIANO, *EL ASNO DE ORO:* INFLUENCIA Y ORIGINALIDAD

En su monografía, dedicada al tema de los turcos en la literatura española del Siglo de Oro, Albert Mas comenta:

> L'Auteur du *Voyage en Turquie* ne pouvait pas ignorer ce *Lazarillo* dont le succés fut foudroyant, et il composa son ouvrage en essayant de l'imiter pour donner plus de force au témoignage. Il élabore ainsi un récit vivant, attrayant. Il lui donne une forme littéraire dont le récit autobiographique n'est que l'un des aspects, le plus spectaculaire sans doute, car il ressortit à une mode à peine née au moment où le *Voyage* est composé[1].

Efectivamente, ambas obras se sirven del estilo autobiográfico para relatar la historia de dos vidas distintamente ejemplares. Ambas narran las peripecias de unos pícaros en momentos clave de sus peregrinaciones humanas. En esto, los dos autores se han inspirado, a través de la sátira menipea, en una tradición literaria que se remontaba a la Antigüedad. Pienso en textos como el *Asno de oro,* de Apuleyo; *El Satiricón,* de Petronio, y las sátiras de Luciano. Un cotejo del *V. de T.* con el *Lazarillo,* «Menippo en los abismos», de Luciano, el *Asno de oro,* me permitirá destacar las relaciones que existen entre esos textos, y explicar las divergencias.

Aunque las carreras de Pedro de Urdemalas y de Lázaro van por derroteros diferentes, siguen *a priori,* sin embargo, un proceso edificador semejante. Tanto Lázaro como Pedro son hijos de la nada. Sus familias no tienen nombre. Lázaro construye su autobiografía sobre un pasado oscuro que dificulta su integración en una sociedad formada por una clase de hombres de bien cuya virtud descansa en el dinero y la nobleza de sangre[2].

---

[1] *Les Turcs dans la littérature espagnole du siecle d'or* (París: CNRS, 1967), p. 114.

[2] Por lo que se refiere al apetito del hombre por la ganancia, Cervantes de Salazar, en el *Apólogo de la ociosidad y el trabajo,* de LUIS MEXÍA, apunta: «... los hombres se someten a malas ganancias y se tornan hystriones, haziendo máscaras representando comedias, pintando motes, cantando canciones por las calles: y si enfin si bien queremos considerar toda su vida passan en dar materia para que dellos se escriva una linda tragedia...» (fol. 1), en *Obras* (Alcalá: Joan de Brócar, 1546). Esta misma idea hallamos en «Menippo en el abismo», de LUCIANO, en *Diálogos no menos ingeniosos que provechosos* (León: Sebastián Grypho, 1550).

En su traducción del «Camino de la sabiduría», de LUIS VIVES, Cervantes de

El protagonista dedica parte del primer tratado a su nacimiento innoble y descendencia familiar. Narra los sufrimientos que pasa su madre por su pobreza y soledad, y los compara implícitamente con el mundo fácil de los afortunados[3]. Pedro menciona también a su madre al principio del diálogo para indicar, no obstante, que no quiere verla hasta volver renovado de Santiago de Compostela[4]. Mata es quien menciona irónicamente la pertenencia social del héroe en el episodio sobre las tentaciones de Satanás. Al asombrarse de que su antiguo camarada sepa algo de hierbas, Mata señala que esa índole de sabiduría es hereditaria, ya que Pedro es «hijo de partera, primo de barbero y sobrino de boticario»[5]. (p. 177)

Ninguno de los protagonistas tiene padre. El de Lázaro murió luchando contra los turcos en las Gelves, «con su señor como leal criado» (p. 82). Al padre de Pedro no se le cita siquiera. Ambos viven desgarrados de una tradición firme. Han perdido ese guía que proporciona fuerza y dirección. Por tanto, en ambos casos se trata de recuperar al padre. Lázaro lo encuentra en el ciego, quien le abre los caminos de la vida terrenal. Pedro lo halla en Dios, quien le abre los caminos de la vida celestial a través de su aprendizaje mundanal con el Bajá como maestro principal.

Pedro empieza a contar la historia de su nuevo ser desde el momento

Salazar señala que, en el mundo moderno, «... todo está tan trocado que sólo al rico se haze honrra» (fol. v). En cuanto a la nobleza auténtica, Luis Vives escribe: «La nobleza pues que tanto se jactan della los hombres. ¿Qué otra cosa es sino una suerte o acaecimiento de ser más hijo déste que del otro? o una loca opinión del vulgo que tiene aquel por más noble que es hijo de más rico padre como si esta nobleza no se adquiriesse por robos.

La verdadera y entera nobleza de la virtud nace.

Y locura es, que siendo tú malo te glories de aver tenido buenos padres afeando con tu mal vivir la hermosura de tu linage...» (fol. vii)

[3] *La vida de Lazarillo de Tormes,* ed. Marcel Bataillon (París: Aubier-Flammarion, 1968). En el prólogo, el autor-narrador advierte: «Y pues vuestra merced escribe se le escriba y relate el caso muy por extenso, parecióme no tomalle por el medio, sino del principio, porque se tenga entera noticia de mi persona, y también porque consideren los que heredaron nobles estados cuán poco se les debe, pues Fortuna fue con ellos parcial, y cuánto más hicieron los que, siéndoles contraria, con fuerza y maña, salieron a buen puerto» (p. 80). El anónimo se burla, con toda evidencia, de los que ven su salud en el dinero, olvidadizos de la verdadera fortuna, que se consigue por el conocimiento de Dios. El autor del *Lazarillo* se acerca a mi ver, en cuanto al pensamiento, a la filosofía de Vives tal y cual se expresa en el *Camino de la sabiduría.*

[4] La vuelta a la madre simboliza el regreso a la patria. Maricastaña, la madre, representa la vieja España genuinamente cristiana ante quien el hijo pródigo no puede comparecer mientras su «conversión» no haya sido reconocida. De ahí que Pedro insista en mantener su traje de peregrino hasta llegar a Santiago de Compostela, a donde va a agradecer al Santo su salvación. La palabra «salvación» significa aquí salvedad y salud del alma.

[5] La mención, si bien señala la procedencia social del héroe, no denota, sin embargo, el rencor que tal referencia al pasado genealógico contiene en el *Lazarillo,* ni tampoco indica que el destino de Pedro dependa de su nacimiento. Pues todo lo que en el *Lazarillo* entraña valores negativos, no implica en el *Viaje* nada representable. Pedro no siente vergüenza de ser quien es y construye su nueva existencia, sin cuidado de su linaje. Es más, el héroe pone en tela de juicio, explícitamente, todos los tabús sociales que impiden el desarrollo socio-espiritual del hombre: el sentimiento de la honra, del servicio a señores, el principio de hidalguía (pp. 245-6).

que prefigura y explica su transformación y crecimientos —el hecho histórico por el que se ve cautivo de los turcos y penetra en un mundo que le es totalmente ajeno: la esclavitud (p. 129).

La historia del nuevo Lázaro se inicia en la salida violenta de Salamanca. Cabe recordar que lo que determina la voluntad de los individuos de transformarse es esa prehistoria que los marca para siempre. La de Lázaro estriba en su descendencia, que lo sujeta a un estado permanente de vileza; la de Pedro radica en una vida pasada de placeres y juegos.

Antes del súbito despertar a la realidad ambas criaturas viven en una especie de limbo unas vidas despreocupadas en las que el pecado no tiene significación propia. Lázaro habla de la «simpleza en que, como niño, dormido estaba» (p. 86), y en un *flash-back* significativo Mata recrea para su amigo la vida ociosa pasada tan pronto como Pedro declara sus intenciones de practicar su nuevo oficio con honestidad y rectitud moral: «[la gente] acordándose de quien solíais ser, todos no os ternán por muy letrado, pensando que no os habéis mudado; mas como hagáis un par de buenas curas es todo el ganar de la honra y fama» (p. 369). A lo mismo va Juan cuando le comenta a Mata: «tengo por mí que el biene muy docto en su facultad, porque no es posible menos un hombre que tenía la abilidad que acá vistes, aunque la empleaba mal...» (p. 379). Luego hay la evocación de esos momentos de regocijo y juegos, característicos de su vida estudiantil de seminarista, que capta con tanta vivacidad la burla que le hicieron sufrir al médico de Santorcaz los tres amigos:

JUAN: ¿N'os acordáis quando fuimos a Santorcaz a holgarnos con el cura, que topamos una mañana un médico de la mesma manera como los habéis pintado y salía de una casa donde alineando bien le habían dado una morcilla que llevaba en la fratiquera?

PEDRO: Sé que yo también me hallé hay quando le hizimos ir a jugar con nosotros a los bolos; y quando jugaba, un galgo del cura, como olía la morçilla, siempre se andaba tras él, del juego a los bolos y de los bolos al juego... y el perro como la vio, ... arremete y haze presa en fratiquera y todo, que todos juntos no les podíamos hazer que la dexase, de lo que quedó el más corrido del mundo. (pp. 211-212) [6]

Para los dos muchachos, la salida del paraíso se simboliza por un golpe físico que les quita la ceguera original al enfrentarlos con la realidad de su propia existencia y destino y al revelarles la noción del pecado. El mundo se les presenta como un infierno del que se puede salvar solamente el que descubre a Dios. En el caso de Lázaro, Dios es Don dinero —o sea, en términos teológicos, el diablo, es decir, el ciego quien lo fuerza a ver por

---

[6] Este *flashback* representa un acontecimiento narrativo importante. Pues subraya la estrecha y antigua amistad que une a los tres compinches y permite trazar el rasgo pícaro de la personalidad de Pedro, característico de un Pedro antes de su cautiverio en Turquía.

El episodio crea una unidad entre los distintos momentos narrativos, la cual permite evaluar el cambio del protagonista. Nótese también la extremada viveza de la anécdota.

«una gran calabazada» que recibe «en el diablo del toro». El ciego le avisa: «Necio, aprende: que el mozo del ciego un punto ha de saber más que el diablo», y Lázaro comenta: «Parescióme que en aquel instante desperté... Dije entre mí: "Verdad dice éste, que me cumple avivar el ojo y avisar, pues solo soy, y pensar como me sepa valer"» (p. 86). La realización de la hostilidad del mundo determina la decisión del protagonista de «saberse valer», fórmula idiomática que contiene connotación ambivalente. Pues igual puede relacionarse con una voluntad cristiana de reforma espiritual que con un deseo de encarrilarse por el camino del bienestar material: acumulación de bienes, vida cómoda, estabilidad económica. En el *Lazarillo,* desde luego, la ambigüedad se resuelve inmediatamente gracias a las lecciones del ciego, que encauza los pasos de su discípulo en el camino del vicio para que aprenda a sobrevivir.

Por lo contrario, el cautiverio le enseña a Pedro a servirse de sus dones de pícaro a fines espiritualmente provechosos. Pues si éste crece socialmente es porque se ha reconciliado con Dios. Pedro explica el primer momento de su encuentro con lo desconocido de una manera distinta de la de Lázaro. Pues en vez de recordar la lección que el acontecimiento le enseña, Pedro insiste en la causa y el efecto inmediato que tal suceso le produce: «Fue tan grande el alboroto que me dio y espanto de verme quál me había la fortuna puesto en un instante, que ni sabía si llorase ni reyese, ni me maravillase, ni dónde estaba, antes dizen mis compañeros, que lloraban bien, que se maravillan de mí que no les paresçía que lo sentía más que si fuese libre, y es verdad que de la repentina mudanza por tres días no sentía nada, porque no me lo podía creer a mí mesmo ni persuadir que fuese ansí» (p. 132). Esa súbita inconciencia le descubre poco a poco la seriedad de lo ocurrido. La lenta realización de su nuevo estado le permite vislumbrar las fuerzas que han promovido su caída, la cual se le anuncia como una revelación divina. Toda su autobiografía la pone, por tanto, bajo el auspicio de Dios.

El largo comentario sobre su estado mental no se halla en el *Lazarillo,* donde el héroe toma una decisión inmediata. Pues el ciego que está con él lo dirige cuidadosamente. No se trata de servir a Dios, sino al diablo, puesto que «valerse» en este mundo implica ser más listo que el diablo, cualidad que también posee Pedro, como ya hemos visto. Para Pedro, el choque le abre los ojos y le permite observar la realidad en la que se halla de frente y con toda objetividad, por eso les dice a sus compañeros de miseria que todavía no se han percatado de la gravedad de lo acaecido: «Veis allí, hermanos, como entre tanto que comemos están aparejando cadenas para que dançemos después del vanquete; y era ansí, que el carzelero estaba poniéndolas en horden» (pp. 132-3). Pedro relata detenidamente estos primeros momentos que marcan el principio de su toma de conciencia religiosa.

En medio de la desgracia y el sufrimiento físico atisba una esperanza de salvación. Un cautivo «que había muchos años que estaba allí», hombre, por consiguiente, experimentado en las cosas del cautiverio, le sugiere la vía material que debe seguir para librarse de una prisión cruel: «[el cautivo] me dixo... que si sabía ofiçio sería mejor tratado, a lo qual yo le rogué que me dixese qué ofiçios estimaban en más, y díxome que médicos y barberos y otros artesanos» (p. 133). Pedro escoge el camino de la medicina, «pues todos los errores había de cubrir la tierra, y las culpas de los muertos se habían de echar a Dios» (p. 133). La decisión que Pedro toma independientemente de todos se acompaña de un juicio crítico particular que no se le ocurre a Lázaro, quien señala simplemente, desde su perspectiva de hombre agobiado por su circunstancia, que quiere despegarse de su pasado y presente miserables a toda costa siguiendo las huellas del ciego. El nuevo cautivo, por lo contrario, reprende a los padres por no enseñarles un oficio a los hijos [7].

Una serie de amos (Lázaro) o maestros (Pedro) les enseñan a desenvolverse hasta obtener una independencia financiera y social más o menos lograda. Como sabemos, los amos de Lázaro le enseñan a «avivar el ojo» y ser necio. Los maestros de Pedro ejercen su oficio y gracias a ellos se ejercita en el arte de practicar la medicina de la manera más provechosa posible. De un «barbero portogués» aprende a fingir de la manera siguiente: se le pide a Pedro que examine a un enfermo turco, a quien declara moribundo. El barbero, por lo contrario, anuncia que el enfermo no se morirá, desdiciendo el diagnóstico del falso licenciado Pedro de Urdemalas. Más tarde, el portugués le amonesta: «Pues noramala tenéis el nombre, tened el hecho. ¿Pensáis que estáis en vuestra tierra que por prognóstico habéis de medrar? Cúmpleos que nunca desauciéis a nadie, sino que a todos prometáis la salud luego de mano...» (p. 148). El barbero portugués le aconseja que les pida dinero a sus pacientes antes de recetar. «Para ayuda de las medicinas cojed siempre lo que pudiérades, que ansí se usa acá, que no se recepta, sino vos las tenéis de poner y si tenéis menester quatro demandad diez» (p. 148). Pedro averigua muy pronto ser verdad lo que el portugués le declara. Por eso decide obedecer las palabras del maestro cuando cura a Amín, quien le promete, como turco, montañas de oro y la libertad si lo sana: «Comenzé, ... acordándoseme del consejo del varbero portogués, a hurdir algunas...» (p. 173). Pedro explica entonces cómo aplica la lección aprendida para mayor provecho. El cirujano viejo, a quien sirve, le enseña a ser «hombre de bien y cudicioso» (p. 156). Tan pronto como demuestra su capacidad de ejercer el oficio de médico, el sobrebarbero le permite que cure a sus compañeros de esclavitud: «... mandóme que delante dél... hiziese una visita general para probarme, y no lo descontenté» (p. 159). Durante esta primera época de aprendizaje, Pedro ha aprendido a penetrar el alma humana y se ha dado cuenta de que «la ganançia, el dinero, la neçesidad y intherese, hazen los hombres ser atrebidos». (p. 255)

Este momento de su carrera tiene el mismo impacto en su vida que para Lázaro el tiempo que pasa con el capellán en el tratado penúltimo. El uno se hace médico: «... descuidóse [el sobrebarbero] por seis días, en los cuales yo no sabía qué mediçina hazer; sino como conoscí que

---

[7] *Viaje de Turquía,* p. 133. Remitirse al artículo de R. W. TRUMAN, «Lázaro de Tormes and the *Homo novus* Tradition», en *Modern Language Review,* LXIV (1969), pp. 62-67.

aquel sabía poco o nada y morían tantos, hize al rebés todo lo que él hazía... y quiere Dios que no murió nadie... por lo qual yo vi ciertamente al ojo que no hay en el mundo mejor medicina que lo contrario del ruin médico...» (p. 159). El otro empieza a subir el escalafón social. Pues «al cabo de cuatro años que lo usé [el oficio de transportar agua], con poner en la ganancia buen recaudo, ahorré para me vestir muy honradamente de la ropa vieja». Para Lázaro, «éste fue el primer escalón que yo subí para venir a alcanzar buena vida, porque mi boca era medida» (p. 166). Durante esta época de formación profesional Pedro logra amistarse con unos caballeros cautivos [8], ganar el primer dinero seguro merced a la cura del genovés que «cayó... allí junto a mí, que tenía dinero... y quiso Dios que sanó, y dióme tres reales, con los quales fui más rico que el rey; porque la bolsa de Dios es tan cumplida, que desde aquel día hasta el que esto hablamos nunca me faltó blanca», y satisfacer a su amo, Sinán Bajá, quien le otorga entonces el cuidado de todos los esclavos, haciéndole luego sobrebarbero (p. 159). Para Pedro, todos son pasos que conducen hacia la fama. Así como Lázaro alcanza prosperidad y buena fortuna al tomar oficio real, Pedro, por su arte e integridad moral, se convierte en médico privado del Bajá, cura a la sultana y recibe el cargo de camarero del Bajá (p. 218). Su amo le tiene tanta confianza que le da consejos para que incremente su caudal (p. 173) y le declara que prefiere morir por su mano que por la de los médicos judíos (p. 232). Por su fidelidad y buenos servicios, el Bajá le otorga una carta de libertad que podrá usar tan pronto como se muera, la cual se le presenta durante la enfermedad de hydropesía de éste. Pedro reproduce el momento solemne con estas palabras: «vino el mayordomo mayor y echóme una ropa de brocado acuestas porque veáis la magnifiçiencia de los turcos en el dar... y quando me hinqué de rodillas para vesar la mano a mi amo, tenía la carta de livertad hecha y sellada, reboltada como una suplicaçión, y púsomela en la mano y començaron de disparar mucha artillería y tocar música...». (p. 231)

La mejora social se simboliza por la pérdida de las cadenas (p. 199) y culmina en el deseo expresado por el Bajá y la sultana de que Pedro se convierta al islamismo (p. 203). El ascenso se acompaña de un proceso de integración casi absoluta en la sociedad turca.

Como vemos, el crecimiento social de ambos protagonistas se consigue poco a poco. Corresponde a una asimilación inteligente y astuta al medio ambiente, gracias a las lecciones que los amos y maestros les imparten. Tanto Pedro como Lázaro aprenden que, para medrar, hay que tener padrinos. Pedro declara a sus amigos: «y siempre, como dizen, arrímate a los buenos, procuré tomar buena compañía y procuré d'estar con la camarada de los caballeros, que eran, entre comendadores y no, quince» (p. 159). Lázaro pretende lo mismo: «Señor... determiné de arrimarme a los buenos.» (p. 170)

Estas trayectorias vitales paralelas, por lo que se refiere al programa de ascensión social, se separan cuando el autor del *Viaje* hace de su pro-

---

[8] Menciona a sus amigos caballeros varias veces a lo largo de su relato. Al principio, recuerda su asociación con ellos tres veces en pocas páginas (pp. 151, 158, 160).

tagonista un cristiano verdadero con una moral bien definida, un teórico de la medicina y un náufrago. Si bien Lázaro medra para no sufrir hambre y «por tener descanso y ganar algo para la vejez» (p. 168), Pedro aprende un oficio útil para servir a Dios y a los hombres. Busca independencia material y fama para destacar su fe en Cristo y su fidelidad al Evangelio. La ascensión social se prolonga por una subida espiritual. El descenso al infierno se completa por un ascenso hacia el cielo, o sea, hacia Dios[9].

Desde luego, en el *Lazarillo* no se efectúa ninguna bajada a otro reino. Para Lázaro se trata meramente de permanecer en este mundo, que ya es una representación directa del infierno. La calabazada le hace tomar conciencia repentinamente de la cualidad de su mundo. Nos lo pinta cruel, carente de caridad y falto de humildad. Lázaro no vislumbra ningún más allá, porque para él el más allá no existe fuera de su circunstancia.

Se ha dicho que la autobiografía de Lázaro reconstruye el mito del Génesis. Simbolizaría, por consiguiente, la caída del hombre del edén y su muerte espiritual. Perry comenta que: «The spiritual death that is about to unroll in the final four *tratados* is... already symbolically shadowed in the first three: Satanic fall, expulsion, and annihilation»[10]. Según el crítico americano, estos tres tratados «present elements of the Genesis myth: Man, the Creator, The Temptor, and the spiritual fall of man. Within this context of damnation, the leading role is played by the Devil, and this is the real identity of the blind man»[11]. Dentro de este marco bíblico, el hombre, Adán-Lázaro, pierde la inocencia original y descubre el pecado; muere el ser puro e infantil y nace el hombre en el mundo de lo profano. Esta interpretación de la novelita nos permite entrever un universo marcado por el mal, más afín con la representación del mundo según el libro del Apocalipsis. En esta realidad infernal no parece haber redención posible. No cabe duda de que el autor parece querer condenar indefinidamente la comunidad corrompida de los hombres. No promete Mesías. Pues no existe vida espiritual en el *Lazarillo*. Todos los seres retratados por el protagonista viven sumergidos en un universo apocalíptico, donde se ha perdido totalmente la voz de Dios. Por todo, predomina la crueldad, la avaricia, el latrocinio, la soberbia, el adulterio. Estos pecados los practican los representantes de Dios sobre la tierra, clérigos, frailes, capellanes, arciprestes. Por eso, más que el mito del Génesis, el *Lazarillo* elabora el mito del Apocalipsis al pintarnos una sociedad que se ha olvidado de Dios, o que lo confunde con el tentador[12]. Lázaro, al contar su vida desde su nacimiento en el río —símbolo bautismal invertido, puesto que es un rito de iniciación que le abrirá las puertas del universo infernal— hasta su colaboración final con el arcipreste, no hace sino delatar los vicios de una

---

[9] Este tema lo hallamos alegorizado en la Biblia. En *Efesios,* IV, 10, leemos: «El que descendió, él mismo es el que subió sobre todos los cielos para cumplir todas las cosas.» La bajada de Pedro al infierno se realza de un simbolismo cristiano evidente.

[10] T. ANTHONY PERRY, «Biblical Symbolism in the *Lazarillo de Tormes*», en *Studies in Philology,* LXVII, 2 (1970), p. 145.

[11] *Ibídem,* p. 153.

[12] El leer el texto le recuerda a uno las palabras del hijo de Dios al ángel en *Apocalipsis,* III, 1: «Yo conozco tus obras que tienes nombre que vives, y estás muerto.»

sociedad anti-cristiana y llamar nuestra atención sobre la necesidad de una reforma religiosa radical [13].

El autor del *Lazarillo* despliega una ironía feroz a través de la creación de una comunidad humana inmunda, confinada en el marco de una autobiografía pedestre que ensalza lo inmoral. La trayectoria vital del protagonista se funda en un deseo de imitar a los malos. Para Lázaro, no cabe duda, «arrimarse a los buenos» significa juntarse con los poderosos de este mundo. Ya notó con atino Wardropper que, para el protagonista, «buenos son los que le facilitan el dinero que le hace falta para comer...» [14]. Pues «el provecho es el manantial de toda moral, e incluso de la honra» [15]. El crítico anglosajón observa un trastorno moral evidente en la novelita. De hecho, podríamos identificar este mundo picaresco con la representación del mismo mundo sublunar, del cual habla Mata en el *Viaje de Turquía*, y que Pedro quiere arrasar [16].

En el *Viaje*, el proceso de la remisión de los pecados se desarrolla en un purgatorio simbólico —Turquía—. La aventura espiritual se construye dentro de una alegría clásica: el descenso del héroe al infierno. El protagonista desea reconquistar la palabra de Dios y volver a la fe de Cristo. En ultratumba el héroe recobra la vista. Luego sufre una serie de pruebas que lo inician a la vida del espíritu. Por fin, alcanza la verdad y vuelve a la tierra reconciliado con Dios. En España divulga la palabra del Evangelio. Pues, al ser escogido de Dios, renace para servirle.

Pedro propone a sus dos amigos un programa de reformas de orden religioso. Afirma que el hombre puede salvarse siempre que quiera. Para lograrlo, no necesita más que creer en Dios. Con estas palabras les habla a sus compañeros españoles: «A la fe, hermanos, ... como la muerte jamás nos dexa de amenazar y el demonio de asechar, ... y como en el estado que nos tomare la muerte según aquel ha de ser la mayor parte de nuestro juicio, parescióme que valía más la enmienda tarde que nunca, y ésa fue la causa porque me determiné a dexar la ociosa y mala vida, de la qual Dios me ha castigado con un tan gran azote que me lo dexó señalado hasta que me muera» [17]. (p. 123)

---

[13] La fornicación es uno de los pecados que San Pablo reprehende en sus discípulos. *Ef.,* V, 3: «... Fornicación y toda inmundicia, ó avaricia, ni aun se nombre entre vosotros, como conviene a Santos.» A los Gálatas les escribe: «... Andad en el Espíritu de Dios, y no satisfagáis la concupiscencia de la carne» (V, 16), y cita a continuación los vicios de los que hay que alejarse (V, 19-21), y las virtudes que hay que seguir (22). Lázaro pinta, a través de su peregrinación por cierta capa de la sociedad española, un cuadro envilecido por el pecado.

[14] BRUCE W. WARDROPPER, «El trastorno moral en el *Lazarillo*», en *NRFH*, XV (1961), p. 442.

[15] *Ibídem.*

[16] Remitirse al tratado de Pedro de Mercado, que deduce de su filosofía natural su filosofía moral.

[17] CERVANTES DE SALAZAR, *Camino de la sabiduría,* complementa el discurso de Vives con estas líneas: «porqué siendo la muerte tan cierta, que de fuerça ha de venir, siendo en su venida tan incierta, que jamás nos dexa estar seguros, ni por un momento, nos damos a pecar? Constituyendo para adelante el tiempo en que nos avemos de enmendar al qual jamás llegamos, o porque viene antes, o porque llegados a él, le dilatamos para adelante, y desta manera, o morimos en pecado, o nunca nos enmendamos de manera que para no quedar burlados, es menester la enmienda de

En la literatura clásica, el tema de la busca se realiza en el topos del descenso del héroe al infierno. En la epopeya homérica, éste viaja en el Hades para averiguar la fortuna de un ser querido, o descubrir su futuro. La literatura menipea, no obstante, incorpora el tema en un proyecto de sátira social. En la sátira menipea se efectúan dos tipos de descenso. Uno corresponde al diálogo lucianesco, en el que el héroe baja voluntariamente en pos de una respuesta a sus preguntas de orden metafísico. Quiere saber qué es la verdad y dónde se halla, cómo se curan los vicios de los hombres y para qué sirve vivir. El protagonista de la busca recibe la contestación alegóricamente, a través de la representación de un mundo al revés. Este aspecto nos interesa, como ya mostraré, por lo que se refiere al *Viaje de Turquía* y a la experiencia que Pedro nos narra de su estancia en el país de los mahometanos. Ahora bien, en el diálogo lucinaesco, el héroe es un mero observador: no vive las vicisitudes de un alma en pena.

El otro descenso es simbólico y se logra merced a una metamorfosis. Esto ocurre en el *Asno de oro,* de Apuleyo [18]. Lucio, el protagonista-autor, relata sus peripecias en primera persona con el motivo de edificar al lector. Su historia contiene una caída que figura en una metamorfosis degradante, un castigo representado en el vivir miserablemente como asno de muchos amos, un renacimiento simbolizado por el hábito de sacerdote y el abandono de lo mundanal. La transformación física no es voluntaria, y el héroe no penetra en los mundos bajos de la sociedad en busca de una verdad absoluta. De hecho, no espera ni busca nada y todo lo que le ocurre desde el cambio hasta el ascenso es accidental. La promesa de remisión de sus pecados (ociosidad, curiosidad, libertinaje), no obstante, figura a lo largo de la narración. La redención se efectúa cuando el personaje se da cuenta de su vida pecaminosa pasada y acepta obedecer la ley de la divinidad. Lucio incurre en una descensión de su rango social como punición por su frivolidad pasada. La transformación del protagonista equivale a un descenso al infierno. Esta se acompaña de una peregrinación por el hampa. Lucio pierde entonces fortuna, fama y libertad y vive una vida de esclavo. Descubre la crueldad e inmoralidad de los hombres. El viaje por los bajos fondos de la humanidad sirve de vehículo para una sátira social. El personaje observa el vicio desde dentro. Es más, vive en medio del vicio, y escudriña la sociedad desde su otra cara: la de la miseria y carencia. Gracias a una visión de lo sublunar, descubre un mundo al que no está acostumbrado. De esta forma se le revela a Lucio la verdad. Cuando reincorpora

presente, para la seguridad del por venir, y no para la seguridad dudosa, ponernos en peligro de presente». (fol. liii)

[18] Por lo menos así interpretan los humanistas del siglo XVI al *Asno de oro.* En el prólogo al lector de Luis Mexías, glosado por Cervantes de Salazar, leemos: «... Esta ficción tiene gran sentencia, porque Apuleyo da a entender por el Asno, bolverse los hombres en bestias quando se dan a los deleytes y vicios carnales con una necedad el bolverse de asno en hombre significa que, entendidos los vicios resuscita a la razón con el sabor de las rosas, que es la hermosura de la esencia» (fol. xii). Circulaban traducciones del librito de Apuleyo por España. En 1543 se publica una traducción en Medina del Campo, en la imprenta de Pedro de Castro, a costa de Juan de Espinosa. El traductor es Diego López de Cortigana. En 1551 se ocupa de la impresión Juan Steelsio de Amberes.

su cuerpo de hombre, ha cambiado e ingresa el sacerdocio de la divinidad, a quien promete servir lo que le queda de vida. En resumidas cuentas, bajada, castigo y resurrección estructuran el mensaje espiritual de la autobiografía de Lucio. Hay que notar, no obstante, que el plan de reforma que contiene el *Asno de oro* es absolutamente individual. Lucio se aparta definitivamente de los hombres y se dedica por completo al servicio de la divinidad que le ha ayudado a volver a su forma humana.

Existe, pues, un paralelo temático entre la autobiografía de Pedro y la de Lucio. El protagonista del *Viaje* es víctima de un pasado ocioso. Queda condenado a vivir durante un tiempo determinado en el infierno, donde se purga de sus pecados. El personaje se realiza dentro de un ambiente vil de cautivos, esclavos, desgraciados de toda índole. Ahí observa la miseria del mundo desde cerca. Cabe leer los episodios dedicados a la inmoralidad de los esclavos cristianos para averiguar que Pedro ha cotejado la inmundicia humana (p. 164). Desde luego, no hay otro lugar mejor que el infierno para escudriñar el mundo desde sus heridas y lagas (p. 253).

El viaje de Pedro, tal como el de Lucio, es involuntario. Si bien Pedro no sufre ningún cambio físico drástico, se le modifica la personalidad y se renueva moralmente.

El autor del *Viaje* yuxtapone en la autobiografía de Pedro ambos procedimientos. Se sirve del método de Luciano para describir un personaje en busca de la verdad, busca que realiza una vez que está en el simbólico Tártaro, y que se concreta en una crítica general de España a través de una pintura realista del mundo al revés. De Apuleyo toma el concepto de la introspección del yo. Vincula la historia del encuentro con la divinidad con una toma de conciencia espiritual. Tanto Lucio como Pedro presentan su nuevo yo desde sus vicisitudes y reconstruyen el pasado, que atañe directamente a la crisis que han padecido. De Luciano adopta también la forma del diálogo. Ahí se confrontan diversos pareceres desde perspectivas contrarias, o sea, desde el haz y el envés de las cosas. Mientras Pedro analiza la sociedad desde su punto de vista «turco», Mata y Juan la miran desde su centro, o sea, desde España mismo.

La autobiografía de Pedro pone de relieve el papel que desempeña el infierno en la vida del protagonista. Los amigos acentúan el carácter infernal de sus tribulaciones en Turquía y el aspecto satánico del nuevo Pedro [19]. La impresión satánica se refuerza durante el diálogo que ocurre con el primer contacto que los amigos experimentan entre sí. Pedro habla un idioma desconocido que indica que pertenece a otra realidad o que procede de un universo ajeno. Lo diabólico se concreta con la huida de Mata y Juan cuando Pedro les habla en lengua castellana. Mata pronuncia las palabras que Cristo dijo contra Pedro por no entender el mensaje celestial de sus palabras: «Apártate de mí, Satanás; porque no sabes las cosas que son de Dios, sino las que son de los hombres» [20]. En el *Viaje*, no

---

[19] Recordemos de paso que, para los musulmanes, el infierno es un purgatorio. Toda la experiencia infernal de Pedro se logra en un infierno-purgatorio. El personaje tiene, por consiguiente, la posibilidad de redimirse. Remitirse al capítulo sobre los personajes, en este libro.

[20] SAN MARCOS, VIII, 33.

obstante, es el que no sabe las cosas que son de Dios el que rehúye del que las sabe. Por razones de doctrina particular a nuestro texto, se invierten los roles. Pues el que viene del cielo, Pedro, es tomado por el diablo. A él, desde luego, le incumbe justificar a los hombres trayéndoles la fe.

Juan compara la vida de Pedro en las galeras con el infierno. Pedro concuerda con la descripción cuando añade: «Ansí lo es, verdaderamente infierno abreviado» (p. 149). Pedro también pone de relieve lo infernal de su experiencia. Describe el trabajo que imponen a los cautivos con estas palabras: «... dos horas antes que amanesciese salía una voz como del infierno de un guardián de los christianos, cuyo nombre no hay para que traer a la memoria... Desde a un credo dezía: Toca trompeta. Salía una trompeta, esclavo también, y sonaba de tal manera que cada día se representaba mill vezes el día del juicio» (p. 181). Señala, una vez más, el carácter infernal de la vida del esclavo al hablar de la crucifixión que padeció el húngaro rebelde (p. 239). En las pruebas que el Bajá le impone para forzarlo a renegar su fe, Pedro asimila el personaje al diablo: «... comenzó a tentarme con el *hec omnia tibi dabo*...» (p. 174). No hay duda, toda la experiencia turca está colocada dentro de un contexto de ultratumba.

La entrada en el Hades alegórico se manifiesta en la degradación que sufre la cristiandad merced a la inversión de sus emblemas. Así es como Pedro describe la llegada solemne a Constantinopla:

> ... Salió el Gran Turco a un mirador sobre la mar... y comenzaron de poner en cada galera muchos estandartes, en cada vanco el suyo; en lo más alto las banderas de Mahoma, y debaxo dellas los pendones que nos habían tomado, puestos los crucifixos y imágenes de Nuestra Señora que venían dibuxados en ellos, las piernas hazia riba, y la canalla toda de los turcos tirándoles con los arcos muchas saetas; luego las banderas del Gran Turco y debaxo dellas también las del Emperador y el príncipe Doria, hazia baxo, al rebés puestas; luego comenzaron de hazer la salba de artillería más soberbia que en el mar jamás se pudo ver, donde estaban ciento y cinquenta galeras con algunas de Francia... y el Gran Turco quiso ver la presa de la jente, porque no los había podido ver dentro de las galeras, y ensartáronnos todos..., a los capitanes y oficiales de las galeras echaron las cadenas por las gargantas, y con la música de trompetas y atambores que nosotros nos llebábamos en las galeras, que es cosa de que ellos mucho se ríen, porque no usan sino clarines, nos llebaron con nuestras banderas arrastrando a pasar por el zerraje del Gran Turco... (pp. 154-5)

Pedro penetra en un mundo al revés, donde la verdad de ese mundo no corresponde a la del suyo. Otras leyes gobiernan que le permitirán, no obstante, edificarse un nuevo ser. Se demuelen los cimientos de su universo y se impone una realidad donde todo parece estar desquiciado. Una justicia única prevalece para todos; el hombre más astuto y con conocimientos mecánicos es apreciado; admiran al que trabaja y saca frutos de su trabajo; los hombres de bien de la sociedad cristiana se vienen a menos y sirven a los que nuestro mundo llama los enemigos de la fe; los despreciados de este reino se hacen poderosos en el reino del turco; el pícaro triunfa; se practican virtudes insólitas como el amor, la caridad, la tolerancia y la continencia. Dentro de este contexto de un mundo invertido debe colocarse el ámbito de los caballeros con quienes Pedro comparte la miseria del cautiverio. Pues, mientras él asciende, ellos permanecen cautivos. Y es siempre dentro de un contexto de padecimiento físico y moral que los menciona. Mientras está enfermo un «tal hidalgo de Arbealo, hombre de bien... que había quince años que era cautivo...» (p. 118), le trae comida. La indicación apunta hacia dos vertientes. Por un lado quiere mostrar a un gentilhombre venido a menos, y por otro señala el abandono en el que los cristianos libres lo tienen, punto que servirá de discusión en la plática sobre las limosnas recogidas para la liberación de los cautivos cristianos. Durante la época de su segunda esclavitud señala a varios capitanes que trabajan con él (p. 185). Para Pedro, estar con gente de bien acarrea un estímulo social evidente; por eso, en su primer intento de cambiar, quiere ser reconocido como hidalgo a través de su convivencia con caballeros [21]. Esta unión es ambivalente. Mientras Pedro, representante simbólico de una nueva clase social, asciende, el mundo de los caballeros, escuela de nuestro personaje, se desmorona. Pedro nos muestra el suceso a través de la depicción de unos caballeros humillados y disminuidos durante la venta de los caballeros, después de la muerte del Bajá. Pedro los recomienda por caridad cristiana a unos turcos pobres, pero honrados. El tema menipeo del rico que sirve al pobre se halla entonces explotado de una manera radical «y ansí hize a uno que comprase tres comendadores de San Iuan por doçientos escudos...: a otros dos que comprase otro por ciento veinte ducados, los quales sobre mi palabra dexaba andar sin cadenas por la çibdad» (p. 244). Los caballeros están aquí reducidos a mero ganado. Ya no tienen ni personalidad, ni identidad. Por contraste, Pedro destaca el valor de la dignidad humana. No importan los orígenes sociales, mientras la persona humana se comporte cristianamente [22]. A Juan y a Mata los presenta como compañeros de desgracia: «Començaron a sacar a todos mis compañeros, y aunque heran caballeros andaban tan baratos, por no tener oficio...» (pp. 243-4). Este mundo al revés corresponde al que Menipo describe en «Menippo en los abismos»:

> Burlaste conmigo tú Philonides. Porque si vieses á Mansolo, aquel hombre de Caria tan celebrado con su Pyrámide, tengo por cierto que no te podrías valer de riso, en verle, como está el cuitado echado en un rincón, metido en una cueva escondido y revuelto allá entre la otra canalla de los muertos. El provecho que les puede venir de estos grandes sumptuosos monumentos me paresce a mí que no es otro, sino que cargados de tan pesada carga, tienen mayor trabajo, y están más aprensados. Porque te hago saver amigo, que cuando Eaco mide el espacio que ha de tener cada uno... es necessario que con aquel esté muy recontento, acomodándose lo mejor que pudiere á la proporçión del lugar que

---

[21] Pedro aprende de los hidalgos cautivos a comportarse como señor. Refinamiento, civilidad y educación harán de Pedro un privado ideal.

[22] Cfr. el *Camino de la sabiduría*: «Tener en poco alguno porque nació de padres baxos es calladamente reprehender a Dios que quiso que nasciesse de aquellos» (fol. vii). También escribe: «En el dormir y en la soledad qué diferencia ay entre un alto Rey y un muy baxo esclavo. Por cierto ninguna... Desechados pues los pareceres del vulgo ten por gran mal no la pobreza o la fealdad del cuerpo, enfermedades o floquezas, sino los vicios y los cercanos a éstos, ygnorancia, tontedad y locura...» (fols. viii-ix)

tuviere. Pero yo te prometo que mucho te reirías, a lo que creo, si vieses estos Reis y Satrapas nuestros quales andan allá entre los otros mendicando, vendiendo pescado salado, o, enseñando las primeras letras del a.b.c. forçándolos á ello la pobreça. Y es cosa de ver como son de muchos otros escarnecidos, y abofeteados, como si fuesen vilíssimos esclavos[23].

Un orden muere —el de los caballeros— al mismo tiempo que de sus cenizas, se impone el nuevo, el de los que tienen oficio, gracias a quienes la noción de hidalguía cambia[24].

La descripción del orden nuevo también le sirve para valorar los principios cristianos de fidelidad, amor y caridad. Pedro, el pícaro, ha sabido ganarse la confianza y el amor de todos por su rectitud. Pues cuando Mata se extraña de que los turcos confiasen tanto en él, éste le contesta: «Aunque fueran mill y diez mill no lo hayáis a burla, que uno de los principales y que más amigos tenía allá era yo», a lo cual Mata replica: «¿Cómo aquitates tantos? Pedro: —Con procurar siempre hazer bien y no catar a quien»[25].

Este mundo invertido echa los cimientos de una formación moral que el héroe no habría podido recibir en España, así como lo demuestran los casos de Juan y Mata.

En Turquía, Pedro se da cuenta en seguida de que padece por Cristo y construye la historia de su revelación de Cristo, dando énfasis a sus sufrimientos. Destaca la crueldad de los turcos cuando narra la vida de los cautivos en las galeras. Al referir el castigo que los mahometanos infligen a los cristianos, Juan se espanta y comenta: «Quales ellos son, tales muertes dan. En toda mi vida vi tal crueldad» (p. 131). Pedro refiere al principio de su narración todos los casos de violencia. Se volverán a mencionar solamente cuando Pedro quiera subrayar su fe. Así explica la punición en que incurre por no saber remar: «... mandáronme remar, y como no sabía, comenzaron de darme de anguilazos por estas espaldas con un

---

[23] «Menippo en los abismos», fol. CXVI.

[24] Muy diferente es la noción de hidalguía en el *Buscón*, de QUEVEDO, por ejemplo, donde el autor destruye a su personaje que desea salir de su estado materialmente repugnante. Para Quevedo, no hay nobleza sino la de la sangre.

[25] Este mismo decir refuta Pedro cuando es Mata quien lo pronuncia. Pues resulta que Pedro quiere indicar que el contenido ideológico y moral de estas palabras no es el mismo cuando las declara Mata. El significado cambia. Las palabras del héroe quedan marcadas por el peso de la experiencia. Por tanto, Pedro conoce directamente la implicación exacta de la fórmula refranesca. Mata, por el contrario, no hace más que repetir un proverbio que, al no haber sido experimentado personalmente, está vacío de todo significado pragmático:

MATA: Todavía dice el refrán: «haz bien y no cates a quien; haz mal y guarte».

PEDRO: El día de hoy veo, por esperiençia, ser mentiroso ese refrán, y muy verdadero al rebés: «haz mal y no cates a quién; haz bien y guarte». Muy muchos males me han venido por hazer bien, y de los mesmos a quien lo hazía. No digo yo que es mejor hazer mal, pero el dicho es más verdadero. (p. 376)

Pedro indica que el refrán que se aplica a una situación puede no aplicarse a otra. Apunta, de esta forma, a la complejidad de las relaciones humanas, las cuales no pueden ser regidas por una serie de proverbios sacados de una sabiduría dudosa.

azote diabólico empegado» (p. 135). Se sirve del comentario de Mata para insistir en la brutalidad del hereje: «Ya se me han quitado las marcas más ronchas, pero uno me dieron un día que me ziñó estos riñones, que después acá a tiempos me duele.» (pp. 135-6)

La ferocidad del turco, mito ya popular entre los cristianos, se refleja en comentarios de este tipo:

MATA: Mal aventurados dellos: bien parescen turcos! (p. 137)

MATA: Cara cuesta desta manera el ver cosas nuebas y tierras extrañas. (p. 138)

Se manifiesta rotundamente en el episodio de la sortija. El cuento es tan lastimoso que Juan suspira: «Ya me pesa que comenzaste este cuento, porque me toman escalofríos de lástima.» (p. 139)

Pedro edifica un endamiaje sólido con materiales que hacen resaltar su decisión de afirmar claramente su fe en Cristo. Después de haber ensartado en el relato de la vida de las galeras una serie de acontecimientos que hacen hincapié en la crueldad del enemigo, Pedro concluye: «Antes lo digo para que se manifiesten las obras de Dios» (p. 139). Entonces, por el énfasis puesto en la bestialidad de los turcos, Pedro destaca su papel de cristiano auténtico y apunta al mismo tiempo hacia la brutalidad de los cristianos (p. 137), tema que se irá desarrollando a lo largo del relato.

Los episodios donde se insiste en la ferocidad del enemigo escasean, mientras que Pedro hace hincapié en sus hazañas y se convierte en la figura principal del relato. Se fija en su formación profesional y los medros que le permiten abandonar el mundo envilecedor de los esclavos manuales. El sufrimiento físico provocado por el hambre, la escasez de ropa, la cama mala, los azotes, disminuyen a medida que Pedro se labra una posición firme como médico y privado del Bajá.

Cuando es médico del Bajá incurren las primeras querellas teóricas con los médicos judíos. Estas marcan las distintas etapas de su formación profesional y señalan su progresiva integración entre los turcos. Las disputas se incorporan en el historial de las enfermedades del Bajá y de la sultana. En la primera, Pedro relata detenidamente su encuentro inicial con el enfermo, en el que combina reverencia y astucia con medicina. Asienta así los términos psicológicos de la relación que se desarrolla entre el Bajá y él. Además, incitado por Mátalas Callando, presenta el estado de la medicina en Turquía: los buenos médicos no existen y muy pocos de los que hay son letrados. Una vez que se ha establecido el ambiente general en el que practica su oficio, Pedro propone el primer caso de querella con los médicos judíos, el cual brota de la libertad que se otorga de sangrar al Bajá. El médico de cabecera del Bajá, Amón Ugli, se ofende y se organiza un debate entre Pedro de Urdemalas y el judío. Los dos médicos se desafían ante un tribunal compuesto con el Bajá, sus intérpretes y un público atento a las elucidaciones médicas. La disputa se conduce en lengua castellana. Pedro usa la misma técnica que empleó contra Juan al principio del diálogo para asegurarse de que el judío no habla ni griego ni latín. Sugiere que la disputa se haga en uno de esos dos idiomas, tal como conviene en una discusión científica llevada a cabo por letrados. Pedro explica cómo estudia cuidadosamente a su antagonista y emprende la ofensiva. Se da cuenta de que el judío no conoce la enfermedad del Bajá. De ahí que alardee de su sabiduría reciente descubriéndosela en latín y en español. Pedro se declara también helenista sin serlo. Pues al utilizar el judío unas palabras en hebraico para demostrar la cantidad de sangre que contiene el ser humano, Pedro responde con unos versos de Homero en griego, lengua que afirma haber aprendido en Alcalá: «Dixe ciertos versos griegos que en Alcalá había deprendido de Homero, y declaróselos en castellano al propósito contrario de lo que él dezía...» (p. 172).

Las palabras que pronuncia el judío para defenderse se captan en estilo directo, como si Pedro quisiera dar la impresión de la más absoluta objetividad. Los intentos del judío para esclarecer la cuestión científicamente quedan abortados por la malicia e impetuosidad de Pedro. El narrador relata el caso mediante una acumulación de detalles que describen los ademanes de los oyentes, sus estados de ánimo, las reacciones del Bajá. Todo queda dibujado con esmero y precisión. El debate es burlesco. Pedro expone la ignorancia médica del judío apoyando su razonamiento sobre el humor y la burla. Suscita la risa de su auditorio al transformar un problema serio de teoría médica en un tópico de broma. Por fin su oponente queda burlado y se declara vencido: «El judío acabó los argumentos diciendo que lo que había hecho era para tentarme si daría razón de mí, y que él hallaba que mi amo tenía buen médico, y encargóle al Baxá que no excediese en nada de lo que yo mandase y despartióse el torneo» (p. 172). Pedro se sirve de este episodio para poner de relieve su modo bufón de ganarse la simpatía del Bajá y derrotar a los judíos que compiten por su plaza de médico. El relato del protagonista tiene un carácter de farsa y la disputa se convierte en un acontecimiento teatral cuya función es divertir al amo. Al vencedor se le recompensa quitándole las cadenas de esclavo. El relato es también una sátira de los debates que oponían a los médicos de escuelas distintas. Pedro los capta con una gracia tal que no podemos tomar en serio ni su medicina ni la del judío.

Dentro de su autobiografía cabe mencionar la importancia de las tres satisfacciones que lo oponen, una vez más, a los médicos judíos. Se trata igualmente de elucidar un caso de medicina. Pedro reconstituye oralmente la querella manifestando su habilidad retórica. Explaya su elocuencia oratoria para persuadir al Bajá de que los argumentos de sus médicos no tienen fundamento. Su ofensiva sirve para alardear de sus métodos de persuasión, mostrar su perspicacia, evidenciar su sabiduría médica, revelar su constancia de buen cristiano, descubrir la sencillez del Bajá y desacreditar a los judíos. Pedro ilustra sus argumentos con parábolas de carácter local. Acrecienta así la eficacia de su discurso, y para probar mejor su punto de vista, incorpora al Bajá en su discurso mediante una serie de preguntas a las que se le pide conteste. La intención de la exposición es doble. Por un lado, quiere defenderse de los ataques de sus oponentes y, por otro, busca ridiculizar a los judíos. Este proceso de ridiculización está conectado con el destronamiento que se yuxtapone a la idea de regeneración y entronización. Pedro derriba una manera de pensar al mismo tiempo que impone una nueva. Derroca los principios medicinales antiguos y la práctica médica intuitiva.

El elemento de abuso y denigración que contienen los distintos discursos de Pedro pone de relieve el carácter festivo de la plática [26]. Menipo, en los diálogos de Luciano, se sirve de esta técnica verbal para desprestigiar a los seres humanos y reducirlos a la nada dentro de un ambiente donde predominan la risa y la burla [27]. Pedro hace lo mismo, pues su intención es confrontar diversas tendencias de manera divertida. Por lo menos Pedro destaca el aspecto cómico de su charla cuando sus amigos le preguntan que qué hacía el Bajá mientras él discurría. Su defensa se transforma así en ofensiva.

El debate es causado por la hidropesía del Bajá. Pedro le aconseja que se haga una lavativa. Los médicos de cabecera se oponen. Pedro empieza la narración del caso explicándoles a sus amigos el régimen que los judíos le aconsejan al Bajá que siga «para ganarle la boca y tenerle contento» (p. 208). El protomédico inicia la querella al sacar a relucir las deficiencias médicas de Pedro. Este resume cuidadosamente los elementos de discordia que le van a servir de punto de arranque para su defensa. La disputa se divide en tres momentos. En el primero, el nuevo médico contesta a la aserción del judío, según la que Pedro es muy joven para practicar medicina; en el segundo, responde a la opinión que, por no ser de Turquía, no puede ser buen médico de los turcos; en el tercero, defiende su honra, afirmando que, aunque esclavo, es hombre honesto. Procede lógicamente y punto por punto oponiendo sus argumentos a los del médico de cabecera. Al hablar de la sabiduría de los judíos, declara: «La medicina que éstos señores saben es poco o nada...» Los ataca, los degrada, negándoles conocimientos válidos. Consigue abusarlos también a través de la exageración verbal: «verdaderamente en pocos años matarán más que todo el exército del Turco...». De la burla obtenida mediante la exageración verbal y la aserción obstinada de su ignorancia, brota la risa, elemento básico en la elaboración de las satisfacciones.

Pedro propone a sus oyentes una parábola hecha con elementos familiares y hasta caseros: «... y yo procuré que se hallasen allí todos los turcos principales de mi parte, y venidos, comencé con muchas sofísticas razones a dar los inconvenientes de ello, diziendo que él estaba lleno de viento y que aquel xarabe hera frío y se convertiría en puro viento, y el dar de la leche hera gran maldad, porque, tomando el exemplo acá fuera, quando poca leche cueze en un caldero se alza de tal modo que no cabe, y lo mesmo hazía tocado del calor del estómago...» [28]. (p. 209)

La parábola satisface al Bajá y Pedro se lleva la palma de la contienda desde un principio. Pues explica que «satisfízole mucho el exemplo de la leche al Baxa, y a los demás que estaban allí, y dixeron que yo tenía razón».

[26] El abuso y la profanación forman parte de un ambiente esencialmente «carnavalesco». Remitirse al ensayo «The Language of the Marketplace in Rabelais», en *Rabelais and His World*, de MIKHAÏL BAKHTIN, pp. 145-95.
[27] Sobre la relación Menipo-Pedro, ver el capítulo sobre los personajes, en este libro.
[28] Nótese la creación de un contexto sugestivamente bíblico. Pedro lo emplea para persuadir de su buena fe. Llama su modo de argüir sofística y los ejemplos de los que se sirve para convencer de su buen juicio, parábolas.

Pero no termina la confrontación aquí. Pedro se aprovecha de su victoria para ensanchar el campo de la ofensiva: «Cuando vi la mía sobre el ito pedí de merçed me oyesen las satisfaciones que a çiertas cosas que de mí deçían quería dar.» (pp. 209-10)

Ahora bien, no puede haber burla sin la complicidad del auditorio. Para ganarse el favor de los turcos presentes Pedro resuelve presentar su discurso en turco: «... y yo ya comenzaba a hablar turquesco sin intérprete...» Por el idioma establece cierta complicidad entre él y su auditorio y crea un ambiente cómico fundado no solamente sobre la burla contra los judíos, sino también en la risa que provocan las equivocaciones lingüísticas de un orador que no domina todavía el idioma de sus jueces. Pedro crea un espectáculo. Este factor es importante dentro del ambiente de farsa que Pedro quiere promover, si advertimos lo que Pedro indica a sus amigos sobre el tema.

Pues no deja de notar que los cristianos proporcionaban las diversiones del Bajá. Así, en la parte sobre las costumbres de los turcos, observa: «Dixéronle [al Bajá] un día que por qué no usaba truhanes como otros señores, y él preguntó de qué servían. Dixéronle para alegrarle y darle plazer. Dize: pues para eso traedme un moro o christiano que comienze a hablar la lengua nuestra, que aquel es más para reír que todos los truhanes de la tierra» (p. 480). Pedro pone entonces el caso en evidencia declarando dos de sus muy graciosas equivocaciones (pp. 480-1) [29]. Para el auditorio esta demostración oratoria es fuente de entretenimiento [30]. Así,

[29] «... tenían [los Turcos] más quentos entre sí que conmigo habían pasado, que nunca los acababan de reír; entre los quales os quiero contar dos: Curaba un día una señora muy hermosa y rica, y estaban con ella muchas otras que la habían ido a visitar, y estaba mejor... Preguntóme qué çenaría. Yo, de puro agudo, pensando saver la lengua, no quise esperar que el intérprete hablase por mí, y digo: Ya, señora, vuestra merced está buena, y comerá esta noche unas lechugas cozidas y echarles ha encima un poco de azeite y vinagre, y sobre todo esto *pirpara zaquier.*

MATA: ¿Qué es *zequier?*
PEDRO: El azúcar se llama *gequier,* y el açeso que el hombre tiene a la muger, *zequier...* Las damas, muertas de risa, nunca hazían sino preguntarme: ¿he qué quiere dezir ¿qué? ...» (p. 480)

El arte del cuentista es evidente aquí. Pedro hace del acontecimiento un espectáculo teatral. Recrea el escenario con cuidado para que el impacto que produce el error pueda captarse vívidamente. La otra anécdota sigue así: «Iba otro día con aquel zirujano viejo mi compañero y entré a curar un turco de una llaga que tenía en la pierna; y teniéndole descubierta la llaga, díxome, porque no sabía la lengua, que le dixese que había neçesidad [el cirujano] de una aguja para coser una venda. Yo le dixe: *Inchir yerec* (el higo se llama *inchir* y la aguja *icne*). Yo quise decir *icne* y dixe *inchir*; el pobre del turco levantóse y fue con su llaga descubierta medio arrastrando por la calle abajo a buscar sus higos, y diómelos. Yo comencé de comer, y como vio la prisa que me daba, dixo: ¿Pues para eso te los trayo? ... al cabo, ya que lo entendió, quedó el más confuso que podía ser, no sabiendo si se enojar o reír de la burla, hasta que pasó un judío y le hizo que me preguntase a qué propósito le había hecho y por los higos estando coxo, que si algo quería podía pedirle dineros. Yo negué que nunca tal había dicho, hasta que me preguntaron cómo se llama la aguja en su lengua, y dixe que *inchir* (higos); y entonçes se reyeron mucho y me tubieron por borrico...» (p. 481)

[30] JOHAN HUIZINGA, en *Homo Ludens* (London: Hunt, Harnard and Cº, 1949), proclama el valor espectacular de la representación retórica. Lo mismo pretende

por lo menos, parece entenderlo el Bajá. Pues se ríe. Los judíos, mientras tanto, buscan apaciguar la vehemencia verbal de Pedro. Aquí, desde luego, desempeñan un papel poco alagador al convertirse, según Pedro, en títeres que hacen muecas ridículas para que Pedro no siga insultándoles: «El Baxá de reír y ellos callar, y hacerme del ojo que callase, y yo no quería mirar allá por no los ver guiñar.» (p. 210)

Se puede decir, pues, que hablar en turquesco promueve el carácter jocoso de la plática y sugiere la base sobre la que la denigración de los judíos se hace posible. El buen juicio del orador queda atestiguado por la participación directa del cocinero del Bajá, hombre culto, quien favorece abiertamente a Pedro: «Y para probar esto tenía allí un cozinero mayor del Baxá, alemán muy gentil, latino y muy leído, e hízeselo leer en mi rimero de libros que allí tenía aposta yo traídos, y otro de junto a Veneçia, que siendo theólogo renegó, también se halló presente.» (p. 210)

Pedro consigue injerir al Bajá en su discurso al hacerlo partícipe de su defensa. Pues al mismo tiempo que ataca a los judíos, los abusa haciendo del amo el instrumento de la denigración: «... y si fuese que Vuestra Exçelencia, para vengarme de mis enemigos los españoles, yo los embiaría allá, porque verdaderamente en pocos años matarán más que todo el ejército del Turco...» (p. 210)

Obsérvese cómo, mediante el uso del pronombre en primera persona, Pedro inserta al Bajá en su oratoria argumentativa. En efecto, dentro de una misma cláusula cambia de registro discursivo; pasa de la segunda persona —Vuestra Exçelencia— al yo aparente en el «vengarme», «yo los embiaría allá», «mis enemigos los españoles», «si fuese». De esta forma, concreta la declaración y la personaliza al poner en boca del Bajá sus propias palabras de odio y rebajamiento. El Bajá participa de la demostración desde la perspectiva de una primera persona.

Se halla otro ejemplo de cómo procede Pedro para convertir al Bajá en cómplice de su raciocinio en la segunda satisfacción. Aquí el orador se sirve de una parábola al alcance del Bajá para mayor claridad y efecto. Pedro reproduce sus palabras en estilo directo. Registra cómo entrometió al Bajá en el desenvolvimiento de sus discursos. Su parábola, por otra parte muy sencilla, se construye a base de preguntas que atañen al dominio del Bajá: «Si Vuestra Exçelencia parte en amanesçiendo en una barquilla (que estábamos en la ribera del mar) para ir de aquí allí, señalando un trecho, y no lleva sino dos remos y desde a dos o tres horas parto yo en un bergantín bien armado con muchos remos, ¿qual llegará primero? Respondió: Tú. Preguntéle el porqué. Dize: Porque llevas mejor varco. Digo: ¿Pues vuestra exçlecencia no partió primero tres horas? No haze, dixo, eso al caso. Pues tampoco les haze, dixe, al caso, a estos judíos haber nasçido tantos años antes que yo, porque van caballeros en asnos, que son sus entendimientos, y yo corriendo a caballo en el mío...» (p. 211). Nótense las indi-

Platón en el diálogo «Hipias menor», en el que Eudico le propone a Sócrates una discusión filosófica sobre el valor de la *Odisea* vs. la *Ilíada* con el sofista Hipias. Hipias acepta la oferta después de haber recordado el papel que desempeña la representación retórica en los juegos olímpicos. Cfr. 364b en *Obras completas* (Madrid: Aguilar, 1979).

caciones guiónicas que añade a la narración del suceso para crear la impresión de realidad y vida. Hace de la reproducción un suceso teatral al insistir en la vertiente espectacular de lo que relata.

En la tercera satisfacción Pedro declara su honradez y nobleza, tomando siempre al Bajá como testigo de su palabra. Esta satisfacción se presenta directamente, sin palabras introductoras ni verbos *dicendi*. La demostración oratoria se cierra con la manifestación de su integridad moral.

La reconstitución misma de la satisfacción se hace mediante la expresión relativa, «quanto a...», fórmula apologética: «Quanto a lo que dezían que hera esclavo y no guardaría fidelidad, yo hera cristiano y guardaría mejor fe que ellos su lei.» Todas las satisfacciones empiezan con frases subordinadas y están simétricamente construidas.

La fuerza argumentativa de Pedro estriba en el valor moral que atribuye a la última satisfacción. Si bien ha confirmado su conocimiento médico, consigue destacar el aspecto ético de su personalidad al presentarse como hombre sincero. Entonces, los episodios que dedica a la medicina sirven para cerciorar a su auditorio que practica una medicina seria y asegurarnos de su cambio moral.

La cura de la sultana representa un momento cumbre en la carrera médica de Pedro. Pues al cuidarla con éxito corrobora su conocimiento auténtico frente al de los médicos del rey. Ninguna cura se lleva a cabo sin que haya riña con los médicos judíos. Ahí la sabiduría se opone a la ignorancia. En la querella sobre las enfermedades de la sultana, Pedro sugiere que es la gente culta la que le ayuda revelándole las intenciones de los judíos: «Un paje del Rustán Baxá, que se me había aficionado y era hombre de entendimiento, que había estudiado, díxome, llegándose a mí, todo lo que los médicos habían dicho.» (p. 198)

El relato de las disputas pone de manifiesto la importancia que Pedro da a la cultura, la cual se destaca mediante argumentos y ejemplos sacados de la vida personal del protagonista en las discusiones con Mata y Juan. Para Pedro, hombre de bien es el que ha estudiado. Los libros desempeñan un papel tan fundamental como la experiencia que se alcanza mediante los viajes y la convivencia con gente de distintas nacionalidades. Desde luego, Pedro no deja de subrayar que poseía buen número de libros cuando narra cómo decidió huir de Constantinopla: «Yo determiné de huirme y tomé los libros, que eran muchos y buenos, y dilos embueltos en una manta de la cama a una vezina mía...» (p. 254). El valor del estudio es inapreciable. Por eso, gracias a sus estudios, Pedro consigue la plaza de médico del Rey después de la muerte de Amón Ugli, con un sueldo superior al del antiguo protomédico (n. p. 233). Declara que se sentía «como águila entre pájaros yo entre aquellos médicos; todos me temblaban». (p. 233)

En el relato de su carrera médica Pedro retrata diversos tipos de «profesionales» de la medicina. El retrato se compone siempre dentro del marco de un diálogo-debate. Un caso gracioso es el del licenciado que quiere sanar al Bajá de hidropesía. El diálogo se convierte en una entrevista dirigida por Pedro, cuyo propósito es poner de relieve la ignorancia del nuevo médico. El episodio se desenvuelve en la risa general y el médico es burlado por desplegar ostentosamente su ignorancia. Los casos de medicina mal ejecutada se resuelven siempre en una carcajada. Pedro concluye el cuento diciendo: «Ayudáronme de mala los protomédicos que allí estaban, y tubimos que reír unos días del señor liçençiado con sus liçençiaditos.» (p. 224)

Las riñas no se cuentan sin señalar que Dios ayuda a Pedro para que triunfe su verdad. En el relato de las satisfacciones confiesa: «Y cierto milagrosamente me socorría Dios con vocablos, porque ninguno ignoraba» (p. 209). En la disputa sobre las yerbas medicinales de Constantinopla, Pedro afirma, una vez más, «que Dios nunca me faltaba». (p. 216)

La narración confirma la astucia de Pedro en su modo de medrar. Pues no cabe duda de que estas querellas radican en guerras de influencia. Pedro interpone su poder mediante su sabiduría y buenos servicios, gracias a los cuales el Bajá le quita los guardianes.

Pedro da a la palabra «servir» un significado muy distinto del que le daba el hidalgo del *Lazarillo*. Para Pedro, servir significa cumplir con su responsabilidad de hombre honrado y obedecer al que le hace bien. No maldice a nadie, sino que elogia a los que sirven al Bajá: «¿Sabéis las parlerías que yo a mi amo dezía? Que no hubo hombre de bien en la casa a quien no hiziese subir el salario que en muchos años no había podido alcançar y le pusiese en privança con el Baxá... unas vezes le dezía: Muchas casas, señor, he visto de reyes y prínçipes, más tan bien ordenada como ésta ninguna, por la gran soliçitud que el mayordomo mayor trae, del qual todo el mundo dize mill bienes...» (p. 245). Pues los ataques contra los demás son siempre de índole profesional y se hacen abiertamente en forma de disputa.

Mientras Pedro pone de manifiesto el valor de la cultura, destruye la opinión común del buen criado. Gracias a unas modalidades inusitadas, Pedro es nombrado camarero, «lo qual», declara, «acepté con grande aplauso de toda la casa» (p. 218). Su lema es obedecer a Dios, y al ser acusado de querer matar a Sinán Bajá, le replica: «Señor, quando yo voy camino drecho, a sólo Dios temo y a otro no; mas quando voy torçiendo, una gallina pienso que me tiene que degollar, aunque esté atada. Y a los judíos, dixe también: Sabed que la mejor cosa de la fortuna es seguir la victoria.» (p. 235)

Los episodios consagrados a la cura de la hija del sultán poseen su interés en relación con el cristianismo de Pedro. La elección tiene un sabor bíblico. Pues se presenta una vez más como una prueba divina que Pedro tiene que sobrepasar: «Beato tú si sales con esta empresa, que creo que te llaman para la sultana...» (p. 195), le dice su amo. El suceso se desarrolla en una serie de incidentes que subrayan la integridad del protagonista. Manifiesta cuan difícil de trepar es el camino de la virtud. Primero, un personaje, que finge ser espía de Carlos V, le pide que mate a la sultana. Pedro le contesta con vigor: «No se sirve el Emperador de tan grandes traidores y bellacos, como él debía de ser, y que se me fuese luego... y no era yo hombre que por veinte libertades ni otros tantos Emperadores había de hazer cosa que ofendiese a Dios ni al Próximo» (p. 200). Rustán Baxá es quien lo tenta la segunda vez al pedirle veneno para deshacerse de una esclava de la sultana. Una vez más, Pedro se libra de las instigaciones ajenas con éxito. Sus amigos observan el carácter premonitorio del suceso y Pedro lo pone bajo la señal de Dios (p. 201). En todos los momentos de su relato, la fe es la heroína verdadera del *Viaje*. Cuando Pedro piensa haberla perdido, se manifiesta nuevamente. El héroe no se siente nunca abandonado de Dios.

En conclusión, los episodios sobre la carrera médica de Pedro sirven para confirmar, mediante un ejemplo vivo, en qué consiste el buen criado y cristiano perfecto. Acentúan el papel primordial que desempeña la formación intelectual en la carrera del hombre y ponen de relieve el hecho de que un buen médico no puede dejar de estudiar. No hay mayor autoridad en el mundo, sino la honestidad y la derechura moral. La transformación profesional del héroe culmina en la obtención de un doctorado en medicina. Pedro concluye la narración de su ascenso con estas palabras: «... me hizieron los doctores todos de la facultad [de medicina de Bolonia] mill merçedes, por interçesion de unos colegiales amigos míos; y como yo les hize una plática de suplicaciones, no les dexé de parescer tan bien, que perdonándome algunos derechos, me dieron con mucha honrra el doctorado, con el qual estos pocos días que tengo de vibir pienso servir a Dios lo mejor que pudiere...»[31]. (p. 369)

Estos episodios pueden encerrarse en el cuadro de la formación del cristiano nuevo. Este es un profesional culto, con estudios serios, curioso, honrado y dadivoso. En este sentido, el *Viaje* pertenece a esa índole de literatura que Castiglione promulgó con su *Cortegiano*. Pedro intenta contestar a unas preguntas que plantean el problema de la nobleza verdadera. Las respuestas se concretan de una manera definitiva en el episodio de las conversiones que Pedro narra con ahínco.

Cuando está en la cumbre de su fortuna, Pedro recibe la visita de Satanás. El episodio tiene su paralelo bíblico y corresponde a las tentaciones que Cristo padece en el desierto[32]. En la edición de García Salinero se dedican unas trece páginas a este acontecimiento, uno de los más importantes en la vida de Pedro como hombre cristiano. Dios desea probar en su escogido la fuerza de su fe. Pedro relata el caso cronológicamente. Explica cómo fue tentado, y en qué circunstancias y cómo respondió. Dios, nos dice, «... jamás faltó en tales momentos si por nosotros no quiebra, particularmente probeyó todo lo que había de responder, fortificándome para que no me derribasen, y díxele que suplicaba a su excelencia no me mandase tal cosa ni me hablase sobrello, porque yo era christiano... y tal había de morir» (p. 174). Mientras que el primer intento se narra sucintamente, el segundo favorece una larga e intrincada relación que abarca una vez más la crueldad del turco. Esta se simboliza por la venida a menos del héroe que reintegra el rango de los esclavos. Pedro repasa detalladamente las tribulaciones que padece durante su nuevo encarcelamiento. Se niega a vestirse de esclavo y se transforma en una figura deificada que

---

[31] Remitirse a la nota 99, p. 368, de la edición de García Salinero.
[32] El incidente puede también relacionarse con las aventuras que sufre Tobías en el Libro de Tobit a lo largo de su viaje, en casa de su prometida y luego de la pérdida de la vista de su padre. Por la fe todo vuelve en su sitio. Rafael les señala el camino de la virtud. VV (6-10).

simboliza su fuerza de voluntad. El episodio de la segunda tentación se construye sobre una oposición de orden ético y religioso. El Bajá se sirve de los renegados españoles para convencer a Pedro de que se convierta. Estos dos hombres apoyan su raciocinio sobre la esencialidad de la vida material. Para ellos, la vida terrenal es mejor que la muerte. En definitiva, ensalzan la hipocresía: «Di de sí, aunque guardes en tu corazón lo que quisieres, que nosotros, aunque nos ves en este hábito, tan christianos somos como tú» (p. 178). Sin embargo, Pedro les afirma que el cristiano que no sabe sufrir por y en la fe no es cristiano. Pues para el cristiano todo acto humano queda determinado por su fe y esperanza en la salvación después de la muerte. Por eso, Pedro reniega de su postura y contesta con las palabras de Cristo a sus feligreses: «Qui me negaverit coram hominibus, negabo illum coram patre meo, qui in celis est.» El mártir obedece firmemente las palabras del Evangelio (p. 178). Se siente inspirado por el Espíritu Santo [33].

El relato ofrece una acumulación de descripciones que destacan la desdicha y fuerza moral del protagonista. El episodio de los trabajos que pasa se inscribe bajo el signo del final del mundo cuando los diablos invaden la tierra (p. 181). Tanto la precisión del detalle sugestivo como el uso de las comparaciones le sirven para crear un ambiente totalmente vivo, de tal forma que el oyente y el lector puedan visualizar las circunstancias escabrosas de su vivencia.

Radicales también en la definición de su espiritualidad son las descripciones de sus estados de alma, que traducen, mejor que nada, sus padecimientos físico y moral, y su humanidad: «Una y dos vezes, a la mi fe, ya tropezé; ... yendo tan fatigado que no podía atener con los otros, ni vía, porque el grande sudor de la cabeza me caía en los ojos y me zegaba, y los palos iban espesos, alzé los ojos un poco y dixe con un sospiro bien acompañado de lágrimas: ¡Perezca el día en que nascí!» (p. 183). Pedro pinta el incidente minuciosamente, fijando en la escritura tanto lo físico como lo psicológico. La narración alcanza un nivel dramático tan elevado que el oyente espera con impaciencia, boquiabierto el desenlace. El suspenso que Pedro crea con maravillosa maestría se quiebra súbitamente y la tensión emocional se alivia cuando introduce el recurso constante del *Viaje:* la risa que aquí se logra a través de la burla a los judíos. El judío, que se compadece de su pena, es castigado brutalmente por el guardián. Los palos que le dan incitan a la risa. Mata reacciona favorablemente: «En verdad que he pensado rebentar por las ijadas de risa...» (p. 184)

Su estilo narrativo consiste en crear una tensión psicológica que sobrecoja a los oyentes y los haga participar totalmente en la narración. Por eso, antes de presentar el segundo tropiezo, Pedro inmiscuye a sus amigos en el proceso narrativo: «Imaginad el trabaxo para las manos que el pan blando no podían tomar» (p. 187). Acumulación de elementos físicos y de reacciones psicológicas forman el núcleo de su sistema estilístico. Así es cómo

---

[33] Pedro algo tiene que ver con el discípulo de Cristo a quien anunció: «Mas yo también te digo, que eres Pedro, y sobre esta piedra edificaré mi iglesia; y las puertas del infierno no prevalecerán contra ella. Y á ti daré las llaves del reino de los cielos...» San Mateo, XVI, 18-19.

explica la intervención de uno de los muchos que lo miran trabajar: «Todavía uno vino este mismo día..., creo que debía de ser muy privado del rey... Díxome: "Di, christiano, aquella philosophía de Aristótil y Platón, y la mediçina del Galeno, y la eloquençia de Cicerón y Demósthenes, ¿qué te han aprobechado? No le pude..."» [34] (pp. 187-8). Pedro vence las distintas pruebas que se le impone. Desde luego, el personaje es tan noble que resplandece su figura y sugiere comentarios de tal índole: «Este algún rey o gran señor debe de ser en su tierra; otros: Hijo o pariente de Andrea Doria» [35] (p. 183). Pedro es el perfecto caballero cristiano, cuya nobleza es la del alma [36].

La última prueba significativa que Dios le impone se trata de la inacabable peregrinación para salir del infierno. Naufragios, hambre, miseria y desconfianza lo persiguen con ahínco. El relato de la fuga se extiende sobre unas setenta páginas dedicadas a las tribulaciones que padece Pedro por el monte Athos y el mar Egeo con su compañero de viaje, el viejo cirujano catalán. Pedro hilvana los acontecimientos de su vida peregrina de tal forma que el oyente tiene la impresión de que la astucia y audacia de Pedro son indispensables a su salvación. Pues Pedro ha sido escogido entre muchos para desempeñar el papel del apóstol [37].

El relato de su peregrinación se divide en tres momentos narrativos. Pedro dedica el primero a la preparación de su huida de Constantinopla. El segundo consiste en el viaje por el monte santo en busca de una barca que lo conduzca hacia el Quío. El tercero se trata de la llegada a Quío y del viaje hacia Sicilia. Gran parte de la peregrinación se hace por mar.

En el primer momento se dibujan los rasgos particulares de la personalidad del protagonista. Es prudente, astuto, honesto y buen cristiano. Su prudencia se transparenta en su explicación de cómo, al morir Sinán Bajá, intenta recuperar la carta de libertad que se le había otorgado. No obstante, al aprender que la ley turca está escrita de tal forma que el turco puede desdecirse de su palabra, Pedro opta por huir. La astucia se destaca en su decisión de amistarse con un anciano que le ayude en momentos difíciles. Pedro se acuerda de las lecciones pasadas y se sirve de la expe-

---

[34] En el *Libro de vidas y dichos graciosos,* de ERASMO, trad. por Juan de Jarava (Amberes, 1549), leemos en el apartado dedicado a Dionisio el Mancebo: «Después que Dionisio fue echado del reyno, a uno que le preguntava, qué te aprovechó Platón y la philosophía? Le respondió: Mostróme a que yo suffra alegremente una tan gran mudança de la fortuna y cierto no se mató ni desesperó (lo qual suelen haber otros) mas puso una escuela en Corinto.» (fol. 195 [3])

En el apartado sobre Aristippo se escribe: «Un orador defendió a Aristippo siendo acusado en el juyzio, y ganó el pleyto; y éste como anteponiendo su arte a la philosophia, dixesse, O Aristippo, qué te aprovechó Sócrates? al qual respondió. Aprovechéme esto mesmo, que la oración que hiziste y dixiste por mí, fue verdadera...» (fol. 100 [19])

[35] Para este episodio no podemos dejar de evocar el Evangelio, donde está escrito que Cristo «... estuvo allí en el desierto cuarenta días, y era tentado por Satanás, y estaba con las fieras; y los ángeles le servían...». (San Marcos, I, 13)

[36] Sobre la doctrina del *Homo novus,* remitirse al artículo ya citado de R. W. TRUMAN.

[37] Cfr. *Hechos,* IX, 4-9.

riencia ajena sabiamente. Expone una sabiduría que consiste en saber salir siempre adelante.

En su comentario, el autobiógrafo distingue entre la experiencia libresca, que tiene algún fundamento con la realidad, y la que es ficción y mentira. No acepta, por tanto, que se le compare con Ulises por ser éste un ente de ficción cuyas aventuras fueron descritas por un ciego. Rechaza toda conexión con lo irreal y de una manera indirecta plantea el problema de la distinción entre ficción y verdad, historia y novela. Lo suyo, insiste, es real y autobiográfico. Pues ha vivido y visto todo lo que cuenta. El autor destaca implícitamente, a través de la preocupación de su protagonista, los modos de marcar los límites entre lo real y lo ficticio, lo creíble y lo increíble, lo verosímil e inverosímil. Pedro defiende lo verosímil de su relato contra la inverosimilitud del relato de Homero, quien no pudo ver ni vivir lo que contó por ser ciego y estar fuera de los límites temporales del acontecimiento narrado: «¿Ulises o qué? Podéis creer como creéis en Dios, que yo acabaré de contar el quento, que no paso de diez partes una, porque lo de aquel dízelo Homero, que hera çiego y no lo vio, y también era poeta; mas yo vi todo lo que pasé y vosotros lo oiréis de quien lo vio y pasó» (p. 253). Se trata, pues, de preparar al auditorio y al lector, proponiendo el punto de vista indiscutible del historiador. Pedro no es poeta.

El regreso a tierra cristiana consiste en un ascenso hacia Dios después de la salida del infierno. Tal como Menipo, quien tuvo que disfrazarse para bajar al Hades, Pedro necesita guía y disfraz. El guía del *Viaje* tiene tanta experiencia como el del diálogo de Luciano y el disfraz desempeña aquí también un papel de primer orden. Gracias a él, ambos héroes pasan inadvertidos. El guía de Pedro los viste a él y al compañero de frailes griegos. Pedro comprueba involuntariamente la salvedad del traje viajando con los jenízaros.

Una vez más, el relato se envuelve en una armazón cristiana, y el viaje de Pedro se convierte en una prueba más que Dios le impone antes de devolverlo a la tierra [38]. Pedro destaca su papel de elejido, papel que Juan confirma comparándolo con el apóstol de Cristo: «Por vos se puede deçir: *Beatus es, Simon Barjona, quia caro nec sanguis non revelavit tibi; sed Pater Meus qui in celis est*» (p. 260). La aventura de Pedro se reviste de una trascendencia religiosa fundamental que corrobora la oración que reza Pedro en el camino: «Tú, señor, que guiaste los tres reyes de Lebante en Velem y libraste a Santa Susana del falso testimonio, y a Sant Pedro de las prisiones, y a los tres muchachos del horno de fuego ardiendo, ten por bien llevarme en este viaje en salvamento *ad laudem et gloriam omnipotentis nominis tui*...» (p. 265). La comunicación entre Dios y Pedro la atestan sus palabras: «Con el coraçón abierto y las entrañas, daba un arcabuzazo en el çielo que me paresçía que penetraba hasta donde Dios estaba...» (p. 265)

---

[38] MATA: ¿Y no os vais adonde sirváis a Dios de tal manera que venialmente no le ofendáis, habiendo resçibido tan particulares merçedes?
PEDRO: Plegue a él que conforma al deseo que yo de servirle tengo me ayude, para que lo haga». (p. 296)

La separación de los jenízaros marca el final del primer viaje por tierra y el comienzo de las tribulaciones por mar para alcanzar el monte Athos, desde donde espera embarcarse para Italia (p. 268). La estructura de esta parte se asemeja a la de las crónicas y relatos de viajes. Pedro dedica largos pasajes a la narración exclusiva de las vicisitudes por las que pasa antes de llegar a buen puerto. Cuenta detenidamente las dificultades del camino, describiendo las reacciones y ademanes de los que le hablan.

Pedro combina con soltura el estilo directo con el indirecto, según la importancia que le quiera dar a lo que cuenta. Para las conversaciones que tuvo con los jenízaros, por ejemplo, emplea el estilo indirecto para marcar su preocupación y expresar sus sentimientos. El estilo directo acentúa el suspenso propio de la plática. Por él se descubre a quién buscan los turcos [39]. El estilo directo reproduce las preguntas angustiadas del espía, asustado con la decisión que Pedro toma de viajar con los soldados turcos. Pedro describe sus sentimientos en estilo indirecto: «Consoléle diciendo no ser inconveniente, aunque no supiese la lengua; pero que lo que cumplía era que no hablase» (p. 260). Pone el énfasis en el temor para que se destaque claramente la lógica de su propio pensamiento. Lo demás de la conversación va entreverado indiferentemente de un estilo y otro.

El gusto por el detalle se evidencia en la precisión y minucia con que recalca ciertos momentos de su viaje. Su aspecto exterior se describe mediante una acotación comparativa por la que el oyente imagina cómo era Pedro en el momento de su salida de Constantinopla: «¿Veis esta barba?, pues tan blanca me la puso una griega como es agora negra...» (p. 259). Lo mismo hace cuando quiere explicar las circunstancias en las que el anciano que viaja con él lo puso en peligro. Aquí la distancia temporal se reduce mediante una comparación con el presente. La experiencia vivida por Pedro puede ser captada fácilmente a través de la experiencia inmediata del que lo escucha: «No con menos frío que agora haze...» (p. 263). La zozobra del agonista se pinta envolviendo directamente al interlocutor en la narración. Pedro llama la atención en la importancia del asunto: «Contemplad agora y echad sesos a montones...» Los oyentes experimentan el ansia del protagonista en su carne: «Qué sintiera un hombre que venía huyendo y estaba entre sus enemigos durmiendo y por sólo hablar español había de ser conoscido» (p. 263). Este procedimiento estilístico se emplea en momentos claves de la narración, siempre que Pedro desea que le atiendan sus oyentes: «Considerad lo que podía el pobre Pedro de Urdemalas sentir» (p. 302), les declara a los amigos cuando los turcos detienen el barco que lo lleva a Sicilia.

El viaje por el monte santo se elabora con el mismo gusto por la descripción del ambiente, los sentimientos y circunstancias que vive el héroe. Nos introduce sutilmente en el mundo de sus aventuras a través de la fi-

---

[39] PEDRO: ¿Y vosotros a dónde vais? Respondió el uno: En busca de un perro de christiano que se ha huido a la Sultana, el mayor bellaco traidor que jamás hubo... Digo: ¿Y dónde era? que del viejo no se hacía caso que se fuera o que estubiera. Dice: De allá de las Españas. Tornéle a preguntar: ¿Qué hombre era? Comenzóme á dezir todas las señales mías». (p. 259)

gura diabólica del «sastrecillo medio remendón», la cual vincula los diferentes momentos narrativos creando unidad y dirección.

Pedro pone el énfasis sobre lo concreto. Habla del precio de la travesía, las actitudes de los que le sirven, sus respectivos pensamientos. Pone el acento sobre la deshonestidad de los marineros. El sastre busca aprovecharse de él, y los cristianos son unos delatores. Indica, de paso, la división que existe entre los cristianos (pp. 269-70).

Durante todo el relato, Pedro subraya las complicaciones del camino. El paseo por los monasterios hace resaltar la falta de caridad de los monjes griegos y pone de relieve sus costumbres en materia de religión y organización social. Pedro los retrata trabajadores e independientes del resto de la población. Cabe notar, entre tanto, que nuestro héroe identifica la falta de caridad con la carencia de cultura. En el segundo monasterio donde para, Pedro pide auxilio a un fraile «letrado, para comunicar con él, y contentándole, que se me aficionase y rogase por mí» (p. 281). Este detalle suscita una diatriba contra el analfabetismo de la orden frailesca, aspecto al que se da énfasis en las discusiones sobre los teólogos.

Al mismo tiempo, la resistencia del prior enfoca el periplo sobre la vida humilde y sana de los frailes del monte santo. El relato de Pedro se adorna de largos pasajes costumbristas que se dedican a explicar el modo de vivir de otros cristianos. Las exposiciones de Pedro van respaldadas por detalles vividos directamente por él, borrando así la distancia que existe entre crónica y novela. En su comentario sobre la organización del trabajo en el monte santo, Pedro inserta anécdotas que describen el modo de ser de los frailes: «Y preguntábanme. Po paí ¿iagiosini su pater agiotate? Sanctísimo padre ¿dónde va vuestra santidad? Yo muerto de hambre y con mis alforjaças acuestas respondía entre dientes: ¡La puta que os parió con vuestras sanctidades.» (p. 287)

En todos los momentos de la narración Pedro se impone como figura central. Todo el relato del primer día gira en torno a su experiencia. Todo queda supeditado a su persona. Por eso, la relación de la vida del monte santo se hace en función de lo que Pedro ha visto personalmente.

El relato verídico del periplo por el monte santo, donde Pedro aprende a tener paciencia y a integrarse al modo de vida de sus habitantes, tiene también su momento de suspenso con la llegada de unos turcos a Sant Gerónimo. Una vez más, Pedro logra huir del peligro gracias a Dios, quien se transforma en el protagonista verdadero de la aventura. La voluntad divina domina y Pedro sigue subrayando su función de escogido. Puntualiza también la importancia de los viajes, gracias a los que adquiere una sabiduría práctica.

En esta parte de la narración Pedro demuestra —hecho irónico, puesto que esto podría tomarse como una indicación de que el autor no ha estado nunca en los sitios de los que habla, pero que ha aprendido sobre ellos mediante la lectura— que no importa tanto lo que se ve, sino como se sabe pretender gracias al conocimiento adquirido y acumulado a través de la experiencia: «Andad vos como yo por el mundo y sabréislo. Dábale a todo respuestas comunes; a lo que me preguntó cuyo hijo era, dixe que de Verni, que es nombre que muchos le tienen... y otras cosas ansí; ¿parésçeos que me podía eximir? y aun os prometo que quedó bien satisfecho.» (p. 292)

El relato de Pedro se fija mucho en la personalidad y carácter del ser humano. Pues no deja de comunicarnos los momentos más complejos de sus relaciones con los demás, proponiéndonos momentos de crisis en forma de diálogo para explicitar su victoria. Por eso, el diálogo domina en la narración de su vida. Pedro da mucho énfasis a los debates que presenta como ejercicios de oratoria a través de los que aprende a captar la psicología no tanto de sus opositores, a quien acaba siempre burlando, como de su público, ya que gracias a él vence [40]. Por tanto, mientras que las descripciones crean el ambiente, los diálogos que inserta en la narración propiamente dicha nos permiten captar los pensamientos del protagonista. Los naufragios por el mar Egeo presentan varios casos de diálogo que subrayan la debilidad e ignorancia del ser humano, cualidades que se adornan a menudo con un gusto malsano por la superstición y la mentira [41].

Los relatos de los naufragios se elaboran a partir de los elementos narrativos siguientes: Pedro encuentra a un capitán o marinero que está listo para zarpar. Entre ambos se entabla un diálogo que Pedro reproduce para explicar en qué consisten sus negociaciones. El marinero ofrece casi siempre alguna resistencia al ver que los viajeros son frailes, por ser símbolos de mal agüero —indicio sutil que subraya la superstición de los cristianos—. Intenta persuadirlos y se ve forzado a revelar su verdadera identidad. Narra un viaje por mar que acaba por un naufragio debido a la irresponsabilidad de los marineros. A ésta opone su valentía y prudencia [42].

El relato del primer naufragio empieza con una reconstitución en estilo indirecto del encuentro con el marinero y la conversación que con él tuvo el héroe. El narrador señala las circunstancias del encuentro, subraya su impaciencia por hacerse a la mar. El marinero no opone ninguna dificultad a llevarlo en su barco.

Una vez que ha terminado de exponer los detalles prácticos del viaje, el protagonista empieza a narrar el suceso. El estilo cambia. El narrador nos transporta en el reino de la aventura: «Comenzamos de alzar vela y navegar, y era quasi noche y diezyseis de Hebrero.» Pedro encierra el suceso en un marco temporal específico. Su relato tiene así algo del diario del marinero que sigue paso a paso el progreso del periplo [43]. Desde el punto de vista narrativo, la ruptura completa con la narración del negocio y la sú-

---

[40] El tema del bufón se explota a fondo en el libro de *Estebanillo González, hombre de buen humor,* autobiografía del siglo XVI. Referirse al ensayo de FRANCO MEREGALLI, «La existencia de Estebanillo González», en *Revista literaria* (1979), pp. 56-67, y al de R. BJORNSON, «*Estebanillo González:* The Clown's Other Face», en *Hispania* (1977), pp. 436-42.

[41] Gran parte de la aventura médica de Pedro se consagra a los curanderos del Bajá, en cuyas virtudes cree éste totalmente. La influencia negativa de las supersticiones se revela en los episodios de los naufragios en los que Pedro indica que los marineros no lo querían en sus barcos por ser fraile, sinónimo, en sus mentes, de diablo.

[42] Estos relatos podrían muy bien tomarse por una parodia de los relatos de naufragios de la literatura de aventuras en que el héroe abandona su suerte a la providencia. No vemos nunca a Pedro abandonarse a los cambios de la fortuna. Está siempre listo para cualquier oportunidad.

bita entrada en materia añaden tensión al relato, lo cual pone la atención del lector y oyentes en alerta.

Tan pronto como se ha sellado el acontecimiento en un marco geográfico y temporal preciso, las emociones del narrador, los sentimientos de los marineros y los resultados de la tormenta se cuajan en un solo momento narrativo: «Començó a abibar el viento.» El primer indicio de peligro suscita una reacción inmediata del héroe: «Dixe al patrón del nabio: Mirad, señor, que es imbierno y la noche larga, y el nabio pequeño...» En contraste se reproduce la reacción de los navegadores: «Como iban él y los frailes bebiendo y borracheando lo que habían metido, no hizieron caso ninguno de lo que yo dezía, antes se reyeron, y quasi todos beodos...» (p. 292). La descripción se lleva por dos vertientes. El narrador anuncia que el mar se alborota, elemento inhumano creador de la tensión que se derrama por todo el episodio, y propone la situación humana en el barco. El peligro acucia la voluntad heroica de Pedro. Su comportamiento cauteloso se opone a la ineptitud de los profesionales de la mar. Al amanecer, después de una noche feroz, el héroe reconoce el lugar donde se han estrellado, conocimiento que guarda para sí mientras recapitula las opiniones y especulaciones de los otros. Después anuncia: «Yo reconosçí como había estado otra vez allí, que era el Sçiatho, y díxeselo.» (p. 293)

En estilo directo reproduce los miedos y ansiedades de los marineros, quienes piden desesperadamente a Pedro que los ayude. Una vez más se convierte en héroe: «Agora, por Dios verdadero, nos ahogamos todos; señores ¿qué haremos sin vela ni nada? ... y tornaron a preguntarme a mí ¿qué haremos? Respondí con enojo: No mas pari o diávolos olus: que nos lleven todos los diablos...» (p. 293). El realismo de este trozo es evidente. Transforma una narración que pudiera ser totalmente impersonal (como en las novelas bizantinas), en un relato profundamente humano. En efecto, se injiere el elemento vital en la captación del suceso; se pintan los errores, debilidades e irritación del héroe y la desesperación de todos con emoción.

El interés del lector se mantiene mediante la creación de un ambiente tensor logrado por un movimiento narrativo en crescendo que se interrumpe súbitamente al anuncio de que se han salvado. El relato es una unidad en sí. El episodio está consignado en su integridad sin cortes de ninguna clase, especie de novelita cuyo tema central es el naufragio. La tensión que crea la narración se relaja cuando los otros interlocutores penetran en el mundo de Pedro.

Dentro del diálogo que interrumpe el hilo del relato, Pedro introduce nuevamente al personaje del sastre y se aprovecha del descanso para contestar a las preguntas que le hacen Mata y Juan insistiendo en el sufrimiento que pasó por el frío y la crueldad de los marineros. La inhumanidad de estos hombres se refleja a través de su superstición, símbolo de su ignorancia, que Pedro vierte al estilo directo: «Quando los otros despertaron dixeron: Verdaderamente éste es diablo, y no es posible ser christiano, pues tan poco themor ha tenido de Dios en hurtar lo ajeno aunque peres-

---

[43] Hallamos, en estos episodios, algo del tono de un relato como *Naufragios,* de ALVAR NÚÑEZ CABEZA DE VACA.

ciera. Dixo otro: ¿N'os acordáis quando oi en la mayor fortuna de la mar dixo que nos llebasen todos los diablos, y otras veinte cosas que le hemos visto hazer?» (p. 296)

La narración del viaje por tierra expresa el cansancio moral del protagonista, deseoso de rendirse al turco. El sastre representa la salvación. Pedro se aprovecha de él a pesar suyo. El relato de su convivencia con el sastre le sirve para ofrecer un aparte sobre las costumbres religiosas de los griegos en tiempos de fiesta. El episodio del encuentro con el sastre simboliza la esperanza recobrada del héroe. Se cuenta todo en bloque. Las dificultades se acaban cuando Pedro vence la superstición de los marineros de la isla de Lemmo, revelando su verdadera identidad.

Al querer traducir a la palabra el efecto de simultaneidad, el narrador combina la acción y la conversación en un mismo bloque narrativo, fabricando una unidad estilística que capta la exactitud de la descripción: «Y tomóles detrás de un peñasco y digo: Señores, la causa porque no queréis que vaya con vosotros es por ser fraires; pues sabed que ni lo soy ni aun querría, sino somos dos españoles que venimos desta y desta manera; y para que lo creáis arremangué el hábito y mostréle el jubón y la camisa labrada de oro, que junto con las carnes traía...» (p. 308). Se enlaza el estilo directo con la acotación demostrativa y se yuxtapone el elemento teatral o guiónico con la expresión oral para reproducir, con «realismo», la escena.

Pedro expresa sus emociones a lo largo de su relato autobiográfico. Le oímos confesar: «No puedo dezir sin lágrimas que una noche, estando muy malo... quiso Dios que entrambos se murieron en anocheciendo... yo no hazía sino de alzar de poco a poco la pierna y sonar la cadena para que viesen que no hera muerto...» (p. 157). En su encuentro con los jenízaros dice: «¿Qué os paresçe que sintiera mi coraçón?» (p. 264). Una vez en Grecia, explica el fracaso de la empresa mediante una descripción de su estado de ánimo, que se revela en la decisión que toma de abandonarlo todo: «Representándoseme dónde estaba y cómo y los trabajos pasados, no pude estar sin llorar, y de tal manera vino el ímpetu de las lágrimas a los ojos, que no las podía restañar, sino que paresçían dos fuentes...» (p. 300)

El sentimiento que se desparrama por todo humaniza su experiencia y realza el interés por los acontecimientos narrados. El padecimiento de Pedro les hace verter lágrimas a los amigos. A través del sentimiento difundido, la experiencia ajena casi se convierte en experiencia personal. Pues el lector siente lo que sufre el protagonista y vive, a través de su narrar, las aventuras mismas desde dentro del suceso emocional.

Por consiguiente, este aspecto es fundamental desde el punto de vista del novelar: el cuentista se esfuerza por insertar en su narración a los locutores al hacerlos experimentar lo más realistamente posible el mundo en el que él ha vivido. Sentir tiene aquí el mismo significado que vivir. Y, gracias a la expresión directa de sus sentimientos, Mata acepta el relato de Pedro como verídico.

Todas las aventuras relatadas en la parte del viaje de regreso se concentran en un lapso de tiempo definido: entre el momento cuando se pone el sol y la media noche; es decir, que las diferentes peripecias marítimas suceden por la noche. Pedro sale de Constantinopla a medianoche: «... antes aquella noche, a media noche, quise que nos partiésemos, haziendo esta cuenta: como yo ando libre, el primero ni el segundo día no me buscarán...» (p. 255)

Tan pronto como amanece, topa con el indicio de buen agüero: una paloma «blanca que me dio el mayor ánimo del mundo, y dixe a los compañeros: Yo espero en Dios que hemos de ir en salbamento, porque esta paloma nos lo promete» (p. 255). La paloma simboliza el Espíritu Santo, que está en y con Pedro. Pues una paloma también vio Cristo al salir de las aguas del bautismo: «Y luego, subiendo del agua, vio abrirse los cielos, y al Espíritu como paloma, que descendía sobre él»[44]. La paloma es símbolo de un nuevo día y una nueva posibilidad. Para Pedro, el hecho anuncia el advenimiento de un nuevo reino que se conseguirá a través de los muchos sufrimientos que padecerá para lograrlo[45]. Pues los verdaderos trabajos que padece el héroe empiezan con su salida de Constantinopla.

La noche simboliza la partida hacia lo desconocido, y la mañana, la llegada a buen puerto. El primer viaje hacia monte santo se inicia por la mañana, cara al día, hacia la esperanza: «... partir otro día por la mañana.» El viaje hacia Quío se efectúa al atardecer, cuando el mar empieza a alborotarse. La siguiente partida se hace a medianoche: «... díxome que me embarcase luego, porque se partirían en medianoche» (p. 301). De la isla de Lemno también sale el barco a medianoche: «Partimos a media noche, consolados con el comer y desconsolados de no haber, con el frío que hazía donde meter la cabeza que se defendiese del aire...» (p. 307). Es a medianoche cuando llegan a uno de los puertos de la isla de Quío: «A media noche fue Dios servido, con grandíssimo peligro, que llegamos en el Delfín, que es muy buen puerto de la isla del Quío, seguros de la mar, mas no de los corsarios...» (p. 309)

Desde Quío, el viaje por Italia ya no lleva ninguna indicación temporal. Pedro está ya en buenas manos y el barco que lo lleva hacia Sicilia es amigo. Lo placentero de la travesía se señala a través de una abolición del elemento tiempo, tan importante en todos los otros viajes por el peligroso mar Egeo, por donde padecieron la fortuna San Pablo y Ulises, tal como recuerdan Mata y Juan. El último naufragio lo sufre durante esta travesía. El barco, explica Pedro, «dio al trabés con la fortuna, tan terrible qual nunca en la mar han visto marineros, un Juebes Sancto, que nunca se me olvidará, en una isla de venecianos que se llama el Zante...». (pp. 327-8)

El relato de las diversas aventuras por mar tiene también su aspecto edificante, que los amigos destacan mediante preguntas de tipo cultural:

JUAN: Quasi en todas estas partes cuenta Sant Lucas que peligró Sant Pablo en su peregrinaçión.

PEDRO: ¿Y él mesmo no confiesa haber dado tres vezes al trabés y sido açotado otras tantas? Pues yo he dado quatro y sido açotado sesenta, porque sepáis la obligación en que estoy a ser bueno y servir a Dios. (p. 328)

---

[44] San Marcos, I, 10.
[45] *Ibídem*, VIII, 31.

La narración autobiográfica de Pedro ensalza la grandeza de Dios y prepara al lector para el comentario sobre los turcos, donde se oponen con empeño los valores turcos a la realidad española. La exposición que Mata y Juan hacen de la corrupción de los católicos al iniciarse el diálogo, lo corrobora la autobiografía de Pedro.

La autobiografía tiene una doble función. Asienta el cristianismo puro de Pedro y establece, sin duda alguna, la postura de Pedro de testigo de vista, tema que analizo en el capítulo sobre el diálogo como estructura.

La reaparición de Pedro en el mundo de los amigos causa el mismo terror y una curiosidad idéntica a lo que experimenta Filonides en «Menippo en los abismos». Ambos personajes chocan violentamente con la realidad por venir de un mundo cuyas leyes no coinciden con las de los humanos. Todavía llevan el disfraz de su peregrinación. Al ver a Menipo, Philónides se exclama: «... pues qué quiere dezir está nueva forma de vestidos? La porra, la lyra, y el pellejo del León? En todo caso, me cumple hablarle» [46]. Pedro vuelve vestido de fraile griego. El modo de comunicar también es distinto y todavía mantiene el sabor a ultratumba. Menipo habla en versos y Pedro comunica con Juan y Mata en griego, uno de los idiomas de su infierno.

Ninguno de los dos protagonistas cuenta la experiencia propia de entrada. Ambos se enteran primero de cómo van las cosas sobre la tierra y los amigos les hacen un *bilan* rápido: «Menipo: Pues ruégote que me digas en qué estado están agora las cosas humanas en el mundo? Y qué es lo que se haze de nuevo en la ciudad?» [47]. Pedro se informa también sobre sus amigos y rehúsa contar nada mientras no sepa cómo son las cosas en España: «Hablemos en otra cosa, y sobre esto no se de más puntada. Cómo estáis? Cómo os ha ido estos años...?» (p. 111). Menipo atrasa el relato: «Pero no es cosa lícita publicarlos [los decretos], ni se permite revelar estas cosas secretas, porque no sea que alguno nos acuse de impiedad delante del consistorio del Rhadamanto» [48]. Tanto Menipo como Pedro advierten a sus amigos de los peligros en que incurren por su vida. Menipo promete el nuevo decreto que la legislación infernal ha propuesto [49], y Pedro ruega a Juan que cambie de hábitos (p. 123).

La autobiografía de Pedro termina donde empieza el comentario sobre los turcos, detalle formal que también hallamos en Menipo. Ahí, donde acaba el relato de su visita en el infierno, empieza la narración del decreto que los muertos han formulado para condenar a los hombres.

Dentro de este molde se crea una sátira de toda la sociedad española, instituciones, gobierno, individuos. No cabe duda de que el autor del *Viaje* tenía presente toda una tradición literaria con la que moldeó las aventuras de su «héros de la foi».

Por lo tanto, la autobiografía tiene un valor ideológico indiscutible, y un

---

[46] Philónides exclama: «Detén un poco, generoso Menippo este trágico estilo. Dexa los cruentos iambos para tiempos más oportunos, y dinos agora simplemente qué nuevos vestidos son éstos, y qué fue la causa porqué quisiste tomar el camino del infierno, pues que sabemos ser vía no muy alegre ni deleytosa.» (fol. ciiii?)

[47] «Menippo», fol. ciiii.

[48] *Ibídem.*

valor iniciativo. Un hombre relata los hechos de una conversión que contiene los ingredientes necesarios a la reforma social de conjunto. La autobiografía de Pedro radica en un examen interior que inicia un ciclo de reflexiones o meditaciones entre los dos españoles que lo escuchan y dialogan con él. Entonces, es a partir de la autobiografía que, de cierto modo, se hace el diálogo. Por esta combinación bastante compleja de modos literarios, que permiten analizar las cuestiones planteadas por los interlocutores desde diversos ángulos, el *Viaje de Turquía* se aleja de los diálogos de Luciano o del *Asno de oro,* de Apuleyo. El examen de conciencia conduce a una reevaluación del modo de ser católico, de la filosofía de la sociedad católica. De ahí que Pedro hable, discurra desde la perspectiva de un hombre profesional sobre la realidad socio-político-religiosa de la época.

---

[49] *Ibídem.*

Capítulo III

EL DIALOGO

El *Viaje de Turquía* se divide en dos momentos narrativos. El primero consiste en un prólogo escrito en forma de dedicatoria que el autor dirige al príncipe Felipe II. La dedicatoria explana cuidadosamente el tema del diálogo e introduce los motivos ideológicos que impelieron al escritor a que compusiera el libro. También expone sus intenciones literarias por lo que se refiere a la estructura y estilo de su obra [1]. El segundo estriba en un diálogo que, a su vez, se subdivide en tres tiempos dialógicos complementarios. Primero, el autor retrata el mundo de Juan de Voto a Dios y Mátalas Callando mediante una conversación callejera, mundo de las peregrinaciones, la mendicidad, la religión. Luego ofrece la autobiografía de Pedro de Urdemalas, y, en el diálogo que suscitan los pormenores de la existencia escabrosa del ex cautivo, Juan y Mata consiguen ensartar detalles autobiográficos. De este modo, se recrean mundos ideológicos y humanos variados y opuestos. Por fin brinda el comentario sobre los turcos, el cual forma, según el prólogo, la razón verdadera por escribir el *Viaje*.

Cada uno de estos tiempos dialógicos prepara y anuncia el siguiente. El último, el comentario, forma la esencia de la discusión y contrasta con el primero, el camino francés. Mientras que en el diálogo del comentario contrasta la organización social y la religiosidad de la sociedad turca con la española, elogiando la turca, en la conversación del camino francés se refleja grotescamente la realidad cristiana desde dentro. Para llegar al comentario, el autor introduce todos los hechos que permiten valorar contrastiva y objetivamente al mundo turco. Por eso, el relato de las costumbres islámicas constituye el ápice de la expresión ideológica del anónimo. Propone una evaluación clara y lúcida de la sociedad turca, y una crítica mordaz de la comunidad católica se destaca mediante una colación sensata de los valores seculares y espirituales de Turquía con los de España. En esta parte es donde el Islam se convierte, en sus aspectos más intrínsecos, en un modelo viable no solamente para España, sino también para toda la cristiandad [2]. El comentario alabador de Pedro se sustancia en una réplica

---

[1] Ver introducción para el estudio sobre la dedicatoria.

[2] Remitirse a las siguientes monografías de historia intelectual: ROBERT SCHWOEBEL, *The Shadow of the Crescent: The Renaissance Image of the Turks* (1453-1517) (New York: Saint Martin's Press, 1967). Schwoebel señala que Tafur ya admiraba a los turcos. Cita igualmente a los italianos, como Barbero y Tidaldi, que «testified to the

del reticente Juan: «Gran virtud de gente es ésa y muy grande confusión nuestra», que aquel explota para insistir todavía con más ahinco en la virtud de los turcos. «No os quebréis la cabeza sobre eso ni creáis a esos farsantes que vienen de allá, y porque los trataban mal en galera dizen que son unos tales por quales, como los ruines soldados comúnmente dizen mal de sus capitanes... En lo que yo he andado, que es bien la tercera parte del mundo, no he visto gente más virtuosa y pienso que tampoco la hay en Indias...» (pp. 456-457)

Me propongo explorar en este capítulo el mecanismo dialógico utilizado por el autor, a fin de esclarecer el procedimiento estilístico que le permite edificar su andamiaje ideológico.

El diálogo empieza por una representación general de un escenario español, donde dos de los tres dialogantes se están paseando, aprovechando la amenidad del día y belleza de la alameda. Ambos se encuentran en la salida de una ciudad por donde pasa el camino francés. A la diferencia de los diálogos que se producían entonces, los cuales no hacían sino esbozar el marco de un escenario ameno, propicio a una disquisición filosófica, en el *Viaje,* el ámbito físico se convierte en materia «literaturizable»[3]. Incita los comentarios que asientan el perspectivismo filosófico de Mata y provoca el despliegue de la personalidad de los protagonistas. El lugar donde se hallan los dialogantes ya no es un sitio de reunión, sino tema de conversación. Sirve de espejo donde se reflejan la postura vital algo esperpéntica de los personajes ante su mundo.

La pintura del camino se esboza a partir de un desacuerdo de pareceres. Este apunta a dos maneras de enfrentarse con una realidad que los personajes experimentan desde su faceta española. Juan de Voto a Dios se fija en las virtudes del paseo y presenta el paisaje que lo rodea desde una óptica superlativa positiva. Alaba el cuadro por su belleza natural y ensalza el componente humano por ser fuente de enseñanza. Su afición por el sitio

---

bravery, loyalty, and obedience of the Turkish soldier» (p. 18). Menciona también las relaciones intelectuales que se expanden entre Turquía y Europa (p. 205). Ve la influencia en el avance de la filosofía platónica en la Europa renacentista: «The peaceful approach to the Turks was also the result of expanding intellectual horizons, especially the encounter with Byzantine Platonism and its early Christian commentators» (p. 222). Cita al español Juan de Segovia (p. 223): «From increased peaceful relations Segovia expected mutual understanding to develop between the two peoples and a diminution of fanaticism and prejudice.» (p. 224)

Cfr. también lo que dice sobre Erasmo (p. 225). KENNETH M. SETTON, «Lutheranism and the Turkish Peril», en *Europe and the Levant in the Middle Ages and the Renaissance* (London: Variorum Reprints, 1974). CARLO DE FREDE, *La primera traduzione italiana del Corano: sullo sfondo dei rapporti tra Cristiantà e Islam nel Cinquecento* (Napoli: Instituto Universitario Orientale, 1967). A. MALVEZZI, *L'Islamismo e la cultura europea* (Firenze: Sansoni, 1956).

[3] Excluyendo a un diálogo como el coloquio «Qual llaman de religiosos e introdúzense estas personas: Eusebio, Timoteo, Teofilo, Crisogloto, Uranio», de ERASMO, la mayoría de los diálogos describen el cuadro de la conversación para crear el ambiente ameno necesario a la plática. Esta descripción se hace de cuando en cuando fuera del ámbito dialógico. Pienso en diálogos como *I libri della famiglia,* de LEÓN BATTISTA ALBERTI; *Il Cortegiano,* de CASTIGLIONE; *Los nombres de Cristo,* de Fray LUIS DE LEÓN, o los *Colloquios,* de PEDRO MEJÍA. Por otro lado, dan importancia directa al cuadro los diálogos de la *Celestina* o la *Lozana andaluza.*

se trasluce en su modo de expresión. Pues habla de «la más deleytosa salida y más a mi gusto de toda la çibdad y de mayor recreación... ansí por la frescura de la arboleda, como por gozar de la diversidad de la gente, variedad de naçiones, multitud de lenguas y trajes que Señor Santiago nos da por huéspedes en este su peregrinaje» (p. 99). Desde luego, la variedad de gentes, trajes y lenguas proporciona un ambiente cultural de sabor internacional dentro de casa, del que Juan se nutre con indiscutible provecho. Esta diversidad brota de la concentración de un mundo difuso en las afueras de una España más o menos anquilosada, así como Pedro lo deja ver a lo largo del debate dialógico que opone tres maneras de entender el mundo occidental, las cuales corresponden a las perspectivas de cada uno de los compañeros.

Para Juan, esta salida es un centro de contacto con el resto de la cristiandad y los lugares santos. No cabe duda, el diálogo comienza con un cosmopolitismo de casa para luego esplayarse en un cosmopolitismo de vivencia individual en el extranjero. El nexo entre los dos es Pedro, quien aporta de fuera una experiencia enriquecedora que facilita una discusión a fondo de los problemas que padece su patria. Es más, en esta introducción, Juan, por su conocimiento limitado del mundo, su hipocresía, arrogancia y falta de caridad, demuestra ser un retrato al vivo del teólogo español, dogmático, frío y algo ignorante.

Mátalas Callando ofrece otra visión del paisaje que no corresponde en nada con la de Juan. Nuestro amigo revela el carácter picaril del paseo a través de una descripción satírica del espectáculo contemplado. Observa el aspecto negativo de ese mundo. Por ser cómica, su representación prevalece, no obstante, y Juan se supedita a su valoración crítica. Juntos, Juan y Mata trazan entonces un bosquejo microcósmico del mundo contemporáneo, en desacuerdo con la imagen oficial. Ponen el acento en lo grotesco y difamatorio [4].

Los amigos crean ese paisaje mediante el uso de calificativos degradantes, sustantivos cualitativos, imperativos y cláusulas interrogativas que ponen el acento en el aspecto ridículo de los personajes que describen. Mata pregunta, «¿no miráis quánto bordón y calabaza? ¿cómo campean las

---

[4] La representación del camino francés trae a la memoria la descripción que Menipo hace del consistorio de Minos, por donde desfilan las almas de los hombres y sus sombras: «... Estando yo mirando estas cosas, paresçíame la vida humana muy semejante a una procesión, y pompa luenga en la qual gobierna y disponga todas sus cosas a su voluntad y fortuna accomodando a cada uno de los que van en ella varios y diversos hábitos. Porque a unos elije y adorna de reales enseñas, poniendo las mitras acompañadas de gran escuadrón de gente, y coronando su cabeça con real corona. A otros por el contrario viste de hábito de siervo. A otros haze hermosos, a otros forma feos y abatidos» (fol. cxv). La misma idea se repite en la representación que Pedro hace del infierno turco, donde los hidalgos de este mundo no son nada en aquél. Todo lo cual forma la alegoría del gran teatro del mundo en el que cada hombre, a pesar suyo, desempeña un papel fijo. En el *Viaje* y en *Menippo*, sin embargo, la visión de este desfile de máscaras sirve precisamente para insinuar que existe el libre albedrío, la libre elección, a pesar de todo; pues lo que se nos pinta no ocurre en este mundo, sino en ultratumba, después de que el hombre haya escogido su ruta en la tierra. Pedro cambia después de haber presenciado la realidad infernal.

plumas de los chapeos...», y Juan ordena, « ¡Mirad aquel otro bellaco tu-
llido qué regozijado va en su caballo y qué gordo lo lleba el vellaco! »
(p. 101). Mátalas Callando, mediante la sinécdoque y mitonimia, destaca
los elementos físicos más sobresalientes para imponer una visión partidaria
del paisaje humano que vislumbra. Entreteje la imagen de «las plumas de
los chapeos», por ejemplo, en un comentario detallista que amplifica la
impresión grotesca reproducida en la descripción. «Para mí tengo que se
podría hazer un buen cabezal de las plumas del gallo del señor Sancto
Domingo. Bien haya gallo que tanto fructo de sí da. Si como es gallo fuera
oveja, yo fiador que los paños vaxaran de su preçio...» (p. 101)

Juan se sirve del insulto que genera la risa. El abuso verbal se incre-
menta de un rebajamiento físico del personaje, por el que se delinea insis-
tentemente su aspecto exterior hasta el punto de no ver otra cosa sino una
forma ridícula. Juan insiste también en sus lamentaciones mediante la
fórmula retórica de la repetición: «qué... y qué» o «bozes tan dolorosas»,
«lamentaciones».

La exageración llevada hasta su última consecuencia gracias al énfasis
descriptivo puesto en elementos particulares que cincelan con precisión al
personaje escudriñado, deshumaniza y, al mismo tiempo, hace reír. Tanto
la acumulación verbal como la concentración visual en detalles determi-
nados trazan el espectáculo con una viveza tal que el lector se siente sumergido en el ambiente del camino. No cabe duda, uno tiene la impresión
casi física de asistir personalmente al desfile de máscaras y disfraces que
preparan la llegada fulgurante del tercer compañero. Podríamos decir, sin
querer cometer un anacronismo, que este momento inicial es de cine. Los
personajes se mueven en un espacio abierto, fuera de los límites de un
tablado visible. El escenario ameno está poblado con gente en constante
movimiento, a caballo o a pie.

El bosquejo de los amigos presta para representar crudamente las llagas
de la sociedad: la pobreza y mendicidad (pp. 102-103), la corrupción del
sistema jurídico (p. 103), la romería profesional (pp. 104-105), y de él
deducen la crítica social que Mata principia, incitado por las preguntas
y comentarios de Juan [5]. Ambos atacan también las reglas pontificales que
promueven el vicio (p. 105).

De cualquier modo, el desacuerdo inicial se resuelve en una armonía
de parecedes que favorece el ambiente de burla y crítica creado por Mata.
La discusión pone en claro el punto de vista inquisitivo de este personaje.
Mientras tanto se ha delineado la personalidad del amigo y precisado para
el lector la extensión de la amistad que los une. Pues gracias a esta fami-
liaridad que existe entre ellos, se desenvolverá una conversación franca y
sin rodeos retóricos. La polémica conduce, pues, hacia el entendimiento
alcanzado dentro de un marco cómico. La creación grotesca produce una
manera distinta de ver el espectáculo de la calle. Así, las perspectivas de
cada uno de los dialogantes convergen [6].

---

[5] Sobre el tema de la mendicidad, ver los ensayos de LUIS VIVES, *De subventionae
pauperum* y el *Lazarillo de Tormes*.
[6] Lo mismo ocurre al final del diálogo. El sermón de Juan reúne la materia discu-
rrida y sugiere una conclusión que subraya el valor cristiano de la plática de Pedro.

Del diálogo entre Juan de Voto a Dios y Mátalas Callando resaltan los componentes que elaboran la plática. Los dos amigos proponen las cualidades principales de toda conversación verdadera. La franqueza, confianza y buen humor se traslucen desde el principio. Más tarde, para mantener estas propiedades, Pedro tendrá que recordar a un Juan enojado de la mala lengua de Mata la importancia de la franqueza y evocar la antigua intimidad que los unía: «Esa es la condición [Mata es franco y dice verdades que duelen], que le es tan natural que le tiene de acompañar hasta la sepultura: nos debéis enojar por eso, que aquí todo se sufre, pues ya sé yo de antes de agora las cosas cómo pasan, y aquí somos como dizen los italianos: Padre, Hijo y Spiritu Santo.» (p. 117)

La variedad y novedad que se hallan en el camino, ingredientes valiosos del mensaje de Pedro, se establecen en seguida. Pues son productos de un mundo extrafronterizo que los dos interlocutores pintan simplemente desde su óptica geográficamente limitada.

La ambivalencia, configurada merced a la imagen de «haz y embés», revela el tono controvertible del diálogo y aclara la tendencia de Mata a la refutación, principio dialéctico que permite sacar de quicio al interlocutor forzándolo a elaborar sus contestaciones. Sirve también para esquematizar el nivel de conocimiento y entendimiento de cada cual de los participantes y prepara la aceptación de la opinión anticonformista de Pedro. No es, pues, de extrañar que, hacia el final del diálogo del primer día, Juan se dé cuenta de sus limitaciones y se exclame después de la plática sobre la enseñanza del latín: «Yo estaba engañado por pensar que no hubiese en todo el mundo otra *Arte* sino la nuestra; agora digo que aun del maldecir he sacado algún fruto, apartando lo malo y en perjuiçio de partes.» (p. 363)

El humor y la ironía se traducen en figuras parabólicas tal como la del árbol al que la miopía de Mata da un aspecto humano, en anécdotas como la del tordo del ropavejero que realza la mentira de Juan, y, por extensión, de los teólogos, en refranes que destacan actitudes y rasgos de personalidad o en las situaciones absurdas en que se encuentran los personajes.

Gracias a Mata se instituye la verdad como regla dialógica tan pronto como éste resuelve responder a los ataques de Juan. Pues declara: «La mayor verdad es que al propósito se puede dezir, y por tal no la contradigo, y pues jugamos el juego de dezirlas, quiero también yo salir con la mía» (p. 101). Se impone entonces la libertad de expresión siempre que no se utilice para lastimar al prójimo. Por eso, cuando Mata acusa a Juan de irreligioso, éste le contesta: «Mirá lo que dezís y reportaos, porque salís del punto que a ser cristiano debéis», a lo cual Mata replica, «No lo digo por injuriaros ni pensar que no lo sois; pero, como dizen, una palabra saca otra: dexémonos de metrificar...» (p. 104). Con todo, se trata de poner un límite al decir para contrarrestar la pasión convencional que produce el hablar mal o demasiado. Cuando la crítica apasionada de los teólogos, Juan advierte: «Ya començáis a hablar con pasión. Hablemos en otra cosa» (p. 232). La verdad se puede publicar mientras, según Juan,

El cambio que éste preconiza queda respaldado por un Juan que parece reformarse.

no «muerda ni queme» (p. 100). Mata, por lo contrario, propone una recomendación parecida a la que Cipión hará a Berganza en el *Coloquio de los perros:* «murmura, pica y pasa», cuando replica a Juan: «No dexará señal más que un rayo.» En otras palabras, los interlocutores excluyen del discurso al maldecir [7]. La palabra, sin embargo, es sujeta a interpretaciones diversas. En el curso del diálogo, por ejemplo, Juan asimila el maldecir con poner en evidencia ciertos rasgos defectuosos de la comunidad, por donde se insinúan sus propias debilidades. Un caso flagrante se encuentra en la discusión sobre el rosario: «Vosotros sois los verdaderos maldicientes y murmuradores, que por ventura levantáis lo que en los otros no hay», les dice a Pedro y Mata, que destacan su dogmatismo irracional (p. 265). En la conversación sobre los talismanes, Juan se irrita de la poca fe de sus compañeros: «Como es cosa de maliçias y ruindades, bien creo yo que os haréis presto a una» (p. 351). Para Pedro, sin embargo, ese maldecir tiene el valor de exponer la verdad. Así que, en otro sitio, contesta a Juan con estas palabras: «¿Qué malo, qué maldeçir, qué perjuiçio de partes veis aquí? Lo que yo deçía el otro día: maldeçir llamáis deçir las verdades y el bien de la República: si eso es maldeçir, yo digo que soy el más maldiçiente hombre del mundo» (p. 363). Por tanto, el ofender al compañero es inevitable. Las palabras siempre dejan una señal. Durante una de las conversaciones sobre la ignorancia de los teólogos, Pedro acepta volver al relato de su viaje porque «ya me paresçe que os vais corriendo», le dice a Juan (p. 324). Juan le pide a Marta que se modere un poco en la plática del segundo día para que el amigo no se enoje: «... no le habéis de ir a la mano, que creo que se corre» [8]. (p. 386)

Una vez representado el mundo pintoresco del camino y establecidas las reglas elementales de la conversación, los amigos anuncian la llegada de Pedro de Urdemalas. La entrada repentina del tercer compañero proclama el advenimiento de una realidad tan insólita que llega a chocar con la representación grotesca del camino francés y asusta a nuestros comparsas.

Juan anuncia a Pedro en su estilo distintivo, formado a base de una concatenación de frases superlativas: «Pues la mejor invención de toda la comedia está por ver; ya me maravillava que hubiese camino en el mundo sin fraires. ¿Vistes nunca al diablo pintado con ábitos de monje?» (p. 106). Mata responde a la sorpresa de Juan con interyecciones y gestos que teatralizan el acontecimiento: «Hartas vezes y quasi todas las que le pintan [al diablo] es en ese hábito, pero vibo ésta es la primera: ¡maldiga Dios tan mal gesto! ¡valdariedo, saltatrás, Jesús mill vezes! El mesmo hábito y barba que en el infierno se tenía debe de haber traído acá, que esto en ninguna orden del mundo se usa» [9]. (p. 106)

---

[7] En el *Coloquio de los perros,* Cipión admonesta a Berganza: «Por haber oído decir que dijo un gran poeta de los antiguos que era difícil cosa el no escribir sátiras, consentiré que murmures un poco de luz y no de sangre; quiero decir que señales y no hieras ni des mate a ninguno en cosa señalada; que no es buena la murmuración, aunque haga reír a muchos, si mata o uno.» MIGUEL DE CERVANTES, *Novelas ejemplares* (Barcelona: Ed. Juventud, 1974), p. 450.

[8] Mata no acepta el consejo. Promete de agobiar a Pedro con preguntas.

[9] El disfraz es tan extraño que excita la curiosidad de los amigos. Lo mismo ocurre en los diálogos de Luciano en los que Menipo regresa a la tierra disfrazado

La aparición teatral de Pedro se transforma en un recurso estilístico que el autor maneja con arte para, por un lado, introducir un mundo de valores nuevos y para, por otro, derribar el mundo sublunar que Juan y Mata han venido reproduciendo. La crítica panorámica, limitada a una perspectiva nacional y casera, se completa gracias a la controversia que emerge por la confrontación de la experiencia provinciana con la mundanal.

Cabe abrir aquí un paréntesis para estudiar la función de la risa en la composición del *Viaje de Turquía,* ya que forma parte intrínseca de la presentación que Juan y Mata hacen de Pedro. Hagamos primero un cuadro recopilativo.

La risa sirve de medio para enfocar cuestiones sociales, religiosas, políticas, en el contexto de la crítica. Ello coloca el diálogo dentro del orbe de una literatura reformista inspirada en la sátira menipea [10]. Bakhtin, en su estudio del tema carnavalesco en Rabelais, observa por lo que se refiere a la contribución de la risa en la estructuración de la literatura seria o edificante desde finales de la Edad Media:

> The shouts of a new world were sprouting, but they could not grow and flower as long as they were enclosed in the popular gaiety of recreation and banqueting or in the realm of familiar speech. In order to achieve this growth and flowering, laughter had to enter the world of great literature.
>
> By the end of the Middle Ages a gradual disappearance of the dividing line between humor and great literature can be observed. The lower genres begin to penetrate the higher levels of literature. Popular laughter appears in epics, and its intrinsic value is increased in mysteries... The culture of laughter begins to break through the narrow walls of festivities and to enter into all spheres of ideological life.
>
> This process was completed during the Renaissance... It became the form of a new free and critical historical consciousness [11].

La relación de la risa con la ideología difundida por el texto es, pues, esencial. Da fuerza al testimonio de Pedro como también a los comentarios de Mata y de Juan. Se derrama a través de las múltiples anécdotas y burlas que hacen. La risa es, en el *Viaje,* el vehículo difusor de una verdad inaudita cuya base necesita definirse desde una óptica totalmente nueva. Por eso la llegada de Pedro se anuncia en un ambiente de comicidad. Al efecto, la palabra «comedia» que utiliza Juan es significativa [12]. Pues crea el ámbito teatral en el que el desfile de máscaras que pasa por el camino ocurre, cada una alegorizando un vicio. En este escenario, la persona de Pedro se transforma en una figura diabólica que encaja con el espíritu malicioso del diálogo. Hasta aquí se puede decir que la risa, o sea, la introducción

de la ropa que llevaba para descender al reino de Minos o ascender a los campos elíseos.

[10] A través de la crítica, los personajes construyen una sociedad utópica cuya sede parece ser Turquía. En este sentido, el *Viaje* debe vincularse a la *Utopía,* de TOMÁS MORO, o el *Elogio de la locura,* de ERASMO. Desde luego, ambas obras circulaban en España.

[11] *Rabelais and His World,* pp. 96-7.

[12] Remitirse a la nota 4.

de lo cómico en la representación de la realidad que Juan y Mata bosquejan, sirve de elemento plasmador de la crítica generada por el espectáculo del camino. La risa es, además, generadora de una serie de situaciones sorprendentes, como la súbita huida de Mata y Juan.

La confrontación entre Juan y Pedro luego de su encuentro debe colocarse en este universo de lo cómico. El choque lingüístico, primera expresión evidente del desacuerdo cultural entre los personajes, se cuaja en una situación *a priori* risible por las circunstancias en las que se desarrolla. El recién llegado les habla a Juan y a Mata en un idioma que ninguno de los dos entiende, indicio concreto de la existencia de una realidad que ni Juan ni Mata conocen. La frustración que experimenta Juan intensifica la discrepancia entre la realidad foránea y la suya. Mata la azuza intimando un diálogo imposible y agrediendo al amigo burlonamente con comentarios de esta índole: «¿Media hora dezís? más creo que ha más de veinte años que lo disimuláis... Yo para mí tengo que habláis también griego como turquesco.» Más adelante responde a la réplica de Juan de que no hay que hablar con extranjeros: «Bien creo que os será harta vergüenza si todas las vezes han de ser como ésta; mas yo reniego del compañero que de quando en quando no atrabiesa un trumpho. Debéis de saber las lenguas en confessión.» (p. 107)

La risa situacional sirve para subrayar el choque que ocurre cuando el representante del viejo mundo entra en contacto con el del nuevo. De éste resulta el establecimiento de un antidiálogo, o sea, un diálogo que carece de unidad semántica [13]. Las texturas lingüísticas no corresponden las unas con las otras y los interlocutores comunican en niveles dispares, cada cual sirviéndose de un sistema lingüístico que le es familiar. Juan interpreta las palabras extranjeras según las oye, adaptando el significado a un código fonético propio:

JUAN: Deogracias, padre.
PEDRO: Metania.
MATA: ¿Qué dize?
JUAN: Si queremos que taña.
MATA: ¿Qué tiene de tañer?
JUAN: Alguna cinfonía que debe de traer como suelen otros romeros. (p. 106)

El efecto cómico es producido por el desencaje que se evidencia al nivel de una comunicación intentada mediante el sonido y no el sentido.

MATA: ... Dicatis socis latines?
PEDRO: Oisque afendi.
MATA: ¡Oíste a bos! ¿Cómo, puto, pullas me echáis? (p. 107) [14]

---

[13] JAN MUKAROVSKY, «Two Studies of Dialogue», en *The Word and Verbal Art*, trad. John Burbank and Peter Steiner (New Haven: Yale University Press, 1977), pp. 81-115.

[14] Lor personajes intentan crear un sistema de comunicación oportuno que les permita penetrar en el universo lingüístico del opositor y descubrir su mensaje. Se

Esta confrontación lingüística insinúa la superficialidad intelectual de Juan y la falta de cultura de Mata. Este caso conduce hacia la plática sobre la inabilidad lingüística de los españoles, aspecto que se discute ampliamente en el diálogo en formas diversas: anecdótica, filosófica, filológico. La España analfabeta se opone a una España utópica (hecha de ciudadanos como Pedro) que ha sabido nutrirse de las virtudes de otros pueblos para prosperar. La confrontación ridiculiza el cosmopolitismo casero de Juan y asienta los cimientos ideológicos sobre los que se edifica la verdad de Pedro. La demistificación de Juan y de la institución que representa se efectúa a partir de este momento. Pues el edificio sobre el que Juan se sustenta empieza a desmoronarse aquí.

El antidiálogo es, pues, un acontecimiento cómico que culmina en la averiguación de un aspecto de la falsedad de Juan: el que atañe a su conocimiento de las lenguas. Pedro sale vencedor del duelo.

Toda la comicidad del pasaje se fundamenta en un juego de máscaras. Este juego se intensifica en la escena de la huida de Mata y de Juan provocada por la súbita revelación de que el desconocido habla español. El humor se expresa verbalmente a través de una serie de conjuros y profanaciones: « ¡Hideputa, el postre! ¡Chirieleison, chirieleison! Bien decía yo que éste hera el diablo. *¡Per signum crucis* atrás y adelante! »[15]. (p. 108)

El diálogo que sigue, basado en la expresión del susto y el furioso deseo de librarse de la fuerza del mal, es divertidísimo. La tensión creada por la confusión de los dos compinches se relaja cuando descubren quién es el romero. Durante todo este episodio, Pedro adopta las características de un agitador que desde un principio perturba y alborota el mundo ambiente. La huida tiene, por consiguiente, un significado simbólico al alegorizar el temor a la novedad y el aferramiento a la superstición mediante la representación del diablo. El diálogo se reestablece, sin embargo, cuando ambos reconocen al antiguo amigo de Alcalá.

La risa, en suma, descubre la verdad intrínseca de la realidad contemporánea y asienta la base de la verdad anticonformista que trae Pedro, verdad que pone en tela de juicio el sistema de valores contemporáneos. A este propósito, distingue Bakhtin entre dos modos de pensar. Uno resulta de la visión unidimensional del universo, particular de la ideología católica. En el diálogo coincide con la manera de ser de Juan. Otro nace de la necesidad de poner en duda esta visión unilateral del mundo: «It was precisely the one-sided character of the official seriousness which led to the necessity of creating a vent for the second nature of man, for laughter»[16]. Pues bien, la invasión de la risa en la literatura renacentista en general

sirven de una serie de convenciones fonéticas que les ayuda a imaginar que «dialogan» con el extranjero en una lengua extranjera verdadera:

JUAN: ¿Saper parlau franches o altra lingua?
MATA: Más debe saver de tres, pues se ríe de la gran necedad que le paresçe aber vos dicho con tanta ensalada de lenguas. (p. 108)

[15] Los abusos verbales confirman, en el *Viaje,* que el personaje ha perdido el hilo de lo que estaba ocurriendo. No entiende lo que el otro dice o hace. Procede de un cambio de actitud. Es poco frecuente en el *Viaje.*
[16] *Rabelais and His World,* p. 75.

y en el *Viaje de Turquía* en particular, se debe a un nuevo enfoque de los problemas teológicos y filosóficos, enfoque que se inicia en nuestro diálogo en la crítica acerba y divertida del camino francés, y se ejemplifica en el estilo del relato que Pedro narrador hace de su experiencia en Turquía.

Entonces, en un ambiente de risa que matiza y destaca las deficiencias de cada uno, se establecen las normas ideológicas desde las que los personajes van a operar en el ámbito del diálogo. Cada uno de los interlocutores marca los límites vitales desde los que actúa y reflexiona. No son límites fijos, sin embargo, ya que su emplazamiento se modifica con la aportación intelectual y humana de Pedro. Desde luego, tanto Juan como Mata aprenden a través del relato del amigo. El conocimiento que Pedro les imparte es el que Juan buscará divulgar a sus parroquianos. El mensaje divulgado por un Juan reformado (gracias a Pedro) será uno de tolerancia, pacifismo y moderación. Pues bien, las oposiciones dialógicas con Pedro estriban en demarcar claramente las posibilidades de cada personaje en el diálogo. El lector se da cuenta de que toda la experiencia humana de Juan de Voto a Dios y Mátalas Callando se restringe al camino francés. Su manera de interpretar los fenómenos sociales y religiosos se forja en medio de esa realidad depravada que Mata ha dibujado con brillo. Su conocimiento del mundo es, por consiguiente, inadecuado[17].

Turquía no se menciona para nada en estos episodios preliminares. Es que aquí la reticencia desempeña un papel fundamental. Atrasa la historia de Pedro. Permite desenmascarar a Juan totalmente y propone la visión de Pedro como única auténtica. Pues el propósito es rendir al oponente encarándolo con su ignorancia para luego conducirlo hacia el conocimiento de la verdad. Por este truco el autor consigue representar en toda su plenitud el mundo del teólogo español. Juan y la realidad católica forman los dos tópicos de este diálogo inicial. Además, el autor delinea las diferencias filosóficas que separan a Pedro de sus camaradas, y perfila un yo distinto del antiguo que Mata traza con estas palabras: «Gran ventaja nos tienen los que han visto el mundo a los que nunca salimos de Castilla. ¡Mirad cómo viene filósofo y quan bien habla!» (p. 116). El anónimo construye para su protagonista un edificio filosófico sólido que se cimienta en la revelación de la ignorancia del teólogo Juan, y cuyo fundamento es llegar al conocimiento de una verdad profunda que sólo la experiencia auténtica de los viajes y de los libros deja vislumbrar.

---

[17] Este conocimiento se opone al auténtico conocimiento de Pedro, que instaura su verdad, a pesar de Mata, con seguridad y fuerza a lo largo del discurso filosófico que representa el *Viaje de Turquía*. En cuanto a la importancia del estudio de este concepto de sabiduría cabe remitirse al estudio de HANS-GEORG GADAMER, *Dialogue and Dialectic: Eight Hermeneutical Studies on Plato*, trad. Christopher Smith (New Haven: Yale University Press, 1980). Este declara que, en el universo dialógico de Platón: «... he who knows cannot be confused in the knowledge by another. And with that we have arrived at the claim which Plato makes for his dialectic. As opposed to sophism, his dialectic cultivates the ability to hold unerringly to that which one sees before one's eyes as true. Socrates sets the example here [*Lysias*] to the extent that he knows how to lead the way through confusion to unshakable knowledge, to use the former as a means to attain the latter. Here the confusion stems from the two meanings of philos, i.e., both "loving" and "dear" (*liebend* and *lieb*).» (p. 11)

Tres veces se le pregunta a Pedro que cuente su historia. La primera evade contestar. La segunda responde brevemente: «El caso es, en dos palabras, que yo fui cautivo de los turcos y estube allá tres o cuatro años» (p. 121). La contestación de Pedro se compagina con la caída parcial de la máscara de Juan. Se trata de derribarla completamente, sin embargo. Por tanto, la noticia de Pedro proporciona la ocasión perfecta para suscitar un duelo verbal que opone el peregrino de Jerusalén (Juan) al cautivo de los turcos (Pedro). El diálogo de la demistificación hace hincapié en la fragilidad moral del teólogo. La contienda se conduce en un diálogo al estilo socrático (p. 122). El método dialéctico empleado provoca la caída definitiva de la máscara e induce a los personajes a que se fijen una conducta moral precisa respaldada por el temor de Dios y por la fe en Jesucristo. El descubrimiento de su ignorancia e insuficiencia moral le impele a Juan a que confiese su crimen y reconozca su vanidad temporal presentando su actuación pasada como un caso de conciencia. El procedimiento discursivo que el autor utiliza para destacar la hipocresía española y promover al mismo tiempo la integridad moral del forastero se funda en dos estilos narrativos. Uno radica en un diálogo de réplicas breves que ponen en tela de juicio el sentido ético de los personajes. Pues la discusión verdadera no puede llevarse a cabo si existen todavía dudas sobre alguno de los participantes. Por eso, el mundo ideológico de los protagonistas debe revelarse en su integridad. El desenlace resulta en el establecimiento de unos principios morales que se proponen por medio de los parlamentos ejemplares de Pedro (segundo estilo). En ellos, Pedro discurre lógicamente con ejemplos sacados de la experiencia personal que le permiten identificar mejor la verdad del caso. Puntualiza esos ejercicios retóricos con advertencias sobre la bondad divina, incitando a sus amigos a que modifiquen su conducta. Al principio, Juan reacciona temerosamente y se confiesa al clérigo falso exponiendo humildemente su conciencia [18]. En este momento clave de la acción dialógica, mientras Juan es vulnerable, Pedro puede empezar a hablar de su vida. Para esto, sigue el derrotero que mejor ejemplifique su troco espiritual y su filosofía. Así se acaba con las reticencias. La tercera vez que se le pide que hable de sí mismo, Pedro acepta complacer a sus amigos. De esta forma, el autor crea el ambiente dialógico propicio a la revelación vergonzosa de Juan, al proceder paso a paso hasta el desenlace lógico: Juan miente. Una vez que el personaje se sienta aniquilado, aceptará el mensaje de Pedro con mayor devoción y humildad. Es precisamente lo que acontece. Este diálogo preliminar es, pues, una larga digresión que asienta las reglas de un juego discursivo que fuerza a los interlocutores a que mediten sobre la esencialidad de la vida. Es más, el lector tiene la impresión de estar en el teatro mirando una comedia donde se hace una evaluación moral de la sociedad y de los hombres. Esta evaluación se concreta con las primeras noticias que Juan tiene que dar de su persona antes de que Pedro hable de sí mismo. Estas forman la primera autobiografía del diálogo. Juan hace un resumen de su vida desde el momento

---

[18] Al representar Pedro el cristianismo original, puede fácilmente desempeñar el papel de sacerdote e incitar la confesión de Juan.

en que Pedro partió de España. Se graduó en teología en la Universidad de Alcalá, y, desde hace cuatro años, vive en la corte, donde sigue construyendo hospitales para los pobres. Al confesar sus actividades pasadas y presentes, Juan descubre sus flaquezas, autorizando así una crítica que Pedro no dejará de llevar a bien. Juan y Mata comparten la misma vida y avatares sociales similares desde hace veinte años. Por consiguiente, la explicación de Juan incluye los quehaceres vitales de Mata. De cualquier modo, los matices biográficos independientes se puntualizan a través de la conversación cuando conviene subrayar un punto de vista o hecho particular. Esto sucede, por ejemplo, en la discusión sobre la enseñanza de las lenguas clásicas en España. La mención de la experiencia íntima de Mátalas Callando —dato autobiográfico— pone de manifiesto la insuficiencia intelectual y vetustez del sistema pedagógico español. La discusión ocurre después del episodio sobre los relojes italianos [19]:

MATA: Que os paresce, si yo estudiara, de la abilidad del rapaz?

PEDRO: Bien en verdad parésceme que quando yo me partí començabais a estudiar de Menores en el Colegio de Alcántara.

JUAN: ¿No le quitaron un día la capa por el salario y vino en cuerpo como gentil hombre?

MATA: Nunca más allá volví... Decorar aquel arte se me hacía a mí gran pereça y dificultoso como el diablo, principalmente en aquel *gurges, merges, verres, sirinx et meninx et inx,* que parescen más palabras de encontamiento que de doctrina... (p. 360)

Tanto la autobiografía de Juan como los datos autobiográficos de Mata respaldan una crítica objetiva de las instituciones oficiales. Al principio, por ejemplo, Pedro examina la validez de construir hospitales y funda su desacuerdo con el sistema oficial sobre una experiencia adquirida viajando. Censura los motivos que promueven la construcción de los hospitales para los pobres apoyando su opinión sobre lo que ha visto en y fuera de España. El caso particular representado por Juan sirve para promover una discusión filosófica que pone en duda la validez moral de los proyectos humanitarios que se emprenden en tierra cristiana. El diálogo favorece una expansión temática. De ahí se elabora un comentario sobre el significado de la caridad y su interpretación profana. El problema local del que se destaca la hipocresía e inmoralidad de un individuo se universaliza mediante el ejemplo extrafronterizo de Pedro, quien presenta en comparación con el hospital de Juan el de Génova, que ha visitado personal-

---

[19] ALONSO DE VENERO, en su *Enchiridión de los tiempos* (Burgos: Juan de la Junta, 1551), describe detenidamente el modo romano de contar las horas. He aquí un extracto: «... [las horas] se cuentan desde que nasce el sol fasta que se pone: agora en el equinoctio que es a la seys: agora en el solsticio que es a las ocho. De manera que hora sexta, o séptima, o nona, o undécima, o todas las otras serán en aquel tiempo que les caya el lugar respecto de la hora que nasce el sol. Desta manera me dizen que están ordenados los relojes en Roma: Puesto que en España comiencen la hora después de medianoche, y después de mediodía. Por consiguiente tiene la noche sus partes como el día: o mejor dezir los antiguos las dividieron en partes.» (fols. xxv-xxvi)

mente. Esto sirve de ejemplo concreto para explicar el estado de la corrupción en el mundo católico:

> ... de todos los hospitales lo mejor es la intención del que le fundó, si fue con solo zelo de hazer limosna; y eso sólo queda, porque las raciones que mandó dar se çiernen desta manera:

Pedro hace un resumen de lo que ocurre:

> ... Lleváronme un día en Génova por ver un hospital de los más sumptuosos de Italia..., y como vi el edificio..., diome ganas destar un día a ver comer, por ver qué limosna era la de Italia... (pp. 115-116)

Pedro concluye:

> ... Dicen los philósofos que un semejante ama a otro su semejante. El pobre que toda su vida ha vivido en ruin casa o choza ¿qué necesidad tiene de palacios, sino lo que se gasta en mármoles que sea para mantenimiento, y que la casa sea aquélla que tenía por suya propia? Mas haya esa diferencia, que en la suya no tenía nada y en ésta no le falte hebilleta. (p. 116) [20]

Entonces, la discusión de los hospitales se resuelve en la propuesta de un programa de reforma social que tenga en cuenta las necesidades verdaderas de los pobres.

En unos parlamentos ordenados y claros, Pedro ventila su filosofía de la vida y su religión. Desde luego, las pláticas de la calle sacan a relucir el comercio de cada cual y ponen de relieve su ser íntimo. Los momentos dialógicos que conducen a la revelación del ser profano se engarzan nítidamente en las charlas políticas y sociales, y brotan de ellas. En este caso, la reducción de la opinión de Pedro a un caso de vivencia individual —Mata apoya la opinión de Pedro sobre su manera de vivir— completa el cuadro de crítica general.

Después de una pausa de poca duración, durante la cual los amigos caminan hacia el domicilio de Juan y Mata y cenan copiosamente, Juan, insatisfecho con el resultado de la plática de los hospitales, la reanuda orientándola hacia una cuestión candente: la de los peregrinos. El interés que siente por el asunto le hace reflexionar sobre su postura, que se confronta con el razonamiento de Pedro. Gracias a Juan, el programa de reforma se concreta al injerirse en la realidad del momento: «... si fuese ansí que no hubiese ospitales, ¿qué harían tantos pobres peregrinos que van donde vos agora de Francia, Flandes, Italia y Alemaña? ¿dónde se podrían aposentar?» [21] (p. 119). Tomando como punto de partida esta pregunta, Pedro analiza la eficacia de la peregrinación secular [22]. El cato-

---

[20] Es interesante observar que, al hablar de la caridad, Pedro no menciona a ningún teólogo, sino que pone en boca de los filósofos la discusión sobre el amor y la virtud cristianas. Muestra por ahí que los teólogos no se preocupan por esos puntos.

[21] Este tema forma el objeto de otro discurso en la plática sobre la organización social de los turcos. Pues la solución que propone Pedro para hospedar a los peregrinos es la que han adoptado los turcos para albergar a sus viajeros.

[22] En Cervantes de Salazar, en el apartado sobre los pobres que van de romería

licismo dogmático de Juan choca entonces con el reformismo evangelista de Pedro. El ex cautivo afirma definitivamente su posición en materias tocantes a la religión y la moral con argumentos tomados directamente del Nuevo Testamento. Sostiene que la única peregrinación válida es la que, por la fe, conduce hacia la salvación del alma. Fe y obediencia en la ley de Dios, tal como la preconizan los Evangelios, forman los ingredientes para una reconciliación auténtica con Dios. Mata sustancia el discurso teológico de Pedro con una pregunta: «De manera que haziendo desde aquí lo que hombre pudiere, según sus fuerzas, en la observancia de la ley de Dios, sin ir a Hierusalem ni Santiago, ¿puede salvarse?» Pedro contesta que «muy lindamente» (p. 121). San Pablo sugiere esta misma peregrinación en su carta a los Gálatas, en la que explica cómo Abraham se convirtió. El espíritu del hombre ascendió para unificarse con el Espíritu Santo, que está en los cielos [23]. Y es esta peregrinación la que Jesucristo ordena a sus discípulos.

El mundo ideológico de los personajes toma forma en estos diálogos preliminares que proponen la materia sobre la que se construyen los diálogos injeridos en la narración de la vida de Pedro.

Para reproducir lo más vívidamente posible el mundo variado de los personajes, el autor se sirve de ciertos recursos de la obra dramática: la escena, la acotación, el aparte. Las escenas aluden a la acción dramática. Son: la escena del encuentro, la huida, el reconocimiento. Cada una tiene la función de crear una tensión dramática que se resuelve finalmente en la escena del reconocimiento gracias a la amistad que une a los tres personajes.

Todas las escenas ocurren en el escenario de la calle. Mientras tanto, el diálogo de tipo tradicional se traslada a casa de Juan. La mayor parte de la plática se desarrolla ahí. Esta se compone de la autobiografía de Pedro y su comentario sobre los turcos. La teatralización del proceso dialógico es menos frecuente en esta parte. Deben mencionarse, sin embargo, las escenas de la cena y del despertar del héroe el día siguiente. Tienen por función la de asentar la postura filosófica de los personajes en circunstancias familiares y hasta ordinarias. En la escena de la cena, por ejemplo, Pedro demuestra la sinceridad de su fe practicando oración, continencia y moderación, todas virtudes que admira en los turcos, así como lo explica en los episodios sobre su religión y costumbres culinarias durante la charla del segundo día. En la escena del despertar, Pedro insiste en la merced que Dios le ha hecho de volverlo a sus amigos: «¿Cómo lo había de pasar sino muy bien? Que me habéis dado una cama con sábanas tan delgadas y olorosas y todo lo demás tan a gusto que me ha hecho perder el regalo

y los sitios donde pueden recogerse, leemos: «... quando todos estos [hospitales] estuviessen llenos no pueden faltar portales, casas inhabitadas, cuevas, hornos, estufas, y aun algunos ay que se hallan mejor quando están metidos en una cuba... que en un palacio real. Pues si tenéis miedo que os ha de faltar el dormir: qué región tan estéril ay en el mundo, donde no se halle feno o paja? y quando esto faltasse, no puede faltar un muladar, en que te embuelvas; que no ay mejor género de cama, que aquel que hallado no cuesta nada.» (fol. xvi)

[23] *Gál.*, III, 1-20.

con que me vi en el cautiverio que habéis oído, y de momento a momento doy y he dado mil gracias a Dios que de tanto trabajo me libró...» [24]. (p. 382)

La acotación plasma los cambios de genio, postura y movimientos de los personajes. Es el recurso que más se usa en este diálogo, que nos hace penetrar profundamente en el alma humana. Gracias a este truco dramático, el lector no pierde nunca de vista a los personajes. Pues está al tanto de sus reacciones y sentimientos. El autor les da una personalidad propia, que se refleja en sus ademanes. Su humanidad se transparenta en casos como éstos: Pedro acaba de anunciar que vuelve de Turquía. Juan expresa la impresión que la noticia le ha producido con estas palabras: «... ni me ha quedado gota de sangre en el cuerpo.» Tan pronto como Pedro da más detalles sobre su estancia en Turquía, Juan señala el estado de ánimo del personaje que cuenta el hecho. La afectividad emocional de Pedro se trasluce vívidamente merced al uso de refranes y expresiones idiomáticas, frecuentes en el habla de los tres compañeros: «¿Qué desgraciadamente lo contáis y qué como gato por brasas?»

El relato que Pedro hace de su vida en las galeras es tan realista que Juan declara sentir en sus carnes la experiencia del amigo: «Parece que me comen las espaldas en ver quál debía estar de gente.»

La curiosidad también se expresa a través de una acotación: «... Yo comienco de aguzar la orejas.»

La risa y las lágrimas se anuncian mediante ese recurso. Un Juan asombrado de la poca civilidad de Mata registra la carcajada con la que éste recibe el cuento de los padecimientos de Pedro en las galeras: «¿De qué os reís o a qué propósito?» (p. 139). Pedro expresa el sentimiento que le procura la experiencia estudiantil de Mata así: «Maldito seáis si no me habéis hecho echar tantas lágrimas de risa como esta tarde de pesar con vuestros corchetes» (pp. 360-361). Mata indica el efecto que tiene sobre él le relato de Pedro: «Con ningún quento me habéis hecho saltar las lágrimas como en éste» (p. 178). Estas dos últimas acotaciones contienen referencias implícitas al modo de contar de los amigos. Por su comentario, Mata, por ejemplo, se refiere a la intensidad con la que Pedro ha narrado

---

[24] En pasajes como éste se subraya la situación económica de Juan y de Mata. Recordemos que este último ya declaró su comodidad al principio del diálogo, provocando la cólera de Juan: «Yo por nosotros juzgo lo que dize ser verdad, que estamos en una casa, qual presto veréis muy ruin, pero como comemos tam bien que ni queda perdiz ni capón ni trucha que no comamos, no sentimos la falta de las paredes de fuera, pues dentro ruin sea yo si la despensa del rey está ansí. Acabad presto vuestro viaje que aquí nos estaremos todos, y no hayáis miedo que falte la merced de Dios, y bien cumplida. Algunas veces estamos delgados de las limosnas, pero como se confiesan muchos con el señor Juan y comunican casos de conciencia, danle muchas cosas que restituya, de las quales algunas se quedan en casa por ser muerta la persona a quien se ha de dar o por no la hallar» (p. 116). Es evidente la ironía mordaz de este pasaje. Para Mata, lo que Juan hace es práctica corriente. En momentos como éste, el autor del diálogo hace sus críticas más feroces contra los miembros de la iglesia, las cuales no tienen nada que ver con las burlas que se fomentan en los cuentos tradicionales contra los clérigos. Pues aquí se ataca toda una institución y su filosofía ética.

los episodios de las tentaciones. Pone de relieve la acogida de la que goza el relato del cautivo.

Por acotación también se señala que uno de los personajes se siente ofendido. En la charla sobre los teólogos cabe recordar la exclamación de Juan: «Yo hago como dicen orejas de mercader, porque jugáis dos al mohino.»

Por acotación se marcan los silencios de los personajes. Los silencios denotan una tenue oposición al contenido de la plática, una falta de interés en la conversación o mera impaciencia. Apuntan también al sentido de orden y mesura. Los interlocutores saben esperar su turno. He aquí unos cuantos casos. Juan está preguntando sobre la religión de los turcos. Después de haberse quedado callado un buen rato, Mata prorrumpe: «dense prisa, señores; ya saben que ha rato que estoi mudo» (p. 398). Esta protesta nos hace sentir su presencia, aunque muda.

En otro momento, los amigos hablan de las costumbres turcas. Juan señala el ansia del compañero por hablar a través de la alusión siguiente: «Media hora ha que vi a Mátalas Callando que estaba reventando por esta pregunta» (p. 437). Mata, no obstante, espera el momento oportuno. Junto con esto indiquemos los mandamientos de silencio. Contra la garrulería de Mata, Juan explota: «dexad hablar a Pedro y callad vos». Y en la conversación sobre el Corán, le ruega que tenga paciencia: «Callad hasta que yo acabe, que después ternéis tiempo sin que nadie os estorbe.» Mata declara su impaciencia así: «Con esa esperanza estoy más ha de una hora.»

Cabe advertir que este tipo de observación, que señala un límite temporal, alude a la duración de la conversación y le da al lector cierto control sobre el tiempo, creando, al nivel de la organización de la materia, una semblanza de orden y continuidad. El lector está al tanto del tiempo que pasa. Vive el acontecimiento con el oyente. La hora también se marca por medio de la conversación:

JUAN: ¿Qué hora es en este puncto que estamos?
MATA: Las siete y media.
JUAN: ¿Cómo?
MATA: Porque media hora ha que tañeron los fraires a media noche, y de las çinco que el sol se puso aca son siete horas y media.» (p. 359)

Sabemos también cuándo Mata se levanta. Este lo indica así:

JUAN: Contá.
MATA: Siete.
JUAN: ¿Habéis contado las otras?
MATA: Callad; ocho, nueve, diez dio por cierto. (p. 380)

No hay largas narraciones introductoras del escenario, del vestido de los personajes, de sus estados de alma, tal como ocurre en muchos de los diálogos del Medioevo y del Renacimiento [25]. En el *Viaje de Turquía*, lo

---

[25] En cambio, en el *Decameron, Il Cortegiano,* ciertos diálogos de Bembo se observa un cuidado insistente por parte del autor por estilizar el retrato de los personajes y del cuadro en que se mueven y platican.

vemos todo desde la perspectiva de distintos yos que se dibujan dentro de la confrontación dialógica. De ahí el papel importante de la acotación. El personaje juega varios papeles, incluso el de la voz narrativa. Este método de poner en evidencia al otro mediante un sistema de acotaciones injeridas en el texto permite una penetración total del lector dentro del contexto mental de los personajes, los cuales se convierten en «conciencias en acción» [26].

El aparte es poco frecuente en el *Viaje*. El autor lo ha evitado probablemente porque, al tratarse de un diálogo, este procedimiento dramático no hacía al caso. Por requerir el diálogo el método retórico de la *disputatio*, el personaje tiene que estar al tanto de lo que el otro dice. Es más, el diálogo se escribe para ser leído, prescindiendo así de un auditorio. En el teatro, el aparte crea una cierta intimidad entre el personaje y el espectador, excluyendo, mediante este procedimiento, a los demás personajes. Esta complicidad se funda sobre la acción dramática. Ahora bien, en el *Viaje* no hay una acción dramática sostenida de cabo a rabo que permita de cuando en cuando la exclusión de uno de sus miembros. Por tanto, no se puede establecer el tipo de complicidad que requiere la comedia. Aquí el aparte desempeña una función ideológica al traducir la disconformidad de uno de los personajes con la opinión ajena.

He recogido dos apartes en el texto. El primero se realiza al principio del diálogo y precede la exposición filosófica de Mata:

MATA: No me la iréis a pagar en el otro mundo, ansi Dios me ayude.
JUAN: Si no habláis más alto, este aire que da de cara no me dexa oyr. (p. 100)

El segundo expresa la duda de Mata cuando Pedro afirma haber pagado muy poco dinero por el caballo que lo saca de Constantinopla:

MATA: Tenedle, que corre mucho.
PEDRO: ¿Qué decís?
MATA: ¿Que si corrían mucho?
JUAN: No dixo sino una malicia de las que suele. (p. 254)

Dentro del mundo del diálogo el aparte es, pues, casi una contradicción. Sin embargo, encuadra perfectamente con la personalidad de Mata, quien, cuando no disiente, demuestra su independencia e inconformismo como puede. Concuerda también con su deseo constante de descubrir la verdad a pesar de todo y todos.

En resumidas cuentas, la teatralización anima una conversación que podría ser aburrida y crea un parecido de acción dramática que nos vierte en el universo de la comedia de un Plauto o un Terencio. El mundo de los personajes se desconvencionaliza gracias al esfuerzo del autor por recrear sus peculiaridades físicas y mentales dentro de un ambiente natural, realista y verosímil.

La narración autobiográfica de Pedro se incorpora en este ámbito teatral y conversacional a la vez, donde reinan Juan y Mata. Los dos interlocutores

---

[26] Lo mismo puede observarse en *La Celestina*. Remitirse al estudio de S. GILMAN, *La Celestina: arte y estructura* (Madrid: Taurus, 1974).

organizan la conversación que se yuxtapone a la autobiografía. Mata propone el orden en el que se han de contar las aventuras de Pedro y declara el papel que cada uno de los oyentes va a desempeñar en el curso de la presentación autobiográfica. A ellos les incumbe la responsabilidad de hacer preguntas, o sea, dar forma a la relación, moldeándola según cumpla sus necesidades, e imponiendo un orden particular: «... nosotros os iremos preguntando, que ya sabéis que más preguntará un necio que responderán mil sabios. ¿En dónde fuiste preso y qué año? ¿Quién os prendió y adónde os llevó? Responded a estas quatro, que después no faltará, y la respuesta sea por orden» [27] (p. 129). El orden y la unidad narrativa se logran mediante la imposición de un orden cronológico y una estructura clara que se refleja en las preguntas organizadoras. Mientras tanto, Pedro ofrece el tema general de su discurso: «... las condiciones y costumbres de los turcos y griegos os contaré», y reafirma su postura de testigo de vista advirtiendo a sus amigos que no duden de su palabra: «... con apercibimiento que después que los turcos reinan en este mundo, jamás hubo hombre que mejor lo supiese, ni que más allá privase» (p. 128). También pide a sus amigos que se establezcan unos acuerdos que limiten las interrupciones vanas: «Yo determino de hazer en todo vuestra voluntad; mas antes que comience os quiero hazer una protesta porque quando contare algo digno de admiración no me cortéis el hilo con el hazer milagros; y es que por la libertad que tengo, que es la cosa que más en este mundo amo, sino plegue a Dios que otra vez buelva a la cadena, si cosa de mi casa pusiere ni en nada me alargare, sino antes perder el juego por carta de menos que de más» (p. 128), ruego que Mata pasa por alto desvergonzadamente al recordarle al amigo el refrán: «más preguntará un necio que mill sabios».

De esta forma el relato es impulsado por una serie de preguntas acumuladas, todas en una misma oración. Este procedimiento ocurre otras veces en el diálogo. Sobre su modo de curar le preguntan: «N'os tomaban en mentira? ¿Cómo os eximiáis?» (p. 204). En el momento de empezar la narración de la fuga: «¿Todo eso tenemos a cabo de rato? ¿Pues qué consejo tomastes?» (p. 252). Una vez acabada la historia de su peripecia marítima, Mata propone las preguntas siguientes para introducir el tema del viaje por Italia: «¿Qué cosa es Nápoles? ¿Qué tan grande es? ¿Quántos castillos tiene?» (p. 338)

Agrupar las preguntas es importante para la manera de cómo se va a construir el diálogo. Estas dan sentido y dirección al relato y sirven, de cierto modo, de esbozo de éste. Son una especie de índice general antepuesto al episodio que va a narrarse para indicar la materia que contendrá. Introducen. Organizan. En fin, le permiten al narrador contar ordenada-

---

[27] En los coloquios de Erasmo y ciertos diálogos de Luciano, la información que los interlocutores requieren del recién llegado se forma mediante una serie de preguntas yuxtapuestas. Así es el caso de los diálogos de Menipo y los diálogos de los muertos de Luciano. Por lo que se refiere a ERASMO, véase el *Coloquio de los viejos* o el *Coloquio de Erasmo*. Las preguntas brotan instintivamente. Respaldan la emoción del personaje en volver a ver al compañero ausente después de una ausencia larga. Las preguntas son el resultado de la sorpresa, alegría y curiosidad. Por tanto, impulsan el relato y el diálogo.

mente sin sufrir interrupción inmediata, dando a lo que relata un parecido de novela gracias a la continuidad que promueven.

Tanto Mata como Juan controlan una narración que se convierte en un ejercicio de composición literaria, precisamente por el tipo de participación que imponen. Juan se atiene a la organización general de la plática, eliminando todo lo que no participa del cuento que se está narrando. Por eso, en el episodio sobre la enfermedad de Pedro, Juan detiene el ímpetu intrometido de Mata, que entra en la conversación con una pregunta que no hace al caso. Le dice: «No mezclemos, por amor de Dios, caldo con berzas, que después nos dirá la vida y costumbres de los turcos; agora, como ba, acabe de contar la vida suya. ¿Qué fue de vos después de sano de la pestilencia?» (p. 194). En la digresión sobre la vida religiosa del monte Santo, Mata, una vez más, busca divertir la charla sobre el tema más agradable de las mujeres de Grecia. Juan lo frena y reanuda el hilo de la conversación con una pregunta: «Dexaos agora deso; ¡mira adónde salta! ¿Quál es la tercera Quaresma?» (p. 284). También, después de la broma de las uvas que Pedro inflige a su ayudante judío, Mata pregunta si se celebra misa católica en Turquía. Juan interviene: «Eso será para quando hablemos de Constantinopla; agora sepamos en qué paró la cura del Baxá.» (p. 231)

Las preguntas de Juan suelen enlazar los distintos momentos narrativos que atañen más específicamente a la religión. En el episodio de las tentaciones Juan es quien pide la continuación del relato: «¿Quál fue la segunda vez que quebró la paciencia?» (p. 187). La pregunta está hecha para destacar el papel heroico que desempeña Pedro. También preconiza la vuelta próxima al tema central luego de la digresión sobre la leyenda negra: «aquí nos estamos para volver» (p. 146). Sirve de memoria al relato cuando Mata se despista (conversación sobre los relojes). Juan tiende además a poner el acento sobre la cualidad de la charla. La serie de anécdotas sobre la leyenda negra se acompaña de un comentario apreciativo: «también esto ha estado excellente» (p. 146). Pues si ordena, también alaba, convirtiendo la plática en un ejercicio retórico en el que los interlocutores se ensayan en el juego de la persuasión. Juan admira la oratoria de Pedro en el relato de las satisfacciones contra los médicos judíos: «la satisfacción estubo muy aguda, como de quien era...» (p. 210). Empieza la conversación del segundo día con una fórmula elogiadora: «Es tan el gusto que con lo que anoche nos contastes de vuestra peregrinación resçibí, que no veo la hora que volvamos a la plática» (p. 385). Estas alabanzas hacen resaltar tanto la malicia como la virtud. De ahí el comentario ensalzador al cuento de las astucias de los cautivos (p. 191).

Si bien Juan presta atención a la coherencia narrativa, poniendo un freno al ansia de preguntar de Mata, éste propulsa el relato (p. 126), y sirve de memoria proporcionando una continuidad que engendra la unidad narrativa. Al acabar la digresión de la leyenda negra, Mata recuerda a un Pedro confuso, dónde quedó su historia, «... en el quento de la sortija» (p. 146). Lo mismo sucede en el cuento de las tentaciones. Pedro pierde el hilo de su relato. Al olvido de Pedro, «y no sé que me iba a deçir», Mata replica, «lo que os dixo el judío quando se acabó la paçiençia»

(p. 183). Después de la larga digresión sobre la vida del monte santo, Pedro pide ayuda para reanudar el cuento:

> PEDRO: Yo no tengo memoria en dónde quedó la plática prinçipal.
> MATA: Yo sí. Quando en Sancta Laura el prior os dixo que si queríais ir a trabajar con los hermanos y respondistes que eráis casado. (pp. 289-291)

El ex cautivo transforma el papel estructural de Mata en un aconteci-miento importante. Alaba el deseo de Mata de aprender, dándole al hecho un valor moral: «Gran deseo es el que Mátalas Callando tiene de saver, pues tiene tanta atençión al quento» (p. 291). Este comentario no deja de sugerir la ejemplaridad de su relación. No cabe duda de que su autobio-grafía algo tiene de una novela ejemplar.

Mata controla el relato demorando o precipitando la narración de un episodio. En el cuento de la vida en las galeras se exclama: «No salgamos, por Dios, tan presto de galeras» (p. 152). Después de unas cuantas pre-guntas, ordena que se siga adelante. En la conversación sobre la vida en monte santo detiene la digresión sobre la renta de los sacerdotes para que se cierre el paréntesis: «Acabemos si os paresçe a Monte Sancto que des-pués daremos una mano a lo que desto quedare» (p. 287). Después del episodio de las tentaciones sugiere que se concluya el relato empezando: «El fin sepamos del trabajo. ¿Cómo se acabó la casa?» (p. 192). Un ejem-plo de precipitación lo tenemos cuando Pedro está hablando del monte santo. Mata quiere saber cómo se limpian después de haber comido: Pedro se exclama: «¿Pues aun no nos hemos sentado a la mesa y ya queréis limpiar?» (p. 277). También es Mata quien marca el momento de volver al relato central después de las digresiones ideológicas para no ofender a Juan: «Ya veo que Juan de Voto a Dios no puede tragar estas píldoras. Vaya adelante el quento.» (p. 266)

Todos se esfuerzan por organizar el diálogo en forma coherente divi-diéndolo en unidades temáticas. Mientras Pedro se niega a hablar de Grecia al principio de la conversación porque no la había visitado todavía (p. 153), estableciendo la unidad narrativa al nivel simple de la cronología, Mata pro-pone que se hable del entierro del Bajá cuando el ex cautivo anuncia su muerte por encajar temáticamente en la plática (p. 241).

Este orden es, pues, esencial en el hacer dialógico. Los personajes hil-vanan el relato a medida que charlan, destacando ciertos elementos, con-firmando otros. Pedro, desde luego, acepta las interrupciones cuando son apropiadas y cuando le permiten desplegar con brillo su sabiduría. Las rechaza, no obstante, al hacerse muy pesada la intromisión desquiciada de Mata (p. 402).

Por lo demás, cada personaje actúa libremente en el diálogo, según su personalidad e interés lo requieren.

Sin deseos de verificar con datos históricos o geográficos la información que Pedro pretende proporcionar, Juan admite incondicionalmente la sin-ceridad del antiguo compañero de Alcalá, afanoso de recibir el conocimien-to del que carece. Basa su decisión de creer al amigo sobre el cambio que ha sufrido durante su larga ausencia: «No hemos menester más para creer eso, sino ver el arrepentimiento que de la vida pasada tenéis y hervor de la enmienda y aquel tan trocado de lo que antes erais» (p. 128). Su confianza se verifica a lo largo de la plática (p. 225). En el comentario, sin embargo, la información sobre los turcos desentona tanto con lo que se publica por España que Juan no puede menos de expresar sus dudas, aunque tímidamente: «Una merçed os pido, y es que, pues no os va nada en ello, que no me digáis otra cosa sino la verdad; porque no puedo creer que, siendo tan bárbaros, tengan algunas cosas que parezcan llebar camino» (p. 395). Ya no volverá a dudar del amigo a quien escucha con veneración y asombro. Mata, por lo contrario, no se deja convencer fácilmente y asegura que todo lo que hay que saber se sabrá preguntando hasta la saciedad.

A Mata le gusta contradecir, dudar, azuzar a los amigos. Estos rasgos se reflejan en las preguntas y en su forma de hacerlas, los cuales se dibujan, por ejemplo, en la charla sobre el viaje de Pedro por Italia. Mata lo sella con la pregunta en forma de *leit-motiv:* «Antes que se nos olvide, no sea el mal de Gerusalem, ¿llega allí la mar?» (p. 339), recordando la mentira de Juan. Hace de la pregunta el hilo que une las distintas partes del diálogo y el principio unificador de toda esta charla. La pregunta irónica tiende a crear un ambiente relajador que divierte al mismo tiempo que pone de relieve la oposición sobre la que está construido el diálogo: la mentira, representada por Juan, y la autenticidad histórica y humana, representada por Pedro. Mata controla gran parte del relato sobre Italia. Pues se trata de llegar al fondo de las cosas. Mata sabe hacerlo, así como señala al final de la conversación del primer día: «Dexadme vos a mí el cargo de preguntar, que yo os le sacaré los espíritus. ¿Bien no se los he sacado en estotro?» (p. 379). Desde luego, espera que empiece la relación antes de depositar en el amigo una confianza muy relativa, puesto que, a lo largo de la plática, expresa su disensión sobre la información de Pedro. Funda la primera expresión de su confianza sobre la emoción que mana del cuentista cuando relata las circunstancias de su esclavitud (p. 138). Explaya así la importancia del sentimiento que logra convencer de la veracidad del relato. Es este aspecto el que Mata subraya a menudo durante la relación del peregrino.

Además, parece querer desempeñar también el papel de ignorante para que se destaque mejor la ejemplaridad del relato de Pedro (p. 327). Mata también atisba el valor ejemplar del cuento al presentarlo como un proceso de enmienda individual. Promete que Juan acabará sus hospitales tal y como favorezcan mejor al pobre y proclama que el comentario de Pedro sacará sus frutos, cuando Juan propague la noticia del amigo: «De lo qual Juan de Voto a Dios podrá quedar tan docto que pueda hablar donde quiera que le pregunten como testigo de vista; y en lo demás, que nunca en ninguna parte hable de Hierusalem, ni la miente, ni reliquia ni otra cosa alguna, sino dezir que las reliquias están en un altar del ospital, y que nos demos prisa a acabarle, aunque enduremos en el gasto ordinario...» (p. 127)

El diálogo que se entabla entre los episodios autobiográficos funciona mediante el recurso de la digresión. En el contexto del inciso intervienen comentarios sobre los detalles que los oyentes quieren elucidar. El horizonte vital del héroe se perfila mediante la inclusión en su narración de un relato de su mundo circundante.

El diálogo acontece en dos niveles: el colectivo —se discuten las instituciones, moral, costumbres de diversos pueblos que el protagonista conoce, y el individual—, cada personaje habla de su vida y plantea sus problemas desde su experiencia propia. Pues la experiencia personal de cada uno determina y explica su interpretación de los fenómenos colectivos. Pedro aclara este punto al final de la discusión sobre la pronunciación de las lenguas, donde acusa a sus amigos de ignorantes: «Estos son primores [de orden lingüístico] que no se habían de tratar con jente como vosotros, que nunca supo salir detrás los tiçones, mas yo querría que saliéseis y veríais» (p. 321). El relato de cada una de esas experiencias resulta del establecimiento de unas normas vitales particulares. Así, Pedro define su filosofía de la vida desde su nuevo ser. Es, desde luego, a partir de la situación filosófica de Pedro que se propone la moral del diálogo y se refuta el mundo de Juan. Esta filosofía se resume en unas palabras que Pedro pronuncia cuando es acusado por Juan de maldiciente: «Nunca os pese de saber, aunque penséis que sabéis, y hazed para ello esta quenta, que sin comparación es más lo que no sabéis vos y quantos hay que lo que saben, pues quando os preguntan una cosa y no lo sabéis olgaos de deprenderla, y hazed quenta que es una de las que no sabíais» (pp. 363-364). Es precisamente esta cualidad de curiosidad intelectual la que admira en Mata.

Las digresiones funcionan a través de comentarios, preguntas y anécdotas. Interrumpen el fluir narrativo y vierten a los interlocutores en discusiones sobre aspectos de la vida profana y espiritual que los tocan íntimamente.

Ciertas digresiones atañen a problemas técnicos y cuestiones de vocabulario. Sirven entonces de fuente informativa, ya que tratan todo lo superfluo en cuanto a la narración propia. Se desarrollan en grupos de réplicas corridas que acentúan un aspecto particular de la cuestión bajo discusión. El sentimiento que va vinculado a este tipo de movimiento dialógico corresponde a la sorpresa, al asombro o a la duda; esto se experimenta perfectamente en las preguntas que inician la charla sobre el rosario, por ejemplo (pp. 264-265). El método permite la exploración a fondo del conflicto entre las dos tendencias en presencia, haciendo de una de ellas el blanco contra el que disparar. Los personajes concentran su interés en un punto específico. Después de haber pasado por esa fase en la que sus compañeros comprometen su filosofía y la veracidad de su historia alzando protestas e ironizando (Mata), Pedro propone una disertación que explique el caso detalladamente. Este grupo de preguntas-respuestas sirve de preparación a la exposición filosófico-ética de Pedro y, al mismo tiempo, entesa el efecto de veracidad de su historia al aportar nuevas pruebas que consolidan la exposición previa.

Estas retahílas interrogativas tienen una función precisa: revitalizan el interés en la discusión y aportan nuevos argumentos conflictivos que Pedro puede rebatir para demostrar que sabe lo que dice. Son pausas dinámicas que abren camino a las disertaciones sobre la religión, la política, la guerra.

La digresión ocurre a lo largo de la relación. Impulsa el proceso narrativo a través de esas preguntas que animan al narrador a que siga adelante y demuestran el ansia de los amigos de Pedro por aprender (p. 152). Sirven también para encauzar el relato de Pedro (p. 192)[28]. De esta forma nos enteramos con más detalles de la vida del cautivo en distintos momentos de su peripecia (p. 281)[29]. El estilo de las preguntas refleja la experiencia vital con humor e ironía. Ninguno de los dos españoles ha vivido miserablemente ni ha sufrido cambios drásticos de fortuna, por ejemplo. Estos hechos se percatan en su manera de expresarse, y la ironía brota del contraste que se establece entre sus preguntas y las contestaciones de Pedro, que, a su vez, apuntan nítidamente las fronteras que separan sus mundos respectivos:

MATA: Y quando os tomó el general, ¿vistiós luego?
PEDRO: No, sino calzóme, y bien.
MATA: ¿Cómo?
PEDRO: Lleváronme luego a un barco donde estaban dos remadores y faltaba uno, y pusiéronme una cadena al pie, de doze eslabones y enclabada en el mesmo banco... (p. 135)

MATA: Y a beber ¿dan vino blanco o tinto?
PEDRO: Blanco del río, y aun bien hidiendo y con más tasa que el pan. (p. 136)

MATA: ¿Quién os lavaba la ropa blanca?
PEDRO: Nosotros mesmos con el sudor que cada día manaba de los cuerpos... (p. 137)

JUAN: ¿No podían mirar que erais hombre de bien y que en el ávito que llevabais no erais ladrón?
PEDRO: El ávito de los esclabos todo es uno de malos buenos, como de fraires, y aun las mañas también en ese caso, porque el que no roba no come. (p. 139)

En la parte dedicada al comentario se siguen haciendo este tipo de preguntas, que acusan una manera de ser específica. Se habla de los soldados turcos y españoles:

JUAN: Hartas veces duermen también en el campo sin cama.
PEDRO: Será por no la tener.
MATA: ¿Lleban putas?
PEDRO: En todo el exército de ochenta mill hombres que yo vi no había ninguna. (p. 421)

Este juego de preguntas cortas permite también deducir una moraleja de índole existencial, tal como ocurre al principio en la plática sobre la vida del cautivo en las galeras: «Caro cuesta desa manera el ver cosas nuebas y tierras estrañas. En su seso s'está Juan de Voto a Dios de no poner

---

[28] También pp. 251, 266, 287, 329.
[29] Pp. 286, 239.

su vida al tablero, sino hablar como testigo de oídas, pues no le vale menos que a los que lo han visto.» Como muchas veces en el diálogo, el ejemplo se utiliza para burlarse de Juan.

Pedro se sirve de esta clase de digresiones para alardear de su vasto conocimiento de hombre de mundo, gracias a lo cual su posición de testigo de vista adquiere mayor firmeza (p. 479, en el comentario). Con todo, su autobiografía sale de los límites de lo puramente individual y local y se extiende hasta abarcar el mundo occidental en toda su complejidad. De ahí que nos hable de la organización política de Quío, la historia de la familia Grimaldi (p. 373), la vida de los frailes de Monte Santo (p. 281), o que aclare la historia de la antigua Troya (p. 316) y recupere la referencia literaria de Boscán para situar sus aventuras de forma clara y en terreno familiar (p. 266).

Más importantes son, sin embargo, las digresiones que exponen la corrupción del mundo católico y ofrecen un programa de reforma tanto moral como política, económica y pedagógica. Pedro indica entonces que España debería mirar el mundo en su derredor desde una perspectiva internacionalista. Por eso se opone a las ideas, todas hechas, que tanto Juan como Mata oponen a sus declaraciones (p. 168) y proclama la necesidad de ser tolerante (p. 134). Su propósito es, por consiguiente, destruir el parroquialismo peligroso de la política, religión y educación españolas, y abrir las puertas del entendimiento español hacia otras formas de vivir y pensar. Pedro afirma el uso de la reflexión y razón para alcanzar la verdad y vivir razonablemente, manteniendo siempre su fe en Dios (p. 146). Según el ex cautivo, la fe verdadera y obediencia a la doctrina del Evangelio permiten acercarse al mundo de una manera disquisitiva. Rechaza todo tipo de desviación y superstición (p. 350) y proclama que la verdad absoluta está en Cristo, y en Dios, el padre (pp. 321, 389). Pedro hace del Evangelio una filosofía de la vida, excluyendo toda interpretación dogmática. Este punto queda implícito en la lección que le inflige al judío que no quería trabajar los sábados (p. 230). Pedro destaca este hecho nítidamente en la conversación sobre la misa hablada y sobre el rosario. Va hasta confirmar que el Evangelio es fuente original de todo conocimiento cristiano, y en el episodio donde narra su llegada problemática a Sicilia recrimina a Juan por apoyar sus opiniones sobre fuentes secundarias: «Sin Sant Pablo, lo dixo primero Christo a Nicomedus, aquel prínçipe de judíos: Spiritus ubi vult, spirat...» (p. 334)

Solicita de sus amigos una postura crítica para con la realidad de su época. El mundo no es tan bello como lo pinta Juan ni tan sencillo como lo representa Mata. Pedro introduce una tercera posibilidad que atañe a la extraordinaria complejidad de todas las cosas debajo de la luna en el mundo de los hombres. De ahí la importancia de su autobiografía, que desempeña a un nivel moralístico la función de los relatos de Petronio en el *Conde Lucanor*. Por un lado es ejemplo ético y por otro profesa lo intrincado que son la existencia y las relaciones entre los hombres. Desde luego, provoca los comentarios entusiastas de Juan y de Mata, quienes vuelven a acercarse a Dios a medida que la narración adelanta. Hasta Mata expresa sus sentimientos para con Dios con estas palabras: «Todos somos obligados a quererle, por quien El es, sin intherese, quanto más que no hay hora ni momento que no nos hace mill merçedes. ¿No miráis el orden y conçierto con que lo ha contado todo?» (p. 379)

Veamos estas digresiones más de cerca y desmontemos el mecanismo de unas cuantas.

En la plática sobre la organización del trabajo de los esclavos en tierra, Juan se asombra del hecho de que los turcos se fíen tanto de los cautivos cristianos. Este elemento de la exposición inaugura la primera conversación sobre los cristianos. Se habla de los guardianes de cautivos. Pedro los pinta crueles, soberbios y falsos. La palabra «parlero» mueve el ámbito turco al español. Mata opone a esos «malsines» los de España, a quienes critica ferozmente. Un comentario de Juan desvía la conversación hacia una apreciación del sacerdocio en España. Y de ahí se habla de los predicadores. Una vez más, es Mata quien sugiere un tema subversivo para la discusión. En su discurso coteja la proposición ética de Pedro con la realidad española, destacando la corrupción de la iglesia. Pedro, por su conocimiento del mundo, inserta el caso del predicador en un contexto extranjero. El cambio de registro orienta el diálogo hacia una apreciación objetiva del nivel cultural de los sacerdotes españoles. Pedro los acusa de no saber nada de retórica. El tema de la misa «rezada a voces» introduce la participación de Juan, quien sostiene la opinión común sobre el asunto. Según él, lo que el vulgo no acepta no es digno de consideración. Pedro afirma entonces que no son los hombres quienes intuitivamente deciden lo que es bueno o malo de una forma arbitraria, sino que es la razón la que debe guiar al hombre hacia el descubrimiento de lo bueno y lo malo mediante un esfuerzo analítico: «¿Qué se me da a mí de los usos, si lo que hago es bien hecho? En verdad que lo de dezir alto la misa que es una muy buen cosa; porque el precepto no manda ver misa sino oírla, y es muy bien que aunque haya mucha gente todos participen igualmente.» (p. 168)

Por expansión del tema se llega a esquiciar un dibujo elemental de la sociedad cristiana, el cual se va completando y especificando a medida que la autobiografía de Pedro va tomando relieve. Aquí los interlocutores tocan un aspecto del mundo cristiano. Los confesores son unos falsos. La iglesia española es una institución para ricos, y lo único que los curas buscan es complacer a los que tienen poder. En resumidas cuentas, el clérigo español es ignorante e hipócrita. El propósito del método discursivo de Pedro, quien colabora directamente con Mátalas Callando, es conducir al adversario a que descubra poco a poco y de por sí el problema mostrándole el asunto discutido desde perspectivas diversas. Se trata de acorrolarlo a través de una presentación variada de argumentos numerosos. Una vez que el dogmatismo de Juan se destaca claramente, los interlocutores mudan de rumbo y vuelven a la narración central, bajo intimación de Mata: «Allá se avengan; determínenselo ellos. ¿Cómo fue después con vuestros enfermos y las medicinas que tomastes?» (p. 168)

En el episodio de la epidemia de pestilencia, Pedro afirma el derecho del ser humano a disentir y propone, una vez más, el uso de la razón en el planteamiento de todo problema vital. El tema de la peste suscita el interés de Juan en cómo enterraban los turcos a los cristianos. La información que

Pedro proporciona incita la indignación de Juan, sentimiento que Pedro explota para sugerir que el uso turco es tan válido como cualquier otro. Destaca de este modo el dogmatismo nefasto de los juicios de Juan: «¿Qué diablos se me da a mí, después de muerto, que me entierren en la caba o en la horca muriendo buen cristiano...?» (p. 158). De hecho, el cristianismo de Juan se funda en los ritos exteriores. En su mundo el acto importa más que el pensamiento o la reflexión. Esta corrupción característica del católico español medio, así como lo demuestra Mata en sus variados comentarios sobre la debilidad de sus compatriotas, es la que Pedro analiza y derrumba. En las charlas sobre el relicario, el rosario o las supersticiones, Pedro apunta el carácter superficial y destructivo de la posición de la iglesia católica y de sus sacerdotes sobre el asunto. Pues Pedro diseña la imagen de un cristianismo que se ha olvidado de Cristo. En este cuadro, Juan es el paradigma de esa iglesia sin identidad evangélica.

El método dialéctico es claro. Una pregunta o comentario fuerza una digresión en la que se organiza una discusión cuyo propósito es compeler al interlocutor menos favorecido por el espíritu crítico a que razone y deduzca de sus disquisiciones la verdad del caso. Pedro enseña a sus amigos que ha aprendido a pensar allende las fronteras nacionales. Al final de la digresión, el personaje atacado queda sumergido por una realidad que no había mirado nunca de cara.

El papel de Pedro consiste en dudar de la verdad comúnmente difundida y derrumbar los pilares de un mundo demasiado conformista (p. 249). Es más, Pedro pone de relieve la cargazón ideológica del vocabulario común y corriente, el cual refleja la ideología vigente. Conviene, por consiguiente, redefinir los conceptos lingüísticos según un sistema de significación propio. Este hecho aparece con toda claridad en la charla sobre el entierro del Bajá. Mátalas Callando quiere saber qué provechos Pedro sacó de su estancia en Turquía. Mata define la palabra provecho desde su mundo y experiencia, o sea, en términos de un beneficio material. Provecho, en este caso, quiere decir dinero. Pedro da a la palabra una significación distinta que concuerda con su postura moral y filosófica nueva. Pues, para él, provecho denota instrucción, sabiduría. Por eso pone el valor de su experiencia en el extranjero, en las lenguas que domina ahora y que le han ayudado a escapar de Turquía. Para Pedro, los bienes materiales que todos codician son perecederos. La cultura, por lo contrario, es permanente y fortalece el alma e intelecto. Pedro ensalza los conocimientos que ofrecen a los hombres la oportunidad de ensanchar sus horizontes; pues por las lenguas, dice nuestro héroe: «supe muchas cosas que antes ignoraba». La instrucción es la mayor riqueza, ya que «con todo se están [las lenguas] en pie, y los dineros fueron gastados; quanto más que, si yo más allá estubiera, no faltara, o si mi amo vibiera» [30]. (p. 246)

De una forma muy sutil Pedro pica, y al picar desmorona los cimientos

---

[30] En el *Addendum*, de CERVANTES DE SALAZAR, al *Camino de la sabiduría*, de LUIS VIVES, leemos: «La ociosidad y regalos que son padres de todos males, no ay cosa que no afeen ni hombre fuerte que no quebranten» (fol. xi). Asimila el saber y la virtud con «la agudeza de ingenio» y «sanidad de entendimiento» (fol. ix).

sociales que sostienen las creencias vulgares. Una vez que la opinión del antagonista se destaca claramente, se abandona el tópico de los idiomas, tópico que provocará un debate sustancioso y apasionado cuando Pedro describa sus aventuras por Grecia. Juan sugiere que se vuelva al tema menos controvertible de la almoneda. Este regreso facilita una nueva alusión que toca esta vez el problema de «las limosnas d'España que hay para redemption de cautibos...», fuente de una crítica contra la organización política imperial. Juan pregunta: «¿No podrían hazer con qué rescatar en buen preçio hartos?» (p. 246). Una retahíla de preguntas sirve de contestación a la pregunta de Juan. Un comentario sugestivo de Mata compara el negocio de los que recogen las limosnas para la libertad de los cautivos con el de Juan. La conversación de tipo general reintegra el ámbito de lo familiar, o sea, de lo conocido y experimentado personalmente, concluyéndose de forma trivial con un tema de amplitud nacional. De ahí arranca un discurso sobre la corrupción de los católicos. Los sacerdotes son culpables de la fuerza del Gran Turco por no saber proteger a sus fieles y hermanos en religión. Pedro opina que la sociedad católica se ocupa demasiado con modos de ganar prestigio en lo temporal, olvidadiza de lo espiritual. La peroración de Pedro se construye a partir de una crítica contra los teólogos, quienes «andan en los púlpitos y escuelas midiendo a palmos y a jemes la potencia de Dios, si es finita o infinita, si de poder absoluto puede hazer esto, si es *ab eterno*...». (p. 247)

El orador se subleva contra la sofistería de esos pseudofilósofos que, al argüir sobre minucias de poco valor, desvían al cristiano de problemas que tocan a la salvación de su alma. Según el ex cautivo, estos sacerdotes son ciegos a las cuestiones candentes de su tiempo. En un párrafo magistral, Pedro bosqueja la miseria del cautivo que no tiene otro remedio sino renegar su fe para recobrar su libertad temporal, habiendo perdido toda esperanza en Dios y en sus predicadores. Apoya su argumento *ad hominem* en cifras que demuestran indiscutiblemente la indiferencia de los representantes de Dios para con sus hermanos: «Pasan de treinta mill ánimas, sin mentir, las que en el poco tiempo que yo allí estube entraron dentro en Constantinopla... No quiero dezir nada de lo que en Ungria pasa, que bien podéis creer que lo que he dicho no es el diezmo dellos; pues pluguiese a Dios que siquiera el diezmo quedase sin renegar...» (pp. 247-248). El mundo católico, en su conjunto, es culpable de la situación. Pedro va tan lejos como para votar por el militantismo del clero, a quien le incumbe la responsabilidad de defender por las armas «la sancta fe católica como lo tiene prometido el baptismo» (p. 248). Una serie de preguntas retóricas le constriñen a Juan a opinar. Mata provoca el retorno del debate filosófico-ético a la realidad tal y como. Explica que filosofar es inútil, puesto que la sociedad contemporánea es incapaz de distinguir entre el vicio y la virtud. La mentira reina y la ignorancia prevalece. Nuestro crítico explora este punto tomando a Juan como ejemplo de la perversión general: «... Yos prometo que si mi compadre Juan de Voto à Dios topara con otro y no con vos, que nunca él torçiera su braço, pues conmigo aún no lo ha querido torçer en tantos años, sino echóme en creer del çielo çebolla» (p. 249). La moraleja de la historia se condensa en una copla popular muy significativa:

> Los çiegos desean ver,
> oír desea el que es sordo
> y adelgazar el que es gordo
> y el coxo también correr;
> sólo el neçio veo ser
> en quien remedio no cabe,
> porque pensando que sabe
> no cura de más saber. (p. 249)

La crítica del papel que desempeñan los sacerdotes culmina en la declaración de Pedro de que ni el papa ni el rey hacen nada para rescatar a los cristianos cautivos. La cristiandad en su totalidad es condenable. Pedro reconoce que el rey debería, por lo menos, rescatar a sus soldados, por ser ellos los defensores verdaderos del reino y de la fe. Insiste en que el interés del monarca en la liberación de sus hombres instilaría una confianza renovada de los combatientes en sus dirigentes. Aquéllos lucharían contra el turco con amor y confianza, buscando siempre la victoria: «Podría el Rey rescatar todos los soldados que allá hay y es uno de los consejos adefeseos, como vos deçíais denantes, que las bestias como yo dan, sabiendo que el Rey ni lo ha de hazer ni aun ir a su notiçia...» (p. 250). Una realidad concreta y largos parlamentos demostrativos sirven para señalar el poco celo de los representantes de los poderes espiritual y secular en cuestiones de salvación.

La importancia del saber, notada ya en la digresión precedente, sale a relucir con argumentos explicativos y largos parlamentos cuando Mata quiere informarse sobre si existe alguna diferencia entre el griego clásico y el griego moderno. Una vez subrayadas las diferencias de orden lingüístico, Juan pregunta si el griego aprendido en España aprovecha para entender el idioma moderno. Pedro explica entonces que, aunque no es el caso porque el griego moderno es inculto y el español no sabe hablar ninguna lengua, el que ha estudiado una de las dos aprende la otra en poco tiempo. La referencia personal provoca una réplica de Mata en la que expresa sus dudas sobre el conocimiento verdadero del amigo, desplegando su táctica de preguntar hasta la saciedad. La reacción de Pedro es inmediata. Lo que profiere sirve de materia para un debate sobre la enseñanza de las lenguas en España, estimulado por la aseveración de Mata que, en el aprendizaje lingüístico, «el pronunciar es lo de menos». (p. 319)

La discusión sobre el valor de la pronunciación se encauza en una crítica del sistema pedagógico español. Pedro fustiga a los maestros por no enseñar lo debido y a los padres por no imponer una disciplina intelectual a los hijos. Pues el pronunciar bien una lengua extranjera vale tanto como o más que saber la gramática o el vocabulario. «Ninguna cosa hay en que se manifieste la barbarie y poco saber que en el pronunçiar, de lo qual los padres tienen grandíssima culpa y los maestros más» (p. 320). Pedro justifica aquí el contenido de una plática anterior sobre la leyenda negra, donde tanto Mata como él y Juan retratan a un español bárbaro, ignorante y despreciado de todos [31]. La barbarie, en esta digresión, se acentúa mediante una comparación con los italianos [32].

Pedro apoya su parecer a partir de casos concretos que demuestran la importancia del pronunciar: «Una cosa quiero que sepáis de mí, como de quien sabe séis lenguas, que ninguna cosa hay para entender las lenguas y ser entendido más neçesaria y que más importe que la pronunçiación, porque en todas las lenguas hay bocablos que pronunçiados de una manera tienen una significación y de otra manera otra, y si queréis dezir çesta, diréis vallesta» (p. 320). Este juicio se concretará más adelante a través de un ejemplo que Mata saca de su experiencia personal de estudiante de latín. La conversación que brota entonces de la presentación de Mata hace hincapié en la organización y espíritu de invención de los italianos. La plática se orienta poco a poco hacia un ataque directo del método de enseñar el griego y el latín en España (p. 360).

De ahí se encamina hacia modos de interpretación y análisis de los problemas científicos y filosóficos. Los médicos, representados por Pedro, con sus métodos y teorías científicas, se oponen a los teólogos, cuyo árbitro es Juan [33]. El tema radica en los conocimientos de retórica y filosofía de los

---

[31] Sobre la leyenda negra, remitirse al trabajo de SVERKER ARNOLDSSON, *La leyenda negra: estudios sobre sus orígenes* (Stockolm: Göteborg, 1960). El crítico sueco observa una exacerbación del odio contra los españoles cuando la dominación catalana. El sentimiento se intensifica cuando el «sacco de Prato» y el «sacco de Roma». Cita diferentes fuentes extranjeras, que retratan al español desde sus defectos. Guicciardini, por ejemplo, escribe: «E sono per essere astuti, buoni ladri; e però si dice que è megliore signore el franzese che lo spagnuolo...; ed anche lo spagnuolo per essere più sottile, debbe sappere meglio rubare» (p. 68). Arnoldsson sigue declarando que, según este italiano, «Fernando el católico era muy codicioso y que los españoles eran muy avaros por naturaleza, en el segundo caso las palabras del cronista aluden a la rapacidad de los soldados» (p. 69).

También indica que «el vicio capital que los italianos del siglo dieciséis atribuían con más frecuencia y unanimidad a los españoles es la soberbia» (p. 71). Son altivos y presumidos.

ARETINO nos pinta un soldado español, que se jacta de su origen noble sin motivo, en *Gl'Ingannati*. Arnoldsson cita: «Aunque vos paresque cosi male aventurade, io son de los buenos y bien nascidos ydalgos de toda Spagna.» La señora contesta: «Un miracolo non ha delto signore o cavaliere! poi che tuttigli spagnouli che vengon qua si fan signori.» (p. 72)

Estas son, pues, las características que Pedro, Mata y Juan describen. El hispanista sueco registra la siguiente canción dirigida al emperador Carlos I por los alemanes en 1546:

> ... Dios nos ayude aquí y allí,
> aquí el cuerpo y allí el alma,
> a escapar de los ardientes sufrimientos del infierno
> y de los orgullosos españoles. (p. 126)

[32] Pedro, desde luego, siente una admiración profunda por Italia, a la que describe como un centro de cultura y modelo de organización social. Cabe recordar las distintas referencias sobre la riqueza de la economía italiana al final del relato de sus naufragios para averiguar el sentimiento del héroe. El efecto de la plática es tal que Mata se exclama: «En fin, acá todos somos bestias, y en todas las habilidades nos exçeden todas las naçiones extranjeras; dadme, por amor de mí, en España, toda grande que es, una cosa tan bien ordenada.» (p. 337)

[33] El tipo de debate que surge de la confrontación entre los representantes de dos disciplinas distintas es común dentro del ámbito dialógico. Lo hallamos tanto en los

teólogos. Este tópico se había tocado brevemente en el diálogo sobre los predicadores y confesores españoles (p. 168). Por eso Pedro apoya su juicio sobre la exposición anterior de Mátalas Callando (argumento *a simili*) al insistir una vez más en la ignorancia de los predicadores españoles en materias tocantes a las escrituras y la filosofía. Destaca su dogmatismo y su falta de criterio crítico. Su autoridad, nos explica Pedro, es Santo Tomás y desconocen a todos los demás padres de la Iglesia. Los pensadores modernos no aparecen nunca en sus sermones y no hacen caso tampoco de la doctrina de los primeros padres. Pedro cita entonces a Crisóstomo, San Agustín, Basilio y otros.

Nuestro médico vincula explícitamente la doctrina escolástica con el aristotelismo a machamartillo de los teólogos españoles. Desacredita el valor de Santo Tomás y de Escoto como filósofos, e insiste en la necesidad de conocer todos los textos para saber dónde yace la verdad. De ahí que Mata le pregunte que explique la superioridad de los médicos en filosofía. Pedro hace hincapié en la diversidad de fuentes que utilizan éstos para investigar una cuestión. La verdad se halla en el estudio [34]. Contrastar las fuentes es esencial: «Escoto tiene por opinión en tal y tal questión que no. Alexandro de Ales, Nicolao de Lira, Juanes Maioris, Gayetano, diçen lo otro y lo otro, que son cosas de que el vulgo gusta poco, y creo que menos los que más piensan que entienden» (p. 322). Pues Pedro insta a la indagación científica pura. Así hacen los médicos, quienes «quando Platón diçe mejor, refutan a Aristóteles; y quando Aristóteles, diçen libremente que Platón no supo lo que dixo». Al juicio científico de los médicos, opone el criterio irracional del teólogo: «Deçid, por amor de mí, a un theólogo que Aristóteles en algún paso no sabe lo que diçe, y luego tomará piedras para tiraros...» (pp. 323-324).

Pedro pertenece a esa corriente de pensadores humanistas que brillaban por su clarividencia crítica y su despego racionalista para con la tradición. A Melchor Cano, Erasmo y Melanchthon segunda cuando sostiene que no puede haber teología sin un entendimiento profundo de los textos originarios. Parece que disienta de Cano, sin embargo, en el papel que debe desempeñar la Iglesia en la difusión de un proyecto de renovación total de sus premisas. Pedro parece condenar decisivamente la autoridad del papa por no cumplir con su deber de jefe de la cristiandad, y en materias filosóficas parece compartir la opinión de eruditos como Gómez Pereira, quien escribía en las primeras páginas de su *Antoniana margarita*: «Miror quidem nonnullos doctores scriptores, qui cum aliquam quaestionem ex his, quae fraequenter in physicis occurunt, explicandam sumunt, quod alteram par-

---

Colloquios, de PEDRO MEXÍA, como en los diálogos de Pedro de Mercado. En este último caso, pienso en el diálogo V «de la comparación de las ciencias», en el que discurren cuatro personajes especializados en un campo específico sobre qué ciencia es mejor. Los cuatro son: Joanico, médico; el licenciado jurista; Basilio, teólogo, y Julián, matemático.

[34] En su *Antoniana margarita* (Medina del Campo: G. de Millis, 1554), GÓMEZ PEREIRA deduce su filosofía de la religión. Divide claramente el universo de la filosofía natural del de la teología, ya que cada mundo debe ser enfrentado por el erudito de manera diversa. Como se ve en la cita, desconfía de la irrefutabilidad del valor de Aristóteles.

tium, quam veram esse credunt, abunde roborare existiment, dum Aristotelem sibi faventem duxerint: immemores, quam leviter adversi etiam in suas partes eundem trahere valeant, ipso adeo obscure ex professo scribente, ut ego existimo, ut duci in utram vis partem idem contextus facile possit: obliti etiam in rebus, quae speculationi, et non fidei attinent, autoritatem quamlibet contennendam. Certe satius huiusmodi scriptores lecturis consuluissent, si probassent, quam sutilibus autoritatibus mentes docendorum irretirent» [35].

Tanto para Gómez Pereira como para Pedro, toda cuestión de fe halla su contestación precisa en el Evangelio y sus comentadores. Ambos insisten en que la razón es la que guía al hombre hacia el descubrimiento de la verdad.

Pedro no parece ignorar tampoco las doctrinas nominalistas que, según Bataillon, se implantaron en Alcalá, universidad que frecuentaron, como se sabe, Pedro y Juan. Pertenece a esa corriente determinista que, siempre según Bataillon, «sutilizaba indefinidamente en el campo de la crítica del conocimiento» [36]. El hispanista francés declara que en Alcalá «parece haber una profunda correspondencia entre la acogida que se dispensó al nominalismo y la otra novedad que caracteriza a la escuela teológica de Alcalá: el estudio directo de la Biblia con ayuda de las lenguas originales de los dos Testamentos» [37]. Por lo que se refiere a nuestro texto, hay que recordar que la postura individualista de Pedro en materias que conciernen la teología y la filosofía no se han alcanzado dentro de España. Pedro no pierde ninguna ocasión de hacer resaltar este hecho a lo largo de los debates filosóficos que ocurren con Juan y Mata.

La discusión de las lenguas culmina en el acorralamiento del amigo. Las razones vulgares de Juan son destruidas por la fuerza argumentativa de Pedro. Dos veces intenta Juan detenerlo. La primera sin éxito gracias a Mata, quien aguija a Pedro para que siga discurriendo, manteniendo así la regla que formula al final del diálogo (p. 379). El propósito del método dialéctico empleado en el *Viaje* es confundir a los oponentes de manera que duden de los conocimientos que les han sido impartidos hasta entonces y analicen la realidad de una forma especulativa, apoyando sus ideas sobre una variedad de opiniones eruditas y sobre la razón.

En el transcurso del diálogo el papel de Mata consiste en poner a sus amigos en situaciones extremas en las que dos opniones se confronten. Entonces, el lector se siente obligado a tomar una postura contra o en favor de uno de los opositores. Claro, la inclinación es concordar con Pedro. Mata, desde luego, al mismo tiempo que juega el papel de dudar de Pedro para estimular la conversación, lo defiende y apoya en las controversias sobre la religión, la filosofía, la medicina, la política. Se trata de edificar un mundo cuyos conceptos éticos y sociológicos contrasten con los que Juan simboliza.

---

[35] P. 4. Referirse a la nota 75, p. 323, de GARCÍA SALINERO, quien atribuye a la actitud de Pedro para con la escolástica una punta de luteranismo.
[36] *Erasmo y España* (México: Fondo de Cultura Económica, 1966), p. 16.
[37] *Ibídem*, p. 18.

Este también es el papel de la digresión que Pedro impone en medio de la narración de los episodios de sus naufragios por el mar Egeo. El paréntesis goza, en un principio, de un carácter puramente informativo. Pedro describe la vida en el monte santo para que sus amigos sepan cómo son las cosas en ese lugar. Juan se asombra, por ejemplo, de que los clérigos griegos trabajen la tierra, sugiriendo que eso no ocurre en España. La plática se convierte poco a poco, gracias a la intervención de Juan y de Mata, en una comparación de usos religiosos. Mata y Juan proponen la perspectiva católica a través de sus preguntas y comentarios y Pedro señala el lado griego. La digresión toca todos los aspectos de la vida de los habitantes del monte santo. Aprendemos cómo van vestidos, qué fiestas celebran, cómo las celebran y qué sueldo ganan los distintos representantes de su iglesia. Pedro habla de sus prácticas religiosas, de su espiritualidad, de su virtud y continencia. En contraste con los españoles, los griegos son trabajadores y humildes. Practican la caridad, no piden limosnas y sirven a Dios lo más sinceramente posible. Por el *modus vivendi* de los griegos, los dos católicos españoles pueden apreciar su comunidad contrastivamente [38]. El diálogo sobre el monte santo revela los pecados que cometen los católicos contra la ley de Cristo (p. 286). El cotejo de lo griego con lo español destaca la superioridad de los ortodoxos. Pedro apoya su comentario sobre su testimonio de testigo de vista. Tal como ocurre en el comentario sobre los turcos el segundo día de la conversación, la inserción de la experiencia vivida anima simplemente el relato y lo hace más verosímil. Pedro presenta esta información bajo la forma de un documental.

La digresión en el *Viaje de Turquía* se construye también a base de anécdotas. Los vicios de la comunidad se examinan entonces merced a unos cuentecillos populares. De hecho, el paréntesis sirve para exponer el tema de la leyenda negra. El inciso se abre dentro del relato de Pedro, en el episodio de la sortija [39]. Juan se extraña que los cristianos cautivos no buscaran remedio para aliviar el sufrimiento físico de Pedro (p. 140). Este denota, por lo contrario, el odio que los cristianos le tenían. Y, por una pregunta de Mata, se inicia la explicación de los motivos del encono. El raciocinio se convierte en una crítica amarga contra la manera de ser de los

---

[38] El mismo papel desempeña la representación del mundo italiano y turco.

[39] He aquí unas anécdotas que parecen tener una raíz folklórica. Con variaciones, las hallamos en el *Lazarillo de Tormes*.
1. El episodio de la sortija. Pedro ve un anillo con sello encima de una mesa en la galera donde se halla. Delante del capitán, a quien pertenece el sello, Pedro juega con el anillo. Este se cae al mar. Los turcos buscan la sortija de la manera siguiente: «Como no me la hallaron en las manos, viene uno y méteme el dedo en la boca, quasi hasta el estómago, que me hubiera ahogado, por ver si me la había metido en la boca» (p. 139). En el *Lazarillo* es el ciego quien pone la nariz y la mano dentro de la boca de Lazarillo para averiguar si se ha comido la salchicha. Otra variante es la de la llave que Lázaro esconde en su boca.
2. El episodio de las uvas: Pedro se come las uvas de moscatel que el Bajá pensaba ofrecer al judío que lo sirve: secuencia de rebajamiento de los judíos y bufonada para hacer reír al Bajá. En el *Lazarillo,* la escena de las uvas ejemplifica la sabiduría picaresca del niño.

españoles que participan de esa barbarie. Aquí Pedro indica la falta de sutileza intelectual del español, cuya soberbia y condescendencia le impiden aprender las lenguas. También increpa a los españoles por tener pretensiones de grandeza. Empieza reprobándolos por pecar por arrogancia.

En su discurso Pedro diagnostica el mal primero. Luego lo elucida con un ejemplo concreto de vivencia personal y, volviendo a la situación general, evoca una serie de casos precisos que muestran variantes. La pregunta de vocabulario de Mata vincula la materia analizada por Pedro con la constatación siguiente: los españoles nunca conseguirán aprender las lenguas extranjeras. Pedro se sirve de un ejemplo preciso para aclarar su punto. Juan se convierte en una víctima de la crítica del amigo. Pedro intenta siempre demostrar sus razones con casos particulares que directamente tocan la experiencia de cada cual. Aquí, hasta el lector participa de la explicación, pues ha tenido la ocasión de verificar por el acto de lectura la gravedad de lo que expone Pedro. El comentario sobre la ignorancia de los españoles se amplifica gracias a la participación de Mata, primero, y de Juan, después. La conversación se transforma en un juego de contar chistes, chistes que van, sin embargo, muy en serio (pp. 140-144). La anécdota que Juan refiere corrobora el cuento de Mata. La discusión se acaba con la anécdota del soldado novicio que no sabe hablar italiano e insulta sin querer al mesonero de la venta donde ha parado para comer.

El problema se ataca desde la vertiente de la experiencia propia. Juan y Mata evocan los efectos del caso en España, mientras que Pedro inserta el suceso en un ambiente extrafronterizo, aportando al caso discutido una dimensión más amplia. La última anécdota toma un tono de cuentecillo popular. El soldado bobo es burlado. De esta forma cómica e irónica se acaba la retahíla de anécdotas sobre el carácter español. La conversación se prolonga de manera natural en una discusión sobre el soldado español fuera de España y, de ahí, se inicia una conversación sobre la corrupción del ejército (pp. 144-145). Este tema brota de la mención del bisoño y forma una nueva digresión dentro de la digresión precedente. El vicio y la pobreza moral del pequeño halla su razón de ser en la inconstancia del poderoso. Mata empieza la conversación acusando al rey de descuido. Pedro prefiere llevar la conversación sobre un terreno más familiar y acusa a los militares primero. Utiliza tres comparaciones de índole folklórica para demostrar su opinión. Compara el sueldo que se tiene que repartir entre los distintos escalones a la forma de servirse la comida en un banquete. El primero en servirse recibe más que el último, que acaba comiéndose los huesos. Los oficiales son peces voraces, y los capitanes, sastres. El símil se ejemplifica con un caso modelo (p. 144).

Pedro, no obstante, se guarda de reprender a todos los soldados y señala que los que tratan mal son a menudo los más honestos y mejores. Sirven al rey sin ambición propia y, por consiguiente, como no piden, son olvidados. Pedro, después de estas explicaciones, vuelve al caso del rey, esta vez inculpándolo de descuido, ya que no se acuerda de los que le hacen bien. La acusación de Mata era demasiado temprana. La acusación de Pedro toma ahora un peso mayor al insertarse en un contexto más general de corrupción a todos los niveles. El tema de la pobreza de los soldados buenos se prolonga a través de la mención del refrán, «pobreza no es vileza», el cual Pedro utiliza para desmontar el mecanismo intelectual represivo que favorece tales creencias. La digresión se cierra sobre un comentario ensalzador: «También esto ha estado excelente» (p. 146). Los discursos se convierten en un ejercicio de retórica a través de los cuales los personajes ensayan su poder argumentativo. Una vez que se ha explorado una cuestión con el cuidado requerido por el ejercicio se regresa al relato de la vida de Pedro.

La digresión en el *Viaje de Turquía* desempeña una función crítica. Hay momentos, sin embargo, en que se utiliza para soliviantar el peso de una conversación demasiado técnica. Un ejemplo lo tenemos cuando Pedro habla de la construcción en la ciudad de Venecia. Mata evoca un cuento que le relató el duque de Medinaceli a Juan. Este atisba la curiosidad de Pedro. Juan, a petición del amigo, relata la anécdota verídica. El cuento establece dos puntos importantes. Precisa la relación que existe entre Juan y los grandes de España por un lado, confirmando la posición influyente del personaje en el engranaje socio-religioso de la época, y por otro, crea un mini diálogo que reproduce en pequeño los aspectos esenciales del diálogo que forma el *Viaje de Turquía*. La anécdota se relaciona íntimamente a la experiencia vital de Juan. Si la consideramos dentro del marco de la crítica áspera que Pedro lleva contra el edificio teológico español, el caso demuestra que la ignorancia que denuncia Pedro a lo largo del diálogo tiene su sede en el cuerpo mismo de una iglesia cuyos pilares son una clase poderosa particular: la aristocracia española. Juan no es nada menos que el confesor del duque de Medinaceli.

Desde el punto de vista de la composición creativa, el cuento de Juan permite la inserción dentro del diálogo de una segunda voz narrativa que despliega un gusto seguro por el contar para agradar. El efecto de la anécdota es suscitar el interés y satisfacer el deseo de unos oyentes que quieren oír un buen cuento bien relatado, el cual contiene además una moraleja (p. 385).

Esta anécdota debe relacionarse con las muchas que cuenta Pedro en su autobiografía. Recordemos de paso la de las lenguas en la parte sobre el comentario o las que se hilvanan en las frecuentes altercaciones con los médicos judíos. La anécdota de Juan tiene además una función estructural de unificación temática y psicológica. Juan desempeña siempre el mismo papel, uno de segunda mano. No es autobiógrafo, sino biógrafo. No es testigo de vista, sino de oídas. Refiere, por tanto —esto anticipa lo que va a pasar con la autobiografía de Pedro—, la historia verdadera de un pintor que no quiso contar nada que no hubiera visto primero (caso Pedro) personalmente. El cuentecillo es un microcosmos que refleja en sustancia el papel de Pedro y el suyo, dentro del ámbito del diálogo titulado *Viaje de Turquía*. Tenemos aquí el famoso acontecimiento literario que tanto explotó el teatro, del cuento en el cuento, el cual reconstruye diminuta, pero precisamente, el cuento principal. De cierta forma, es su esencia. El cuento de Juan tiene así un sabor de ficción.

En conclusión, a través de las múltiples digresiones el mundo ideológico de Pedro se implanta firmemente. Al final de la conversación del primer día, se va a la cama seguro de haber vencido irremediablemente a sus camaradas. Juan sobre todo permanece atónito ante su sabiduría y su fe. Expresa su admiración en un comentario largo que pasa en revista toda la conversación del día:

> Mirad quán a la clara se manifiesta que Dios ha puesto los ojos en él afiçionadamente y particularíssima, como los puso en una Madalena y en un ladrón y en tantos quentos de mártires. De quanto ha dicho no me queda cosa scrupulosa, sino que pornía yo mi mano en una barra ardiendo que antes ha pecado de carta de menos que alargarse nada. Conózcole yo muy bien, que quando habla de veras ni quando estaba acá no sabía dezir una cosa por otra. Allende desto, tengo para mí que él biene muy docto en su facultad, ... y que entiende tan bien las lenguas latina y griega, sin las demás que sabe, y buen philósopho, y el juicio asentado, y lo que más le haze al caso haver visto tantas diversidades de regiones, reinos, lenguajes, complexiones; conversado con quantos grandes letrados ⟨grandes⟩ hay de aquí a Hierusalem, que uno le daría este abiso, el otro el otro. (pp. 378-379)

Unos personajes rendidos preguntan maravillados durante la plática del segundo día.

El comentario se apropia características de la gaceta. El aspecto periodístico queda suavizado, no obstante, por el dejo personal que aporta Pedro al injerir su yo. En efecto, la primera persona sirve aquí de punto de digresión. Pues si el punto de vista de la primera persona domina todo el diálogo del primer día gracias a la insistencia del narrador en su postura de testigo de vista y a la inserción frecuente del yo de los otros personajes, en el diálogo del segundo día el punto de vista de la primera persona casi se esfuma a favor de la narración documental. En esta parte, el protagonista orienta el interés del lector hacia lo informativo, de suerte que, lo que en la primera conversación era crítica hecha de paso e insertada en el relato de la vida del protagonista, se convierte en el comentario en crítica sistemática mediante una comparación profunda de dos mentalidades diametralmente opuestas: la cristiana y la musulmana.

En esta parte, Pedro ya no tiene que persuadir a sus compañeros de la veracidad de sus palabras. Uno de los propósitos de la primera parte era precisamente convencer a toda costa para poder aportar este testimonio inaudito contenido en el comentario. Lo que hilvana en relación con su experiencia personal ya no tiene el significado de antes. Aquí se convierte en una nota anecdótica que nos recuerda el poder de Pedro, al mismo tiempo que se usa para romper la sequedad del reportaje.

Efectivamente, el yo de la primera parte se muestra haciéndose. Por eso el protagonista se presenta a sí mismo en el hilar de sus aventuras supeditando la parte de testimonio a la parte personal. Pedro se cuenta al presentarse como modelo posible para toda una generación de españoles que necesitan reformarse espiritualmente. Sus amigos desempeñan el papel de esos españoles que necesitan ser reformados mediante las noticias que ofrecen sobre sus personas, negocios, afanes. Por tanto, todo el primer día está centrado enderredor del «yo».

En el comentario, la primera persona sirve para ilustrar y aclarar alguno que otro aspecto de la narración. Rompe, en fin, el ritmo demasiado sentencioso de la plática. Realza y vivifica el comentario. He aquí unos cuantos ejemplos. Pedro está refiriendo los usos del casamiento en Turquía. Mata enriquece la información con una nota personal y humana: «¿Y vos, padre, porque no os casastéis?» (p. 409). La pregunta tiene su vertiente irónica. Nos recuerda que Pedro no es un fraile de verdad. Relaciona también este acontecimiento con el gusto de Pedro por las mujeres. Es una evocación del relato que explica cómo se aprovecha de su hábito de fraile griego para que las mujeres le besaran la mano. De todas formas, estas inserciones inesperadas destruyen el tono impersonal del comentario. Otro ejemplo lo tenemos cuando hablan del corsario Dragut. El relato se personaliza y humaniza mediante la interferencia de la experiencia personal:

> JUAN: Conociste vos a Guterráez?
> PEDRO: Este mesmo es, y fuimos muy amigos y comí muchas vezes con él. Nunca se hartaba de contar de las cosas de christianos. (p. 465)

El cuento de cuando el Bajá lo hizo juez (p. 411) o la anécdota sobre cuando Pedro era camarero del Bajá (p. 448) tienen el mismo efecto: animar la información demasiado rígida con una burla que Pedro fomentó o un recuerdo de su importancia y poder, todo lo cual realza el carácter verosímil de la información propuesta.

Este yo anecdótico proporciona el sabor novelesco de que carecería la conversación si no fuera por la presencia de esta visión personal de la realidad, realidad que se presenta al principio como acontecimiento meramente informativo. Lo vital y humano va haciéndose sentir en la reconstitución dialogal de la vida de los turcos mediante la presencia insinuada de la primera persona.

Un tono cómico empapa también la conversación sobre los turcos gracias a las intervenciones humorísticas de Mata y al uso frecuente de la anécdota. He aquí un caso que sirve además para demostrar la sabiduría política de los turcos. Los amigos discurren sobre las responsabilidades que incumben a los hombres de estado. Pedro introduce el tema delicado del secreto de estado. Expone el suceso que pasó con el embajador húngaro que abandonó su puesto por razones de salud. El Gran Turco no quiere negociar sobre asuntos húngaro-turcos con ninguno de los embajadores que Hungría le manda. El enfermo sabe demasiado sobre asuntos turcos. Pedro ilustra el tema de la especialización con una anécdota que presenta en forma de cuento:

> PEDRO: No sabéis qué respondió el prínçipe Aníbal quando en Athenas le llebaron andando a ver las escuelas, a oír un philósofo el de mayor fama que allí tenían y el más docto?
> JUAN: No me acuerdo.
> PEDRO: Estando leyendo aquel philósofo entró el prínçipe Aníbal a oír un hombre de tanta fama, y como le avisaron quién era el que le entraba a oír, dexó la plática que tenía entre manos y començó de hablar de cosas de la guerra; cómo se habían de haber los reyes, los generales; el modo de ordenar los esquadrones, el arremeter y el retirar; en fin, leyó una lectión

tan bien leída que todos quedaron muy contentos y satisfechos. Salidos de allí preguntaron al prínçipe qué le paresçía de un tan eminente varón. Respondío: Habéisme engañado, que me dixistes que tenía de oír un gran philósofo, lo qual no es éste, sino un gran nescio y idiota, que aquella lectión el prínçipe Aníbal la tenía de leer, que ha vençido tantas batallas, y no un viejo que en toda su vida vio un hombre armado, quanto más exérçitos ni esquadrones. (pp. 460-461)

Pedro mantiene la coherencia dialógica mediante el recuerdo, del cual se aprovecha para unificar la charla del primer día con el comentario, haciendo de éste una continuación lógica de la autobiografía. En efecto, los amigos están hablando de la clase de caballo que usan los turcos en las batallas. Pedro explica a través de una comparación que envuelve su propia experiencia y que vierte la demostración en un terreno familiar, ya que tanto Juan como Mata han oído hablar de esos caballos durante el relato de la huida Constantinopla:

PEDRO: ¿Acuérdaseos que os dixe ayer quando me quise huir que compré dos caballos en çinco ducados, razonables?
MATA: Muy bien.
PEDRO: Pues haced quenta que de seis partes de los que hai en el campo del Gran Turco los çinco son de aquéllos. (p. 425)

Al hacer intervenir la memoria de los locutores y la memoria del lector, el narrador intensifica el interés de los oyentes en el relato. Convierte al lector y a sus locutores en partíceps activos de la narración. Establece también cierta continuidad al nivel del diálogo. De esta forma, toda la información periodística de la primera parte se concreta al mismo tiempo que se detalla y toma relieve. El mismo acontecimiento verbal se traslada a otro campo (el militar), lo cual confirma la información anterior. Pues todo lo que Pedro aclara en esta parte está contenido en la conversación del primer día. Así como la autobiografía insistía en ciertos valores humanos —la sinceridad, honestidad, caridad, moderación—, el comentario pone el énfasis en estas virtudes atribuyéndoselas al pueblo turco. Pedro destaca las cualidades de los turcos para que los españoles las entiendan y respeten en su contexto propio y desconectadas del relato autobiográfico. En la parte dedicada a la religión, Pedro los pinta creyentes y fervorosos. Puntualiza la plática sobre las oraciones que practican los infieles con un comentario contra los cristianos: «... si ansí lo hiziéramos nosotros nos querría mucho Dios» (p. 389). Concluye su disertación sobre la religiosidad de los musulmanes con esta moraleja: «Mirad qué gran higa para nosotros, que no somos christianos sino en el nombre» (p. 390). En la plática sobre los usos de los turcos en el comer, Pedro subraya su sincero agradecimiento con Dios:

MATA: ¿También dan gracias como nosotros?
PEDRO: ... Bien que como nosotros. ¿Quándo las damos nosotros ni nos acordamos de Dios una vez al año? (p. 471)

En cuestiones de gobierno y de organización política o judicial admira su sentido de la justicia y del honor. Esto sale a relucir en la conversación sobre las rentas de los sacerdotes turcos. He aquí el pasaje entero que denuncia la corrupción de los administradores y las ganancias injustificables del papa:

> PEDRO: ... el *muftí*... también tiene... gran renta por la mesma causa [para que no pueda por dinero torcer la justicia].
> JUAN: ¿Tanta como acá el papa?
> PEDRO: Ni aun la mitad. ¿No le basta a un hombre que se tiene de sentar él cada día a juzgar, y le puede hablar quien quiera, çient mill ducados?
> JUAN: Y sobra. ¿Pero no tienen su Consejo que haga la audiençia y ellos se estén olgando?
> PEDRO: Eso solo es en los señores d'España, que en lo demás que yo he andado todos los príncipes y señores del mundo hacen las audiençias como acá los oidores y corregidores...
> MATA: Ese me paresçe buen uso, y no poner corregidores pobres, que en ocho días quieren, a tuerto o a derecho, las casas hasta el techo. (p. 396) [40]

El episodio sobre la justicia hace resaltar la conciencia clara del turco y refleja su gusto por la virtud. Pedro diseña el cuadro mediante una serie de anécdotas que envuelven al Bajá de juez (pp. 412-414).

El estudio de las cosas turcas conduce a los amigos hacia una evaluación del ejército. Pedro subraya el valor del soldado turco en contraste con el español (p. 421). Describe un ejército disciplinado y fiel (p. 466).

La discusión sobre las mujeres delinea la misoginia de Pedro. Admira el desdén del turco por la mujer a quien culpa de los vicios de la sociedad. Pues ella es quien perpetra la corrupción (pp. 438-439).

Los turcos son austeros, virtuosos. No practican ninguna clase de fiesta (p. 455). En el comer son moderados (p. 455). Aman los placeres del espíritu y del intelecto (p. 456). La crítica de lo español, entretejida en la descripción cuidadosa de la sociedad turca, culmina en las acusaciones de superstición (p. 476) y de suciedad (p. 489). Pedro pinta a unos españoles miserables (p. 487).

En este cuadro España queda bastante desfavorecida. Turquía, por lo contrario, ofrece todas las posibilidades humanas y espirituales de las que los españoles podrían aprovecharse para conquistar el reino de Dios. Pues en el *Viaje*, el autor no preconiza guerras contra otros seres humanos, sino la guerra permanente contra el pecado. El anónimo busca establecer los cimientos para una sociedad cristiana fuerte. Presenta, por tanto, contrastes que tal vez ayuden a mejorar el carácter de sus compatriotas. El espíritu de reforma invade todo el diálogo. El comentario, desde luego, crea una suerte de utopía vivida por un pueblo y una nación de verdad. El turco es ese hombre perfecto al que aspira el cristiano verdadero. No cabe duda, Pedro es muy convincente en sus argumentos. Pues lo creemos, y Juan y Mata lo creen; y es que ha sabido inventar un marco circunstancial tan humano y, por consiguiente, tan verosímil, en la relación de su vida, que la Turquía utópica que crea a través del comentario es absolutamente creíble. La moraleja que se puede entresacar es la siguiente: si una

---

[40] La misma expresión idiomática emplea Celestina para señalar sus afanes materialistas.

nación de infieles es capaz de ser tan virtuosa, la nación cristiana podrá serlo todavía más. Para lograrlo, no le hace falta más que autocriticarse. Esto es el *Viaje,* en parte, una autocrítica personal llevada a cabo a través de una autobiografía, una autocrítica en proceso de hacerse gracias a la creación de una situación dialógica que confronta pareceres y favorece el ámbito de la confesión, una autocrítica nacional puesta en el ámbito del comentario.

En su obra, el autor expresa un interés constante en hallar una forma de comunicación literaria que mejor cincele el mundo intelectual variado de la España del siglo XVI. Concentra sus esfuerzos en un diálogo que, por su cualidad, expone con brillo los pensamientos y vivencias de tres yos totalmente individualizados. Los personajes crecen y se transforman espiritualmente en el ámbito mismo del diálogo a medida que se hace más acerba la crítica de España.

El diálogo rezuma vida. Su riqueza yace en la diversificación del uso de la información que ha recogido sobre el mundo y los hombres, diversificación que el autor emplea para retratar en la página escrita las preocupaciones ideológicas de ciertos españoles lastimados por la corrupción vigente. Reproduce esas corrupciones al personalizarlas en el hipócrita Juan y su compañero Mata.

El diálogo está construido de tal forma que resalten los valores oficiales caricaturizados en Juan y Mata. Mata, además, representa la crítica desde dentro de España. En Juan están aglomerados todos los males de que adolece el mundo católico: intolerancia, dogmatismo, superstición, fanatismo circunscritos en la lucha a cualquier precio por unificar la fe cristiana bajo una sola iglesia.

El *Viaje de Turquía,* influido como lo es por la voluntad renovadora de los humanistas, pertenece a esa rama de las literaturas de «testimonios de disgusto y oposición a los aspectos en concreto observados en la sociedad española. De ahí que se produzca la desfavorable comparación con la vida de otros pueblos o ciudades» [41].

El *Viaje de Turquía* recibe diversas influencias literarias que el autor combina para crear un testimonio crítico de primera importancia. Se trata del diálogo satírico de índole lucianesca y erasmista, del teatro mediante el aparte, las acotaciones, las escenas, y la novela por el intento de crear continuidad temática, caracterizar unos personajes de origen folklórico, contar la historia de unas vidas. Va más allá de la mera recopilación de hechos obtenidos en la lectura de crónicas y documentos. Se trata de edificar un mundo literario que reproduzca, a través de la palabra escrita, el mundo en el que viven cada uno de los personajes lo más vívidamente posible.

Los recursos dialógicos de los que se sirve el autor son: la reticencia, un juego constante de preguntas y respuestas y el comentario apreciativo. Los personajes colaboran en relatar la historia de la vida de Pedro. Al contar la suya propia, realzan el valor moral de la autobiografía del amigo.

[41] JOSÉ ANTONIO MARAVALL, *La oposición política bajo los Austrias* (Barcelona: Ariel, 1974), p. 64.

Participan mediante comentarios que ponen en duda la palabra del protagonista o que la elogian. Participan plenamente en el relato a través de la expresión de sus creencias, dudas y sentimientos, tanto respecto de lo que cuenta Pedro como de sus propias experiencias. De ahí la importancia de que Juan hable de sus hospitales, confiese sus angustias, dude de su teología y de que el texto termine con su sermón apologético.

La conversación se teje a través de la evocación de varios momentos temporales que hacen del diálogo una experiencia profunda a varios niveles por la que el lector puede penetrar de cabeza en los problemas cruciales de la España de la época.

CONCLUSION

La originalidad del *Viaje de Turquía* reside en la maestría con la que el creador teje arte e ideología en una misma tela de fondo, el diálogo. El esfuerzo creador, no obstante, se supedita a la voluntad ideológica del escritor. El *Viaje de Turquía* es una obra política y una obra de crítica social. Pone en tela de juicio las prácticas dirigentes de la iglesia católica y de las autoridades seculares. Impugna los procedimientos morales del ejército y llega a arremeter contra el rey de España. Es más, pasa revista al modo de ser de los españoles y propone el primer ensayo moderno que analice de una forma coherente el carácter de su pueblo y deduzca las implicaciones político-sociales que suponen sus rasgos característicos. Desde luego el esquema ideológico del autor anónimo le sitúa dentro de la corriente de los preocupados por España[1]. El diálogo y la autobiografía ficticia de Pedro sirven de testimonio de una literatura *engagée* de la que participa también, creo yo, el *Lazarillo*. Se trata, claro, de un *engagement* por la escritura, ya que los autores de ambas obras prefirieron permanecer desconocidos. Mientras quedaban fuera de su creación edificaban una ficción capaz de penetrar profundamente en los factores sociales, económicos y morales que determinaban el devenir tanto social como espiritual de los hombres de su época. De ahí la marcada preferencia por el género autobiográfico, género típicamente testimonial. El creador del *Viaje* suplió la autobiografía de su ente de ficción con un diálogo en el que se reflexiona dialécticamente sobre el hombre cristiano y la cristiandad.

El tema verdadero de la discusión entre los tres amigos no es ni Turquía, ni Italia, ni Grecia, sino la España católica del siglo XVI y, por ampliación, la Europa occidental de su época. No cabe extrañarse, pues, de que el diálogo comience en España en el internacional camino francés por una descripción grotesca de los vicios que perduran en la sociedad católica. Juan y Mata critican, entre otras cosas, la bula papal y Mata demuestra que la peregrinación a Santiago es principalmente un negocio muy lucrativo para quien sabe aprovecharse de las libertades que ofrecen las bulas.

Los criterios críticos que animan la plática sobre el Oriente cristiano e islámico dependen de la postura ideológica del autor para con su época.

---

[1] DOLORES FRANCO en su libro *España como preocupación: antología* (Madrid: Ediciones Guadarrama, 1960), observa que el tema de la preocupación de España aparece en el siglo XVII, en la literatura española, con Cervantes. En realidad, tal preocupación ya apunta en el *Viaje de Turquía,* o sea, unos cincuenta años antes de que Cervantes escribiera su *Quijote.* Cfr. G. Bleiberg y Julián Marías ed., *Diccionario de literatura española* (Madrid: Revista de Occidente, 1972), pp. 737-738.

La idealización más o menos constante de las sociedades extranjeras —Pedro también acusa a los turcos de crueles y a los genoveses de avaros— a lo largo del diálogo da énfasis a las debilidades españolas. El mundo español que el *Viaje de Turquía* reproduce es estático. La sociedad no preconiza mejoramientos de ninguna clase y desprecia y rechaza todo lo foráneo. No cabe duda de que la conversación entre los tres interlocutores, Juan de Voto a Dios, Mátalas Callando y Pedro de Urdemalas, rezuma la misma impresión de estancamiento que el relato monológico de Lázaro en *El Lazarillo de Tormes*. Pues la España de Juan y de Mata no posee la vitalidad suficiente para estimular un cambio radical de actitudes y de modos de ser directamente desde dentro de sus entrañas. De ahí la importancia de la presencia de Pedro de Urdemalas en el diálogo. Este observa España desde una óptica nueva y sin los prejuicios socio-económico-religiosos de sus compañeros. Es por su calidad de recién llegado de un reino extranjero, donde ha vivido varios años, por la que puede atacar libremente la pereza mental de los españoles. Dentro de este contexto hay que encerrar las refutaciones de Pedro contra la filosofía popular y contra el dogmatismo de los teólogos, entre los que señorea Juan de Voto a Dios. El médico sugiere que el aislamiento voluntario de España es la fuente de muchos de sus males. Ruega a sus compatriotas que salgan de sus fronteras y descubran la realidad allende sus límites. La discusión sobre la enseñanza de las lenguas clásicas subraya el atraso y la soledad en los que vive el país. Juan encarna la España tradicional, dueña pretenciosa e ignorante. El teólogo se asombra al oír las noticias que Pedro le trae. Se pregunta cómo pueden todas las demás naciones estar más adelantadas que España. Es impensable, observa el personaje, que otros hagan todas las cosas mejor que ella. La plática sobre el reloj y el percacho italianos y sobre el orden y la minucia con los que los turcos construyen sus edificios forma un ejemplo que contrarresta la opinión deslumbrante de que España es la mayor nación del mundo. Es, pues, un retrato satírico de la España contemporánea lo que se esboza por la confrontación «psicológica», social y moral de las naciones extranjeras con España.

En esta monografía he pretendido examinar el elemento de invención literaria en función del contenido ideológico del diálogo. O sea, que este trabajo consiste en un comentario sobre los métodos y formas narrativos desde los que opera el autor para poner en evidencia las flaquezas de la sociedad de su tiempo y sugerir los cambios apropiados. Por eso he explorado el papel de los personajes en cuanto difusores de una ideología varia y representantes del conflicto moral, social y religioso que perturba la sociedad de su tiempo. He estudiado el relato autobiográfico como paradigma de una reforma total. He analizado también el mecanismo dialógico que construye el edificio filosófico-religioso de Pedro. Pedro es la fuerza renovadora que promueve los debates filosófico-éticos que forman la esencia del diálogo. Este personaje desempeña el papel de un español lleno de entusiasmo y convencido de que España puede mejorar gracias al espíritu de reforma que hombres de su hechura fomentarán en sus compatriotas. La transformación lenta de Juan, que culmina en el sermón conclusivo, denota el carácter esperanzado del mensaje que el ex cautivo imparte. Es más, la historia de los turcos, que Juan va a difundir gracias a Pedro, no coincide en nada con la que había ido divulgando hasta entonces o con la que circulaba comúnmente. Pues la nueva historia contiene simientes de reforma espiritual totalmente ausentes en la rendición usual. Aquí se habla de tolerancia, de amor al prójimo, de caridad, de continencia. De ahí que la lección de Pedro consiga extenderse a todos los parroquianos de Juan y estimule un proceso de cambio radical entre los españoles.

Pedro les enseña a sus amigos a percatarse del mundo exterior y a buscar la verdad ante toda cosa. La meta es crear un hombre cristiano. Señala, a través de su autobiografía, que el espíritu de reforma no puede alcanzar la sociedad en su conjunto si no toca al individuo primero. Juan entiende esta premisa en seguida. Por eso le ruega a Pedro que le ayude a reconciliarse con Dios. Pedro ofrece la historia de su vida como proceso de una toma de conciencia y una reforma verdadera y profunda. Su relato es el relato de una salvación.

Entonces, el diálogo ocurre entre tres hombres que, al mismo tiempo que se descubren a sí mismo, desenmascaran los problemas de la sociedad y proponen como solución la enmienda individual, primer paso hacia la enmienda general. El diálogo combina distintos procedimientos narrativos. Lo teatral se yuxtapone a la meditación filosófica, a la sátira, al comentario costumbrista y al relato autobiográfico.

El elemento de comedia se trasluce a la entrada en materia de Pedro, en la huida de Juan y de Mata cuando Pedro les habla en castellano, en las escenas de la cena y del despertar y en los distintos momentos de práctica médica, así como los episodios de la cura de la sultana, del Bajá, de la mujer turca o del turco a quien había que operar.

La sátira da la tonalidad a todo el diálogo. Se produce primero en la descripción que Juan y Mata hacen del camino francés. Reaparece en las anécdotas de la leyenda negra, en el relato sobre la vida de la corte papal y en todas las disputas médicas.

El comentario costumbrista empieza el primer día con la descripción de la vida de los frailes del monte santo y continúa con los pormenores del viaje por Italia. La plática del segundo día se dedica enteramente a las costumbres turcas.

La autobiografía, por su lado, comprende diversas partes que interrumpen digresiones variadas: el relato del cautiverio y de la fuga; las narraciones de las aventuras médicas, que culminan en los debates con los médicos judíos y que recuerdan vagamente los diálogos médicos de Pedro de Mercado; la relación de los naufragios.

El anónimo ha dedicado un cuidado de escultor a la elaboración de sus personajes. Por su raíz folklórica, éstos forman la esencia misma de lo castizo. Los tres personajes son españoles auténticos. Contemplan el mundo que los rodea desde esa hispanidad. Pedro introduce la noción de un español europeo, ávido de conocer otros pueblos y aprender de ellos. Se regenera porque ha sabido filtrar los conocimientos que los demás le han impartido. El personaje evalúa la existencia humana como hombre cristiano «reconvertido» gracias al descubrimiento de la espiritualidad genuina de los musulmanes y de los griegos. Desde luego, el relato que propone sobre esas gentes provoca la admiración sin límites de sus dos amigos, quienes indican, como consecuencia de ello, su deseo de reformarse.

El autor nos hace penetrar poco a poco en la intimidad de los personajes. El adentramiento se lleva a cabo de dos maneras. Primero, la presentación característica de los personajes resulta de un desacuerdo de pareceres que suscita un vaivén dialógico cuya finalidad es desenmascarar las personalidades. El segundo procedimiento estriba en poner al opositor en una situación complicada que le fuerza a hablar de sí mismo. La autobiografía es un ejemplo de este método. Juan y Mata provocan la confesión de Pedro. El episodio de la peregrinación de Juan a Jerusalén forma otro ejemplo. Juan no puede sino presentar su actuación presente y pasada como un caso de conciencia. Termina por declarar su anhelo de volver a la verdadera religión de Cristo.

Juan y Mata revelan sus debilidades en el contexto de su descripción y de su apreciación de la realidad ambiente. Igualmente, la pintura que Juan y Mata hacen de Pedro brota de la evaluación que este personaje hace de la sociedad contemporánea. De ahí que la plática sobre los hospitales o las peregrinaciones ofrece más que una mera crítica moralizadora. A través de ella, Juan y Mata pueden trazar la evolución filosófica y la maduración moral del antiguo compañero de Alcalá. Mata no deja de grabar los cambios de Pedro en un comentario apreciativo que destaca, además, su asombro y su admiración. A partir de este momento crucial, los dos españoles van a reflexionar sobre su condición de hombres cristianos en una sociedad que no lo es.

Entonces, el primer paso importante en la edificación ideológica es esbozar los caracteres de cada uno de los personajes dentro de su contexto vital y desde la perspectiva de los demás interlocutores. Estos juzgan al hablante. El comentario del interlocutor apunta las particularidades del hablante. Es así como nos enteramos de lo que Mata nota en la nueva personalidad de ex cautivo. Subraya que el amigo se ha vuelto muy filósofo y muy cristiano. Al mismo tiempo destaca la falsedad de Juan con nitidez, y Juan señala las cualidades contradictorias de Mata: es demasiado franco y se aprovecha de los demás. Pedro denuncia la hipocresía del teólogo a través de las confrontaciones dialógicas.

Observamos que, mientras le resulta difícil a Juan revelar su ser íntimo, ya que, mediante la revelación, se vislumbran sus fallos de representante del cristianismo, Mata no busca esconder nada. Aparece su esencia en seguida. El valor que ostenta surge de su filosofía de la vida. Es cínico, y su cinismo le permite hablar de su mundo sin artificios de ninguna clase. El cotejo de la filosofía de Juan —espejo de los credos oficiales— con la de Mata pone de relieve los elementos críticos que favorecen la perspectiva filosófico-cristiana de Pedro.

La familiarización del lector con los personajes del diálogo se lleva a cabo gracias a la caracterización inicial. El autor establece entonces el ámbito mental dentro del que se edifica el edificio filosófico-ético de Pedro. Una vez los personajes dibujados, ya no se confrontan únicamente como entidades «psicológicas» o psíquicas, sino que también comparan y evalúan sus sistemas de valores, sus modos de ver la realidad y de actuar en el mundo. El diálogo va registrando los cambios.

La autobiografía de Pedro y los varios detalles autobiográficos que Juan y Pedro dan de sí mismos son la piedra angular del diálogo. El relato de Pedro estimula el hablar de sí mismo. Gracias a él se inicia una serie de digresiones sobre el papel del hombre en la sociedad cristiana, sobre la importancia del aprender y del saber.

Autobiografía y diálogo construyen un andamiaje narrativo desde el que la filosofía de los personajes se hace meditación profunda sobre la sociedad contemporánea. La relación del peregrino de Santiago sugiere los tópicos de los distintos debates de ímpetu ideológico. El diálogo establece una dialéctica entre el mundo de Pedro, el del humanista, del investigador, del cristiano, y el de Juan, el teólogo. La filosofía de Mata se acerca a la de Pedro. Su espíritu de contradicción y su gusto por llegar al fondo de las cosas son los ingredientes que facilitan las aclaraciones de Pedro a lo largo del diálogo.

La autobiografía de Pedro está temporalmente limitada. Empieza por la derrota simbólica de los españoles frente a los musulmanes y termina con el regreso del héroe en tierra cristiana. Esta se reduce, pues, a la época de los sufrimientos, de la inconciencia moral, de la transformación económica y del crecimiento espiritual. Pedro se concreta en su «yo» hasta su llegada a Sicilia. El viaje por Italia, por otro lado, no es otra cosa más que un documento sobre las costumbres italianas, a través del que el cuentista proporciona sus impresiones personales cuando los amigos insisten en uno que otro detalle. Para Pedro, lo que importa es la etapa de formación, el tiempo dedicado a la salvación del alma. Dentro de este contexto, la desventura caracteriza el principio de la reforma. El regreso a tierra católica comprueba la voluntad de Dios: Pedro figura entre los elegidos de Dios y debe divulgar la palabra divina. Pedro propone a sus amigos su axioma filosófico: dos fuerzas rigen las acciones de los hombres —la voluntad y la razón—. La fe en Dios sostiene el edificio.

El esquema autobiográfico corresponde, como ya he mostrado en el capítulo que he dedicado a la autobiografía, al esquema autobiográfico del *Asno de oro,* de Apuleyo. Aquí la narración sustantiva empieza por la llegada de Lucio a Hippata, ciudad desconocida. En casa de Milo descubre que la dueña practica el arte de la brujería. Desde este momento, el héroe se adelanta hacia su perdición. Se efectúa entonces su descenso al «infierno». Lucio permanece descomulgado de su sociedad durante la época de su «restauración» moral. El castigo se concreta en su metamorfosis y en el viaje forzado por el hampa. El padecimiento físico culmina en un sufrimiento moral que termina por resolverse en el deseo del héroe de mejorarse. La aparición de la divinidad no es, pues, un acto arbitrario. Al recobrar su forma inicial, Lucio abandona el mundo de los hombres.

En el *Viaje de Turqua,* el héroe comete un acto cristiano. Promete reintegrar la sociedad de los hombres y espera poder ayudarlos mediante el ejemplo de sus obras. La renovación del personaje del *Viaje* es más sutil que la de Lucio y se encierra en un ámbito absolutamente cristiano. La autobiografía de Pedro sugiere que la redención es posible para todos los hombres de buena voluntad. El principio de esta salvación estriba en el conocimiento inicial de Dios, primer paso hacia la sabiduría. Dios está presente en todas las ocupaciones de Pedro. La narración autobiográfica se coloca bajo su signo. Por eso es importante tener en cuenta el exergo.

En esto, el relato de Pedro difiere del de Lázaro, otro personaje de quien hablo en este estudio. Pues éste pone el acento en la flagrante ausencia de Dios en su vida y en la de los representantes católicos a quienes sirve. El Dios a quien Lázaro llama se parece a una figura pagana. El culto que preconiza es primitivo e insustancial.

Aunque las semejanzas entre ambas existencias son muchas, Pedro construye su narración dando énfasis a su edificación a lo divino. Pedro se ha forjado un nuevo ser voluntariamente gracias a su fe y amor a Dios. La estabilidad socio-económica que logra toma relieve dentro del marco cristiano que encuadra su narración. Este crecimiento material existe y tiene significado en función de su transformación espiritual. El relato de Lázaro, por lo contrario, se concentra en la mejora económica. Si bien Lázaro describe con amargura irónica el mundo circundante reforzando su carácter apocalíptico, Pedro imagina una sociedad utópica habitada por seres como él. De ahí, desde luego, que se insista en recompensar según normas específicas el derrotero por el que se ha efectuado la reforma y reconciliación con Dios. Turquía es como es en el *Viaje* porque el autor deseó moldear la sociedad ideal donde se formó su personaje y aprendió a temer a Dios.

He mencionado también en este ensayo la presencia de Luciano en el *Viaje*. Mata es un cínico al estilo de Menipo o de Diógenes. Se ríe del mundo y de los hombres al percatarse de sus juegos. De ahí la presentación del desfile de los vicios al principio del diálogo. Mata no se deja engañar por la realidad exterior y pone en duda la enseñanza impartida por las «autoridades» oficiales.

Si bien Mata se aparenta con Menipo por lo que se refiere a su filosofía, Pedro es quien vive sus aventuras al estilo del héroe lucianesco. Pedro visita el infierno, donde inquiere la verdad y averigua la respuesta a su interrogante: la fe en Cristo salva a los hombres al reconciliarlos con Dios. El hombre, no obstante, tiene que querer salvarse viviendo una vida cristiana. Menipo, al contrario de Pedro, se enfrentó con una respuesta desesperanzadora luego de su plática con Teresías. Pues éste le enseña que, para los hombres de su tiempo, no hay salvación posible.

Pedro observa a lo largo de su peregrinación que todo hombre que cree con fervor sirve para sacerdote del Dios cristiano. Como tal, por consiguiente, Pedro se permite aconsejar a sus amigos, guiarlos hacia el descubrimiento de la fe verdadera. Este mensaje religioso falta en los diálogos de Luciano y, particularmente, en el diálogo en el que me he basado para llevar a bien la comparación con el *Viaje de Turquía*, «Menippo en los abismos». No cabe duda de que la elaboración filosófica del *Viaje* es mucho más compleja que la de un diálogo como «Menippo en los abismos». Es más, su finalidad estriba en garantizar la validez del dogma cristiano como fuerza moral. En Luciano se nota, por lo contrario, un rechazo total de toda religión como fuerza reformadora. Y es que el hombre que esculpe el siglo del humanismo es precisamente un ser humano profundamente cristiano que cree que su esfuerzo creador y su voluntad indestructible promoverán el cambio indispensable para un retorno hacia la fe verdadera dentro de un contexto de modernidad.

Tal como Luciano, el autor del *Viaje* teatraliza el diálogo. De ahí la presencia de la acotación, del juego de réplicas breves, del aparte. Se reproduce el movimiento, sentimiento, reacciones de los personajes dentro de la misma tela dialógica, de tal forma que el lector tiene a veces la impresión que una cámara sigue a los interlocutores de muy cerca. Pues la expresión de los movimientos y los sentimientos está tan incrustada en el diálogo que la naturalidad del acontecimiento nos hace olvidar que estamos leyendo. Sentimos la presencia de los dialogantes. Desde este punto de vista, la modernidad del *Viaje* es tal que no pude evitar de recordarlo mientras estaba presenciando una interesante interpretación cinematográfica del diálogo como género. Me refiero, claro está, a la película de Louis Malle, «My Dinner with André». Aquí, la interpretación cinematográfica del acontecimiento literario, que llamamos «diálogo», está muy lejos de excluir una de las modalidades que establecen la originalidad del *Viaje de Turquía:* la dramatización de una plática entre amigos, lo cual produce un efecto de comedia.

En nuestro texto, la teatralización ocurre en momentos tensores, tal como la escena del encuentro que culmina en el antidiálogo. Aquí chocan dos modos de captar la realidad, dos conocimientos humanos. El encuentro representa un suceso crucial en el acaecer dialógico. Se trata de una dramatización situacional que acentúa los contrastes entre las personalidades y los paisajes mentales e ideológicos de cada personaje. El choque es un choque cultural. Es como si dos Españas se encararan: la España dogmática y fría, y la España humanista y europea.

El mensaje ideológico se hilvana en una urdimbre de anécdotas, refranes, lenguaje popular, profanaciones. El autor capta de maravilla el ambiente lingüístico de una conversación familiar, a la cual da vida literaria al imponerle una coherencia, un orden, una razón de ser, una finalidad precisa.

Con todo, la crítica que resalta de este andamiaje narrativo es violenta y mordaz. Ataca todos los valores morales de la sociedad de su época, los principios económicos y políticos que sustentan la España católica de entonces. Pedro alaba, por ejemplo, al hombre útil, trabajador. Premia al que tiene oficio. El mismo ejerce de médico. Ensalza al letrado cuya curiosidad intelectual le impone la necesidad de seguir estudiando. Pedro siente respeto por Mata por tener un espíritu inquisitivo. Desde luego, en el contexto del diálogo este personaje es la memoria sobre la que Pedro confía, después de las digresiones, para volver a la narración de su vida.

El diálogo se construye sobre un movimiento dialéctico que pasa de un estudio del individuo a un estudio de la sociedad. La autobiografía investiga al ser humano en función de su devenir social y religioso, mientras que las digresiones se concentran en los diferentes planos mentales y sociales de la sociedad contemporánea. En el diálogo que se entabla durante las digresiones se plantean problemas de orden tanto social y moral como económico y político. Estas cuestiones surgen del relato de Pedro.

Viaje de Turquía es un texto fascinante no solamente por su contenido ideológico, sino también por su valor literario. En él ya se moldea el diálogo tal como lo hallamos en la novela cervantina: un diálogo que capta los complejos mundos mentales de los personajes y que combina con sutileza lo narrativo con la especulación filosófica. El *Viaje* es más que un diálogo. Pertenece al género satírico, a la novela, al ensayo, a la crónica. Yuxtapone mundos dispares con la misma maestría que admiramos en Cervantes. El *Viaje* cuenta una historia, la historia de un hombre torturado por la pobreza científica y moral de su pueblo y por el deseo de un retorno auténtico de la fe. La yuxtaposición de la historia de un hombre (estilo autobiográfico) con la historia de una sociedad particular (que se refleja a través de las opiniones de Juan y Mata) es una creación del *Viaje de Turquía.* Tanto el individuo como su sociedad se desvelan mientras se hace el diálogo. El narrador penetra en el fondo de su alma y la expone a su público cautivo que comenta, admira, duda y llega a explorar su propio mundo. Desde luego, al leer el *Viaje,* si bien hallamos ecos de Luciano, de Apuleyo, del *Lazarillo de Tormes,* también sentimos el flujo creador que corre por el *Coloquio de los perros* o el *Don Quixote.*

No cabe duda de que nuestro diálogo contiene también los gérmenes de la novela histórica. El autor demuestra una preocupación auténtica por la creación literaria, por el arte de narrar.

BIBLIOGRAFIA

ALBÈRI, EUGENIO: *Relazioni degli embasciatori Veneti al Senato.* Tomo I, serie III. Firenze: s.l., 1840.

ALBERTI, LEON BATTISTA: *I libri della famiglia.* Torino: Giulio Einaudi, 1969.

ANDERSON, GEORGE K.: *The Legend of the Wandering Jew.* Providence: Brown University Press, 1965.

ANDERSON, GRAHAM: «Studies in Lucian's Comic Fiction». *Nnemosyne,* Supplement, 43 (1976).

ANDRIEU, J.: *Le dialogue antique: structure et présentation.* Paris: Les Belles Lettres, 1954.

APULEYO, LUCIO: *El asno de oro.* Trad. Diego López de Cortegana. Medina del Campo: Pedro de Castro, 1543.

ARANDA, ANTONIO DE: *Verdadera información de la tierra sancta.* Toledo: Juan Ferrer, 1550.

ARNOLDSSON, SVERKER: *La leyenda negra: estudio sobre sus orígenes.* Tomo LXVI. Göterborg: Acta Universitatis Gothoburgensis, 1960.

ASENSIO, EUGENIO: «Ciceronianos contra Erasmistas». *RLC,* LII, núms. 2-4 (abrildiciembre 1978), 135-154.

AYALA, FRANCISCO: *Experiencia e invención.* Madrid: Taurus, 1960.

BAKHTIN, MIHAIL: *La poétique de Dostoïevsky.* Ed. Julia Kristeva. Paris: Ed. Seuil, 1970.

— *Rabelais and His World.* Trad. Helene Iswolsky. Cambridge: MIT Press, 1968.

BALLESTERO, MANUEL: *Crítica y marginales, compromiso y trascendencia del símbolo literario.* Barcelona: Barral, 1974.

BASILE, BRUNO: «Verso una dinamica litteraria: testo e avantesto». *Lingua e stile,* XIV, núms. 2-3 (1979), 395-410.

BASSANO DA ZARA, LUIGI: *I costumi et i modi particolari de la vita de Turchi.* Introducción de Franz Babinger. Monaco: Max Hueber, 1963.

BATAILLON, MARCEL: «Andrés Laguna: contes à la première personne». *BH,* 58 (1956), 201-26.

— *Erasmo y España.* Trad. Antonio Alatorre. México: Fondo de Cultura Económica, 1966.

— *Lazarillo de Tormes.* Introducción. Ed. bilingüe. Paris: Aubier, 1958.

— «La materia médica de Dioscórides». *BH,* 58 (1956).

— *Le docteur Laguna, auteur du «Voyage en Turquie».* Paris: Librairies des Editions Espagnoles, 1958.

— «Le docteur Laguna et son temps». *Extraits de l'Annuaire du Collège de France,* 63 (Année-62-63).

— «Les manuscrits du *Viaje de Turquía*», en *Actele celui de al XII-1 ea.* Congreso International de Linguistică și Filologie romanică. II (1971), pp. 37-41.

— «Mythe et connaissance de la Turquie en Occident au milieu de xvıᵉ siècle». *Estratto da Venezia e l'Oriente fra Tardo Medio Euvo e Rinascimento.* Firenze: Sansoni, 1966, pp. 451-70.

— *Política y literatura en el doctor Laguna.* Universidad de Madrid: Lección Marñón, 1970.

— «Sur l'humanisme su docteur Laguna». *RPh,* XVII (1963).

— *Varia lección de clásicos españoles.* Madrid: Gredos, 1964.

— «Venise porte de l'Orient au XVIᵉ siècle: Le *Viaje de Turquía*», en *Venezzia nelle litterature moderne.* Venezia: San Giorgio Maggiore, 1961, pp. 11-20.

BATTISTINI, ANDREA: «Modalità della competenza letteraria: il codice autobiografico». *Lingua e Stile,* XIV, núms. 2-3 (1979), 471-74.

BELIC, OLDRICH: «La estructura del Coloquio de los perros», en *Acta Universitatis Carolinae* (1966), pp. 3-19.

BÉNOUIS, MUSTAPHA KÉMAL: *Le dialogue philosophique dans la littérature française du XVIᵉ siècle.* Paris: Mouton-The Hague, 1976.

BLANCO AGUINAGA, CARLOS: «Cervantes y la picaresca». *NRFH,* XV (1957), 312-42.

BLECUA, JOSÉ MANUEL: «El *Viaje de Turquía* de Cristóbal de Villalón». *Destino,* núm. 1.579 (11-XI-1967), pp. 84-5.

— «Una vieja mención de Pedro de Urdemalas». *ACer,* I (1951).

BLEIBERG, GERMÁN, y MARÍAS, JULIÁN, eds.: *Diccionario de Literatura Española.* Revista de Occidente, Madrid, 4.ª ed., 1972.

BOCCACCIO, GIOVANNI: *Opere.* Milano: Ugo Mursia Editore, 1963.

BORATOV, TERTEV: «95 proverbes turcs du XVᵉ siècle restés inédits». *Oriens,* VII (1954).

BRAUDEL, FERNAND: *La Méditerranée et el monde méditerranéen à l'époque de Philippe II.* Paris: Armand Colin, 1966.

BRINKS, C. O.: *Horace on Poetry: The «Ars poetica».* Cambridge: The University Press, 1971.

BURDACH, KONRAD: *Riforma, Rinascimento, Umanesime.* Trad. Delio Cantimori. Firenze: Sansoni, 1935.

CAMAMIS, GEORGE: *Estudios sobre el cautiverio en el siglo de oro.* Madrid: Gredos, 1977.

CANTIMORI, DELIO: «Note su alcuni aspetti della propaganda religiosa nell'Europe del cinquecento», en *Aspects de la propagande religieuse: travaux d'Humanisme et Renaissance.* Tomo XXVIII. Genève: s.l., 1957, pp. 343-46.

CARO BAROJA, JULIO: *Las reformas complejas de la vida religiosa: Religión, sociedad y carácter en la España de los siglos XVI y XVII.* Madrid: Akal editor, 1978.

CASTER, MARCEL: *Lucien et la pensée de son temps.* Paris: Les Belles Lettres, 1937.

CASTRO, AMÉRICO: *Aspectos del vivir hispánico.* Santiago de Chile: Cruz del Sur, 1949.

— *Hacia Cervantes.* Madrid: Taurus, 1960.

— *La realidad histórica de España.* México: Porrúa, 1971.

CASTRO DÍAZ, ANTONIO: *Los «Coloquios» de Pedro Mexía.* Sevilla: Excma. Diputación Provincial, 1977.

CERVANTES SAAVEDRA, MIGUEL DE: *Don Quijote de la Mancha.* Barcelona: Ed. Juventud, 1971.

— *Novelas ejemplares.* Barcelona: Ed. Juventud, 1974.

CERVANTES DE SALAZAR, FRANCISCO: *Obras.* Alcalá: Juan de Brocar, 1546.

CHARLES, R. H., ed.: *The Apocrypha and Pseudepigrapha of the Old Testament.* Oxford: Clarendon Press, 1964.

CHEVALIER, MAXIME: *Cuentecillos tradicionales en la España del siglo de oro.* Madrid: Gredos, 1975.

— *Lectura y lectores en la España del siglo XVI y XVII.* Madrid: Turner, 1976.

— «Literatura oral y ficción cervantina». *Prohemio V.* Barcelona: Planeta, septiembre-diciembre 1974, pp. 161-96.

CLARKE, DONALD L.: *Rhetoric and Poetry in the Renaissance.* New York: Columbia University Press, 1922.

CORNEJO, ANGEL, trad.: *Libro llamado arte de amistad con maravillosos ejemplos.* Medina del Campo: Pedro de Castro, 1548.

CORREAS, MAESTRO: *Vocabulario de refranes y frases proverbiales y otras fórmulas comunes de la lengua española.* Bordeaux: Institut d'Etudes Ibériques et Ibéro-américaines, 1967.

CORSI PROSPERI, ANA: «Sulle fonti del *Viaje de Turquía».* *Critica Storica,* XIV, núm. 1 (1977), pp. 66-90.

COVARRUBIAS OROZCO, SEBASTIÁN DE: *Tesoro de la lengua castellana o española.* Madrid: L. Sánchez, 1611.

CROCE, BENEDETTO: «La teoria del dialogo secondo il Tasso». *La Critica,* Napoli, 1944, pp. 143-48.

CUÑA CUÑA, IRMA: «Inmortalidad y ausencia de Pedro de Urdemalas». Tesis doctoral. Facultad de Filosofía y Letras de la Universidad Autónoma de México, 1964.

CURTIUS, ERNST ROBERT: *Literatura europea y Edad Media.* Trad. M. F. Alatorre y A. Alatorre. México: Fondo de cultura económica, 1955.

DAMONTE, M.: «Osservazioni sul *Viaje de Turquía:* riferimenti a Genova e alla Sicilia». *RLC,* 45 (1973), 572-81.

DENY, JEAN: «Les pseudo-prophéties concernant les Turcs au XVIe siècle». *REIsl,* X (1936), 201-20.

DOMÍNGUEZ ORTIZ, ANTONIO: *The Golden Age of Spain.* New York: Basic Book, Inc., 1971.

DUBLER, CÉSAR E.: *La materia médica de Dioscórides: transmisión medieval y renacentista.* Tomo IV. Barcelona: s.l., 1955.

ELLIOTT, C. ROBERT: *The Power of Satire: Magic, Ritual, Art.* Princeton: PUP, 1960.

ELLIOTT, J. H.: *Imperial Spain, 1469-1716.* London: Edward Arnold, 1963.

ERASMO: *Colloquios.* s.l., 1542.

ESPINOSA, AURELIANO M.: *Cuentos populares españoles.* 3 tomos. Madrid: CSIC, 1946 y 1947.

FEINBERG, LEONARD: *Introduction to Satire.* Ames, Iowa: Iowa State University Press, 1967.

Floreto de anécdotas y noticias diversas que recopiló un fraile dominico en Sevilla a mediados del siglo dieciséis. Tomo XLVIII (bis). Madrid: La Real Academia de la Historia, 1948.

FRANCO, DOLORES: *España como preocupación: antología.* Madrid: Ediciones Guadarrama, 1961.

FUBINI, MARIO: *Critica e poesia.* Bari: Editori Laterzi, 1956.

GADAMER, HANS-GEORG: *Dialogue and Dialectic: Eight Hermeneutical Studies on Plato.* Trad. P. Christopher Smith. New Haven: Yale University Press, 1980.

GARCÍA SALINERO, F.: «El *Viaje de Turquía* y la Orden de Malta: revisión de una interpretación de la obra y su autor». *REH,* XIV, núm. 2 (mayo 1980), pp. 19-30.

— «*Viaje de Turquía:* pros y contras de la tesis Laguna». *BRAE,* LIX (1979), 464-98.

— ed.: *Viaje de Turquía.* Madrid: Cátedra, 1980.

GARRIGUES, EMILIO: *Segundo viaje de Turquía.* Madrid: Revista de Occidente, 1976.

GIL, JUAN, y LUIS GIL: «Ficción y realidad en el *Viaje de Turquía:* glosas y comentarios al recorrido por Grecia». *RFE,* XLV (1964), 89-160.

GILMAN, STEPHEN: *La Celestina: arte y estructura.* Madrid: Taurus, 1974.

GÓMEZ PEREIRA: *Antoniana Margarita.* Medina del Campo: G. de Millis, 1554.

GREEN, OTIS: «The Concept of Man in the Spanish Renaissance». *Rice Institute Pamphlet,* Rice University, XLVI (1960).

— *The Literary Mind of Medieval and Renaissance Spain.* Lexington: University Press of Kentucky, 1970.

— *Spain and the Western Tradition.* Madison: The University of Wisconsin, 1963.

GRISTCH, ERIC W., y ROBERT W. JENSON: *Lutheranism.* Philadelphia: Fortress Press, 1976.

GUGLIELMINETTI, MARZIANO: *Memoria e scrittura: l'autobiografia da Dante a Cellini.* Torino: Giulio Einaudi, 1977.

HERRERO GARCÍA, M.: *Cuentos de los siglos dieciséis y diecisiete.* Madrid: Instituto-Escuela, 1926.

HIGHET, GILBERT: *La tradición clásica.* Trad. Antonio Alatorre. 2 tomos. México: Fondo de Cultura Económica, 1954.

— *Tre Anatomy of Satire.* Princeton: PUP, 1962.

HIRZEL, RUDOLPH: *Der Dialog: ein literatur-historischer Versuch.* 2 tomos. Hildescheim: Goerg Olms, 1963.

HUIZINGA, JOHAN: *Homo Ludens.* London: Hunt Barnard and C.°, 1949.

JARAVA, JUAN DE: *Diálogos de Luciano no menos ingeniosos que provechosos.* León: Sebastián Grypho, 1550.

— trad.: *Libro de vidas y dichos graciosos de Erasmo.* Amberes, 1549.

— *Problemas, o preguntas problemáticas que contiene un diálogo de Luciano*. Alcalá de Henares: Ioan de Brocar, 1546.

JOHNSON, EDGAR: *A Treasury of Satire*. New York: Simon and Schuster, 1945.

JONES, E.: *Psychanalyse, folklore, religion*. Paris: s.l., 1973.

JOVO, PABLO: *Comentario de las cosas de los turcos*. Barcelona: Carlos Amorós, 1903.

KOHUT, KARL: *Las teorías literarias en España y Portugal durante los siglos XV y XVI*. Madrid: CSIC, 1973.

KRISTEVA, JULIA: «Bakhtine, le mot, le dialogue et le roman». *Critique* (abril, 1967).

LAFAYE, JACQUES: «Le *Voyage en Turquie*», en *Les cultures ibériques en devenir: Essais publiés en hommage à la mémoire de Marcel Bataillon (1895-1977)*. Paris: Fondation Singer-Polignac, 1979.

LAGUNA, ANDRÉS: *Discurso sobre Europa*. Madrid: Colección Joyas bibliográficas, 1962.

— *Pedacio Dioscórides Anazarbeo (1555)*. Madrid: Instituto de España, 1968.

LAVAL, RAMÓN A.: *Cuentos de Pedro de Urdemalas*. Santiago de Chile: Imprenta Cervantes, 1925.

LAZA PALACIOS, MODESTO: «Gratitud a Andrés Laguna». *Estudios Segovianos,* XII, núms. 34-36 (1960).

LÁZARO CARRETER, FERNANDO: *Lazarillo de Tormes en la picaresca*. Barcelona: Ariel, 1972.

LEJEUNE, PHILIPPE: *Le pacte autobiographique*. Paris: Ed. du Seuil, 1975.

LEOPARDI, GIACOMO: *Opere*. Milano: Rizzoli, 1965.

LEWIS, C. S.: *English Literature in the Sixteenth Century*. Oxford: Clarendon Press, 1954.

— *The Discarded Image*. Cambridge: Cambridge University Press, 1970.

LÓPEZ ESTRADA, FRANCISCO: «Siglos de Oro: Renacimiento», en *Historia y crítica de la literatura Española*. Ed. Francisco Rico. Tomo II (Barcelona: Ed. Crítica, 1980).

LUCIANO DE SAMOSATA: *Diálogos de tendencia cínica*. Ed. Francisco García Yagüe. Madrid: Editora Nacional, 1976.

LUCIEN DE SAMOSATE: *Ouevres complètes*. Trad. Eugène Talbot. Paris: Hachette, 1874.

MCCARTHY, BARBARA P.: «Lucian and Menippus». *Yale Classical Studies,* IV (1934), 3-58.

MANSCHRECK, CLYDE LEONARD: *Melanchton, the Quiet Reformer*. Westport, CT.: Greenwood Press, 1975.

MARAVALL, JOSÉ ANTONIO: «La aspiración social de "medro" en la novela picaresca». *CHA*, núm. 312 (junio 1976), 590-625.

— *La oposición política bajo los Austrias*. Barcelona: Ariel, 1974.

MARKRICH, WILLIAM D.: «The *Viaje de Turquía*: a Study of its Sources, Authorship, and Historical Background». Tesis doctoral, Berkeley, 1955.

MÁRQUEZ VILLANUEVA, FRANCISCO: *Espiritualidad y literatura en el siglo dieciséis*. Madrid: Alfaguara, 1968.

— *Fuentes literarias cervantinas*. Madrid: Gredos, 1973.

MARSH, DAVID: *The Quattrocento Dialogue*. Cambridge: Harvard University Press, 1980.

MAS, ALBERT: *Les Turcs dans la littérature espagnole du siècle d'or*. 2 tomos. Paris: CNRS, 1967.

MELANDI, ENZO: «I generi letterari e la loro origine». *Lingua e Stile*, XV, núm. 3 (1980), 391-431.

MENAVINO, GIOVANNI ANTONIO: *I costumi, et la vita de Turchi*. Fiorenza: Lorenzo Torentino, 1551.

MENDEZ PINTO, FERNAN: *Peregrinaçam*. Lisboa: Pedro Gasbreek, 1614.

MERCADO, PEDRO DE: *Diálogos de filosofía natural y moral*. Granada: s.l., 1558.

MEREGALLI, FRANCO: «Autobiografia e picaresca». *NA* (enero-junio 1978), 513-30.

— «L'Italia nel *Viaje de Turquía*». *Annali di Ca'Foscari*, XIII, núm. 2 (1974), 351-63.

— «Partes inéditas y partes perdidas del *Viaje de Turquía*». *BRAE*, LIV, 202 (mayo-agosto 1974), 193-202.

MERRILL, ELIZABETH: *The Dialogue in English Literature*. New Haven: Yale University Press, 1911.

MEXÍA, PEDRO: *Diálogos*. Madrid: Francisco Xavier García, 1767.

— *Silva de varia lección*. 2 tomos. Madrid: Sociedad de Bibliófilos Españoles, 1933.

MOLHO, MAURICIO: *Cervantes: raíces folklóricas*. Madrid: Gredos, 1976.

— *Introducción al pendamiento picaresco*. Salamanca: Anaya, 1972.

— *Romans picaresques espagnols*. Paris: Gallimard, 1968.

MONTOTO y RAUTENSTRAUCH, LUIS: *Personajes, personas y personillas que corren por las tierras de ambas Castillas*. Sevilla: s.l., 1921.

MUKAROVSKÝ, JAN: *The Word and Verbal Art*. Trad. John Burbank y Peter Steiner. New Haven: Yale University Press, 1977.

MURILLO, LUIS ANDRÉS: «Diálogo y dialéctica en el siglo dieciséis». *RUBA* (enero-marzo 1959), pp. 56-66.

— «The Spanish Dialogue of the Sixteenth Century». Tesis doctoral. Harvard University, 1953.

NAVAGERO, BERNARDO: *Relationi di Constantinopli*. Ms.

NELSON, WILLIAM: *Fact or Fiction: the Dilemma of the Renaissance Storyteller*. Cambridge, Mass.: Harvard University Press, 1973.

OLIVER-BERTRAND, R.: «Sobre el erasmismo en España. Puntualización y sugerencias». Diálogos (México), 7, 37 (1971), 14-22.

OLMEDILLA, JOAQUÍN: *Estudios históricos de la vida y escritos del sabio español Andrés Laguna, médico de Carlos I y Felipe II*. Madrid: s.l., 1887.

OLNEY, JAMES, ed.: *Autobiography: Essays Theoretical and Critical*. Princeton: PUP, 1980.

— *Metaphors of Self: the Meaning of Autobiography*. Princeton: PUP, 1972.

ORTEGA Y GASSET, JOSÉ: *Meditaciones del Quijote: ideas sobre la novela*. Madrid: Espasa-Calpe, 1964.

PALLAVICINO, SFORZA: *Trattato dello stile e del dialogo*. Regio: s.l., 1727.

PARIS, GASTON: *Le Juif Errant*. Paris: s.l., 1880.

PÉREZ, JOSEPH: «Humanismo y escolástica». *CHA*, 334 (1978), pp. 28-39.

PERRY, T. ANTHONY: «Biblical Symbolism in the *Lazarillo de Tormes*». *SP*, LXVII, núm. 2 (abril 1970), 139-46.

PFANDL, LUDWIG: *Cultura y costumbres del pueblo español en los siglos dieciséis y diecisiete*. Barcelona: Araluce, 1942.

PIÉTRI, FRANÇOIS: *L'Espagne du siècle d'or*. Paris: Librairie Arthème Fayard, 1959.

PIÑERO RAMÍREZ, PEDRO M., y ROGELIO REYES CANO: «Seis lecciones sobre la España de los siglos de oro: literatura e historia-homenaje a Marcel Bataillon». Universidad de Sevilla y Université de Bordeaux III: Sección filosofía y letras, núm. 54, 1981.

PLATÓN: *Obras completas*. Trad. española. Madrid: Aguilar, 1979.

POPE, R. D.: *La autobiografía española hasta Torres Villarroel*. Bern-Frankfurt: s.l., 1974.

PORTUONDO, A.: «*Viaje de Turquía* de Cristóbal de Villalón: edición y estudio». Tesis doctoral. Catholic University of America, 1975.

PRETOS-RODAS, RICHARD A.: «Francisco Rodrigues Lobo: Dialogue and Courtly Lore in Renaissance Portugal», en *Studies in The Romance Languages and Literatures*, núm. 109. University of North Carolina: The University of North Carolina Press, 1971.

PRICE ZIMMERMANN, T. C.: «Confession and Autobiography in the Early Renaissance», en *Renaissance Studies in Honor of H. Baron*. Illinois: Northern Illinois University Press, 1971.

QUEVEDO Y VILLEGAS, FRANCISCO DE: *Los sueños*. 2 tomos. Madrid: Espasa-Calpe, 1972.

RAIMONDI, EZIO: «Dal formalismo alla pragmatica della letteratura». *Lingua e Stile*, XIV, núms. 2-3 (1979), 381-93.

RODRÍGUEZ-PUÉRTOLAS, JULIO: *De la Edad Media a la edad conflictiva*. Madrid: Gredos, 1972.

RUCH, MICHEL: *Le préambule dans les oeuvres philosophiques de Cicéron*. Paris: Ophrys, 1958.

RUFFINATO, A., y V. SCORPIONI: *Erasmismo e satira sociale nella Spagna del Cinquecento*. Torino: G. Giappichelli, 1976.

RUPP, GORDON E., ed. y trad.: *Luther and Erasmus: Free Will and Salvation*. London: SCM Press, LTD, 1969.

RUSSEL, P. E.: *Spain, a Companion to Spanish Studies*. London: Methuen and C.°, 1973.

— *Tema de la Celestina*. Barcelona: Ariel, 1978.

La Santa Biblia. London: Sociedad Bíblica Trinitaria, s.f.

SCHEVILL, RUDOLPH: «Erasmus and Spain». *HR*, VII, núm. 2 (abril 1939), 93-116.

SCHWOEBEL, ROBERT: *The Shadow of the Crescent: the Renaissance Image of the Turk (1453-1517)*. New York: Saint Martin's Press, 1967.

SEGRE, CESARE: *Lingua, stile e società*. Milano: Editore Feltrinelli, 1963.

SERRANO PLAJA, A.: *España en la edad de oro*. Buenos Aires: Atlántida, S. A., 1944.

SERRANO Y SANZ, MANUEL, ed.: «El *Viaje de Turquía*», en *Autobiografías y memorias*. Madrid: NBAE, 1905.

SETTON, KENNETH M.: *Europe and the Levant in the Middle Ages and the Renaissance*. London: Variorum Reprints, 1974.

SIGONIUS, CAROLUS: *Opera Omnia*. Tomo VI. Mediolanus: s.l., 1737.

SPANDUOYN CANTASIN, THÉODORE: *Petit traicté de l'origine des Turcqz*. Traducción francesa. Paris: Ernest Leroux, 1896.

SPERONI, SPERONE: *Opere*. Venezzia: s.l., 1740.

SPINGARNI, J. E.: *La críttica letteraria nel Renascimiento*. Bari: s.l., 1905.

STAROBINSKY, JEAN: «Le style de l'autobiographie». *Poétique*, núm. 1 (1970), 255-65.

TAFUR, PERO: *Andanças é viajes por diversas partes del mundo avidos*. Tomo 8. Madrid: Colección de Libros Españoles, Raros o Curiosos, 1874.

TALÉNS, JENARO: *Novela picaresca y práctica de la transgresión*. Madrid: Júcar, 1975.

TAMARA, FRANCISCO: *Costumbres de todas las gentes*. Medina del Campo: Juan Millis, 1553.

TARDE, GABRIEL: *L'opinion et la foule*. Paris: Félix Alcan, 1901.

TASSO, TORQUATO: *Opere*. Tomo 7. Pisa: s.l., 1823.

TILLYARD, E. M. W.: *The Elysabethan World Picture*. New York: Macmillan C.°, 1944.

UNAMUNO, MIGUEL DE: *Por tierras de Portugal y España*. Madrid: Espasa-Calpe, 1960.

VENERO, ALONSO DE: *Enchiridion de los tiempos*. Burgos: Juan de la Junta, 1551.

VILANOVA, ANTONIO: «El peregrino andante en el *Persiles* de Cervantes». *Boletín de la Real Academia de Buenas Letras de Barcelona*, XXII (1949), pp. 97-159.

VILLALÓN, CRISTÓBAL DE: *Viaje de Turquía*. Ed. Antonio G. Solalinde. Madrid: Espasa-Calpe, 1965.

VILLOSLADA, R. S. I.: «Renacimiento y humanismo», en *Historia general de las literaturas hispánicas*. Tomo II. Barcelona: Ed. Barna, 1951.

WYSS MORIGI, GIOVANNA: *Contributo allo studio del dialogo all'epoca dell'umanesimo e del rinascimento*. Berna: s.l., 1947.

ZAPPALA, MICHAEL: «Andrés Laguna, Erasmus and the Translation of Lucian's *Tragopodora*». *RLC*, LIII, núm. 4 (octubre-diciembre 1979), 419-31.

ZUMTHOR, PAUL: *Langue, texte, énigme*. Paris: Ed. du Seuil, 1975.